Arbeitsrecht für Arbeitgeber

Praxisratgeber für Personalverantwortliche

von Stephanie Kaufmann-Jirsa
und Claudia Kilian

2. Auflage

Verlag Franz Vahlen München

Zu diesem Buch gehört ein Downloadbereich im Internet mit Arbeitshilfen für Ihre tägliche Personalarbeit – von der Einstellung neuer Mitarbeiter über regelmäßige Aufgaben wie beispielsweise Reisekostenabrechnung bis hin zu der Trennung von Mitarbeitern:

http://vahlen.beckschе.de/dl/arbeitsrecht/index.html

Über den angegebenen Abruf-Link finden Sie

- alle Musterverträge, die im Buch besprochen werden – einfach an Ihren Bedarf anpassen und ausdrucken,
- zahlreiche Musterschreiben wie zum Beispiel Teilzeitanträge, Abmahnungsschreiben oder Kündigungsmuster,
- sämtliche Übersichten, Fragebögen und Checklisten aus dem Buch für den schnellen Überblick sowie
- Textbausteine für die Erstellung von Arbeitszeugnissen.

ISBN Print: 978-3-8006-5965-4
ISBN E-Book: 978-3-8006-5966-1

Druck und Bindung: Druckhaus Nomos In den Lissen 12, 76547 Sinzheim
Satz: Fotosatz Buck, Zweikirchener Str. 7, 84036 Kumhausen
Umschlaggestaltung: Ralph Zimmerman – Bureau Parapluie
Bildnachweis: © rclassenlayouts – depositphotos.com

Bildnachweis Icons: https://www.freepik.com/free-vector/www-icon_3327767.htm und
https://www.freepik.com/free-vector/magnifying-glass-background-flat-style_2078145.htm

Gedruckt auf säurefreiem, alterungsbeständigen Papier
(hergestellt aus chlorfrei gebleichtem Zellstoff)

Inhalt

Vorwort

Das heutige Arbeitsrecht hält eine schier unüberschaubare Anzahl von Regelungen und Gesetzen parat, die man als Arbeitgeber beachten muss. Das Gesetzeswirrwarr beginnt schon bei der Einstellung neuer Mitarbeiter: Welche Fragen dürfen Sie im Vorstellungsgespräch stellen und welche nicht? Was darf, was muss und was sollte alles in einem Arbeitsvertrag geregelt sein? Welche Rechte haben Sie, wenn sich der neue Mitarbeiter als Flop erweist? Oder nehmen wir allein das große Thema Lohn und Gehalt: Wie ist das gleich mit der Lohnsteuer und den Sozialversicherungsabgaben? Welche Umlagen müssen Sie zahlen und was ist eine Künstlersozialabgabe? Und dann wäre da schließlich noch das Thema Kündigung, das vielen Unternehmern Bauchschmerzen bereitet: Unter welchen Voraussetzungen dürfen Sie einem Mitarbeiter kündigen? Ist vorher immer eine Abmahnung notwendig? Außerdem: Wer hat ein Recht auf ein Arbeitszeugnis und was muss da drinstehen?

Sie sehen, allein die Fragen füllen schon eine halbe Seite und dabei haben wir noch gar nicht alle problematischen Themen angeschnitten. Dies wollen wir jedoch auf den folgenden Seiten tun. Dieser Ratgeber richtet sich an Inhaber kleiner und mittelständischer Unternehmen, aber auch an Führungskräfte und Personalverantwortliche in Unternehmen, die sich schnellen und unkomplizierten Rat in arbeitsrechtlichen Fragen erhoffen. Wir werden in diesem Buch alle wichtigen Bereiche abdecken – von der Mitarbeitersuche bis zum Arbeitszeugnis finden Sie alle Fragen, die in im unternehmerischen Alltag auftreten können, leicht und verständlich erklärt. Darüber hinaus haben wir Ihnen zahlreiche Arbeitshilfen, wie etwa Musterschreiben und -verträge, Checklisten oder Formulare, zusammengestellt, die Ihnen die Arbeit erleichtern sollen. Diese finden Sie auch auf unserer Downloadseite zum Buch: http://vahlen.beckschе.de/de/arbeitsrecht/index.html.

Vielleicht noch ein Hinweis zum Schluss: Um viele Probleme anschaulicher zu gestalten, greifen wir auf ein für Ratgeber typisches Mittel zurück: auf Beispiele aus der Praxis. Wir werden Ihnen in diesem Buch eine fiktive Firma zur Seite stellen, deren fiktiver Inhaber sich mit so allerlei Problemen mit seinen Mitarbeitern herumschlagen muss: die Werbeagentur König. Natürlich hätten wir auch ein kleines Bauunternehmen auswählen können, einen Heizungs- und Sanitärfachmann oder eine Tanzschule, aber die Wahl ist nun mal auf ein kleines

Medienunternehmen gefallen. Die möglichen arbeitsrechtlichen Probleme werden im Großen und Ganzen die gleichen sein. Und vielleicht erkennen Sie sich ja in der einen oder anderen Situation wieder.

Unsere Praxisbeispiele aus der Werbeagentur König erkennen Sie im Buch an der folgenden Darstellung:

Die Werbeagentur König

Vor zehn Jahren hat Michael König die Werbeagentur König in München gegründet. Er ist der alleinige Inhaber – der Mann, der alle Fäden in der Hand hält. Ob Kundenakquise, Konzeption und Planung oder die Umsetzung von Werbe- und anderen Kommunikationsmaßnahmen – alle Angelegenheiten laufen am Ende über seinen Schreibtisch. Im Laufe der Jahre hat sich Michael König so einen guten Kundenstamm aufbauen können. Auch wenn König ein Allrounder ist, die Arbeit ist immer mehr geworden – die Werbeagentur arbeitet mittlerweile mit zwölf festen Angestellten. Darüber hinaus greift König aber auch hin und wieder auf freie Mitarbeiter zurück, zum Beispiel wenn es um besondere Aufträge geht oder wenn die Kapazitäten im Hause knapp werden. Um die Auswahl seiner Mitarbeiter kümmert sich der Agenturinhaber selbst, schließlich muss er sichergehen, dass er mit den Menschen arbeiten kann und dass die Leistung stimmt. Seine Ehefrau Lilly greift ihm bei allen organisatorischen Dingen unter die Arme.

Viel Erfolg wünschen
Dr. Stephanie Kaufmann-Jirsa & Claudia Kilian

Neue Mitarbeiter – von der Stellenausschreibung bis zum ersten Arbeitstag

Im ersten Kapitel soll es um die Einstellung neuer Mitarbeiter gehen – eine wichtige Verantwortung für jeden Firmeninhaber, sofern er Aufgaben wie diese nicht delegiert hat. Natürlich kommt es immer auf die Firmengröße an; in vielen kleinen, inhabergeführten Unternehmen lässt es sich der Chef jedoch nicht nehmen, bei der Auswahl seiner Mitarbeiter mitzureden. Die Gründe liegen auf der Hand: Die Entscheidungswege sind klein, jeder trägt ein Stück Verantwortung für den Unternehmenserfolg, die Leute im Team müssen einfach zueinanderpassen. Natürlich gibt es hin und wieder mal Streit, das ist normal, wenn Menschen über einen längeren Zeitraum zusammen sind. Gerade in kleineren Teams kann ein Quertreiber jedoch weitaus größere Konflikte heraufbeschwören. Die Folge: Die Streitigkeiten nehmen mehr Raum ein, die Fronten verhärten sich, andere Kollegen werden mit einbezogen, die Schuldzuweisungen wechseln ständig den Adressaten. Kurz: Die Stimmung im Team sinkt und mit ihr die Motivation für die eigentliche Hauptsache: die Arbeit. Der Chef ist verstärkt damit beschäftigt, die Streithähne zu besänftigen und weitere Konflikte zu vermeiden. Wenn es hart auf hart kommt, kündigt vielleicht sogar ein Mitarbeiter – das Unternehmen verliert Know-how, Kontakte, unter Umständen sogar Kunden. Hinzu kommen Kosten für die Suche nach einem neuen Mitarbeiter sowie der Aufwand, der während der Einarbeitungszeit entsteht.

Aber nicht nur nach einer Kündigung besteht Handlungsbedarf: Das Thema „Personaleinstellung" wird auch wichtig, wenn ein Mitarbeiter in den Ruhestand geht, das Produkt- bzw. Dienstleistungsportfolio des Unternehmens erweitert werden soll und entsprechende Fachkräfte fehlen oder wenn die Auftragslage so rosig ist, dass die Kapazitäten der vorhandenen Mitarbeiter nicht ausreichen.

Neue Auftragslage

Bei der Werbeagentur König knallen die Sektkorken. Geschäftsinhaber König hat einen neuen Großkunden an Land gezogen. Ein Big Player der Pharmabranche hat ihnen die komplette Werbekonzeption für ein neues Produkt übertragen. Für Herrn König ist schnell klar: Nur Hannes Meier, der bereits das Konzept für den Pitch erstellt hat, kommt für die Projektbetreuung infrage. Der freut sich natürlich riesig über das entgegengebrachte Vertrauen, befürchtet allerdings, dass der neue Auftrag einen Großteil seiner Arbeitszeit einfordern wird. Von Herrn Meier darauf angesprochen, setzt sich Inhaber König sofort an eine interne Projektumverteilung. Wie er es aber auch dreht und wendet, er braucht mindestens ein Teammitglied mehr, um die künftig anfallende Mehrarbeit abzufangen.

Personalbedarf und Stellenbeschreibung

Wenn es nur darum geht, einen Nachfolger für einen ausscheidenden Mitarbeiter zu finden, lässt sich der Aufgabenkreis meist recht einfach definieren. Unter Umständen liegt bereits eine Stellenbeschreibung vor oder für ein Arbeitszeugnis wurden sämtliche Tätigkeiten und Verantwortlichkeiten bereits zusammengestellt. Um den Einsatz eines neuen Mitarbeiters bestmöglich zu planen, ist es jedoch sinnvoll, die auszuschreibende Position noch einmal genau zu überprüfen. Möglicherweise können einzelne Aufgaben auch auf andere Kollegen übertragen oder an externe Dienstleister ausgelagert werden. Mögliche Kosteneinsparungen, zum Beispiel durch die Einstellung einer Teilzeitkraft, sind sicherlich nicht von der Hand zu weisen.

Aufgaben festlegen

Um das Team zu entlasten, wenn die Kapazitäten nicht mehr ausreichen, aber auch wenn eine Fachkraft für den neuen Bereich gesucht wird, ist es empfehlenswert, die geplanten Tätigkeiten und Aufgaben genau festzulegen. Hierzu gehört auch der (geschätzte) Zeitaufwand, der mit den jeweiligen Aufgaben verbunden sein wird. Nur durch diese Vorgehensweise ermitteln Sie unter Kostengesichtspunkten den optimalen Personalbedarf und vermeiden unnötige Kosten, die durch Schnellschüsse durchaus entstehen können.

Neue Stelle

Agenturinhaber König berät sich mit seiner Frau, wie sie die Mitarbeiterkapazitäten für die Zukunft aufstocken könnten: Gemeinsam diskutieren sie die Vor- und Nachteile von freien Mitarbeitern, Aushilfen auf Minijob-Basis, Volontären und Praktikanten. Gerade in ihrer Branche ist es jedoch äußerst wichtig, bestehendes Know-how und gute Geschäftskontakte im Unternehmen zu binden. Sie treffen daher eine Entscheidung: Da eine Vergrößerung im Bereich Online-Marketing schon lange fällig ist, wollen sie das Team durch einen „Projektmanager Online-Marketing“ ergänzen. Allerdings ist die Suche nach einem geeigneten Mitarbeiter erfahrungsgemäß mit einigem Aufwand verbunden.

Interne Stellenbeschreibung

Damit Sie schließlich den richtigen Mitarbeiter an der richtigen Stelle einsetzen können, sollten Sie darüber hinaus die genauen Anforderungen an den Stelleninhaber sowie mögliche Perspektiven notieren. Alle genannten Fakten werden neben dem Aufgabenbereich in einer sogenannten „internen Stellenbeschreibung" festgehalten. Auch wenn der Aufwand auf den ersten Blick enorm erscheint, so dient die Aufstellung schließlich als Vorgabe für die Erstellung der späteren Stellenanzeige. Darüber hinaus kann sie aber auch später im Rahmen des Arbeitsverhältnisses nützlich sein, beispielweise bei der Beurteilung Ihrer Mitarbeiter oder als Basis für die Erstellung von Arbeitszeugnissen. In vielen Unternehmen wird eine Stellenbeschreibung jedoch auch dazu eingesetzt, mögliche Optimierungspotenziale in puncto Zeit- und Kostenaufwand zu überprüfen.

Praxistipp

Achten Sie darauf, dass die Aufgaben in der Stellenbeschreibung nicht einfach aufgezählt werden. Viel sinnvoller ist es, sie in den Kontext zu den Arbeitsprozessen in Ihrem Unternehmen (den Workflow) zu setzen. Dokumentieren Sie die Stellen, mit denen der neue Mitarbeiter zusammenarbeiten muss, an wen er berichtet und wer ihn während seiner Abwesenheit vertritt. Bitte bedenken Sie auch, dass sich die unternehmensinternen Strukturen und der Ablauf der Projektorganisation im Laufe der Zeit verändern können. Es ist daher notwendig, die Stellenbeschreibung von Zeit zu Zeit den möglichen Änderungen anzupassen.

Die folgende Checkliste, die Sie auch auf unserer Downloadseite finden, soll Sie bei der Erstellung einer Stellenbeschreibung unterstützen. Nehmen Sie einfach ein Blatt Papier zur Hand und nutzen Sie die gestellten Fragen, um die Anforderungen der geplanten Stelle genau zu überdenken. Auf der Downloadseite steht Ihnen außerdem das Formular „Stellenbeschreibung" zur Verfügung, das Sie mit wenigen Handgriffen an die Bedürfnisse Ihrer Firma anpassen und ausfüllen können.

Checkliste: Stellenbeschreibung erstellen	
1. Tätigkeitsbeschreibung	
Wie lautet die konkrete Bezeichnung der Stelle?	
Was sind die Ziele/Hauptaufgaben der Stelle?	
Welche Kompetenzen/Entscheidungsbefugnisse hat der Stelleninhaber?	
Wo ist die Stelle im Unternehmen angesiedelt?	
Wem ist der Stelleninhaber untergeordnet? Eventuell: Wem ist er übergeordnet?	

Checkliste: Stellenbeschreibung erstellen	
An wen berichtet er? Mit wem muss er sich abstimmen?	
Wer wird ihn während einer Abwesenheit vertreten?	
Mit welchen anderen Mitarbeitern wird er zusammenarbeiten?	
Eventuell: Können/Sollen ihm auch andere Einzelaufträge per Weisung übertragen werden?	
2. Anforderungsprofil des Bewerbers	
Welche Anforderungen werden hinsichtlich der Qualifikation gestellt (Ausbildung, Weiterbildung, Berufserfahrung?)	
Welche Punkte hiervon sind ein „must have", welche ein „nice to have"? (Wichtig: Was sind die Grundvoraussetzungen)?	
Welche besonderen Kenntnisse sind erforderlich (Sprachkenntnisse, IT-Kenntnisse, Führerschein Klasse … usw.)?	
Über welche Soft Skills muss der Stelleninhaber verfügen (zum Beispiel kommunikativ, verhandlungsstark, selbstbewusst, dienstleistungsorientiert, teamfähig, lernbereit usw.)?	

Stellenausschreibungen rechtssicher formulieren und richtig platzieren

Nachdem Sie mit der Stellenbeschreibung bereits einiges an Zeitaufwand auf sich genommen haben, um die Anforderungen an den gewünschten Stelleninhaber zu konkretisieren, geht es nun um die Formulierung der Stellenanzeige. Hierbei bietet Ihnen die fertige Stellenbeschreibung eine sehr gute Grundlage.

Stellenanzeige platzieren

Doch bevor es an das endgültige Texten geht, sollten Sie überlegen, in welchen Medien Sie die Anzeige schalten wollen. Dies kommt in erster Linie darauf an, wo Sie Ihre „Zielgruppe" vermuten.

Stellenanzeige im Internet

Michael und Lilly König sind schon leicht genervt. Die interne Aufstellung der Anforderungen an den Stellenbewerber hat doch etwas Zeit in Anspruch genommen, aber schließlich soll sich ja der perfekte Mitarbeiter bei ihnen bewerben. Da der betreffende Bewerber über eine gewisse Internetaffinität verfügen sollte, wollen die Königs auf die Schaltung in Printmedien verzichten, sie setzen auf verschiedene Online-Stellenbörsen. Darüber hinaus will Lilly den Text auch auf der Firmenhomepage einstellen.

Nun geht es an das Ausformulieren der Anzeige und Texten ist doch eigentlich ihre Stärke. Beide sind sich einig, dass die Anzeige etwas persönlicher gehalten werden soll. Schließlich soll der Bewerber sofort wissen, dass es sich um eine Stelle in einem inhabergeführten Familienunternehmen handelt. Es soll deutlich werden, dass es in ihrem kleinen Team auf jeden Mann ankommt.

Die folgende Checkliste, die Sie auch auf der Downloadseite finden, soll Sie bei der Formulierung Ihrer Stellenanzeige unterstützen.

Checkliste: Welche Informationen gehören in eine Stellenanzeige?	
Welche Informationen über Ihr Unternehmen interessieren den Bewerber (Standort, Art der Produkte und Dienstleistungen, Branche, Kundenstamm, Mitarbeiterzahl usw.)?	
In einem weiteren Abschnitt sollten die Grundfakten der Position zusammengefasst werden:	
Wie lautet der Titel der zu besetzenden Stelle?	
Handelt es sich um eine Führungsposition mit Personalverantwortung oder eine leitende Funktion?	
Wo ist die Stelle im Unternehmen angesiedelt (Abteilung, Bereich, wem unterstellt)?	
Wichtig ist auch: Ist die Stelle befristet, wenn ja, auf welchen Zeitraum? Alternativ: bis zum Erreichen welchen Ziels (Ereignisses)?	
Eventuell: Zu welchem Eintrittstermin soll die Stelle besetzt werden (zum Beispiel: zum 1. März, schnellstmöglich usw.)?	
Es folgen die Hauptaufgaben der Position (Aufgabenbereich, Verantwortung, Zuständigkeit, Ansprechpartner für … usw.).	

Checkliste: Welche Informationen gehören in eine Stellenanzeige?	
Und schließlich: die Anforderungen an den Bewerber	
Fachliche Anforderungen:	
Ausbildung/beruflicher Werdegang (zum Beispiel abgeschlossene Ausbildung zum …, abgeschlossenes Hochschulstudium, evtl. auch Vorgabe einer bestimmten Mindestnote)	
Ist Berufserfahrung erforderlich? Wenn ja, evtl. wie viele Jahre? Ist die Stelle auch für Berufsanfänger geeignet?	
Wird spezifische Branchenerfahrung vorausgesetzt? Welche?	
Sind spezielle Fachkenntnisse notwendig (zum Beispiel bestimmte IT-Kenntnisse, Sprachkenntnisse, technisches oder mathematisches Interesse/Verständnis, medizinische Vorkenntnisse oder Ähnliches)?	
Muss Mobilität/Reisebereitschaft vorhanden sein?	
Persönliche Anforderungen:	
Persönliche Kompetenzen (zum Beispiel Kreativität, Verantwortungsbereitschaft, Selbstständigkeit, Flexibilität, Lern- und Leistungsbereitschaft, Organisationsgeschick, Eigenverantwortung, Belastbarkeit, strukturierte Arbeitsweise, Innovativität, Konzeptstärke, bestimmte Affinität zu etwas usw.)	
Soziale Kompetenzen (zum Beispiel Teamfähigkeit, eine bestimmte Motivation/große Begeisterung [etwa Arbeit/Umgang mit Menschen], Kritikfähigkeit, Kommunikationsvermögen, Durchsetzungsstärke, Verhandlungsstärke usw.)	
Eventuell zum Schluss: Mit welchen Vorzügen könnte man einen Bewerber ködern? (zum Beispiel gute Entwicklungschancen im Unternehmen, Arbeit im internationalen Team, dynamisches Unternehmen mit flachen Hierarchien, leistungsgerechtes Gehalt, attraktives und modernes Arbeitsumfeld usw.)	
Ganz am Ende die Kontaktdaten: Wer ist der Ansprechpartner? Wie lautet die Adresse, eventuell auch Telefonnummer für erste Nachfragen sowie E-Mail-Adresse? Welchen Bewerbungsweg bevorzugen Sie (online per E-Mail, schriftliche Bewerbungsunterlagen)? Sollen Gehaltsvorstellungen oder frühestmöglicher Eintrittstermin angegeben werden?	

Formulieren der Stellenanzeige

Mit einem gut vorbereiteten Stellenprofil macht sich Lilly König ans Ausformulieren der Anzeige. Das Unternehmensprofil ist schnell geschrieben, nun geht es an die Feinheiten: „Zur Verstärkung unseres jungen Teams suchen wir ab sofort einen Projektmanager Online-Marketing." „Stopp!" Michael König, der ihr gerade über die Schulter geschaut hat, unterbricht sogleich ihren Schreibfluss. „Damit könnten wir Ärger bekommen. Kürzlich hat mir Gerd, du weißt schon, der Chef vom Autohaus, erzählt, dass er wegen so einer Formulierung auf Schadensersatz verklagt wurde. Die Stellenanzeige muss absolut diskriminierungsfrei sein, also nichts mit 'jungem' Team und einer männlichen Stellenbezeichnung." Also noch einmal von vorn!

Achtung: Diskriminierung

Die Stellenausschreibung muss einigen rechtlichen Anforderungen standhalten. Vor allem darf eine Stellenausschreibung nicht gegen das Allgemeine Gleichbehandlungsgesetz (AGG) verstoßen. Danach sind sämtliche Benachteiligungen

- aus Gründen der Rasse,
- wegen der ethnischen Herkunft,
- des Geschlechts,
- der Religion oder Weltanschauung,
- einer Behinderung,
- des Alters oder
- der sexuellen Identität

zu verhindern oder zu beseitigen. Wird dieses Benachteiligungsverbot nicht beachtet, gibt das AGG allen durch die Stellenanzeige (bzw. auch durch andere Handlungen) diskriminierten Bewerbern unter anderem einen Anspruch auf Schadensersatz und Entschädigung – ein Recht auf Abschluss eines Beschäftigungsverhältnisses wird damit jedoch nicht begründet.

> **Achtung**
>
> Das Benachteiligungsverbot gilt im Übrigen nicht nur für die Stellenausschreibung, sondern für das gesamte Auswahlverfahren. Organisieren Sie Ihr Bewerbungsverfahren daher so, dass Sie jederzeit dokumentieren können, dass keine Diskriminierung stattgefunden hat. Enthält beispielsweise ein Personalfragenbogen oder ein Online-Bewerbertool Fragen zum Geburtsort, zur Konfession oder zum Familienstand, so kann bereits ein Verstoß gegen das Benachteiligungsverbot gegeben sein.

AGG-Hopper

Auch wenn der erwartete Run auf die deutschen Arbeitsgerichte nach Inkrafttreten des AGG im Jahr 2006 ausgeblieben ist, kam es in der Folgezeit öfter vor, dass Bewerber Entschädigung für eine (angebliche) Einstellungsdiskriminierung verlangten. Vor allem das Phänomen der sogenannten „AGG-Hopper" wurde von den Medien verstärkt beleuchtet. Die Rede ist von „professionellen Diskriminierungsklägern", die sich nur zum Schein auf Arbeitsstellen bewerben, um nach einer erhofften Ablehnung eine Entschädigung wegen Diskriminierung einklagen zu können. Vor allem der Fall des Volljuristen Nils-Johannes Kratzer erhielt besondere Aufmerksamkeit. Der Bewerber mittleren Alters hatte sich bei zahlreichen Kanzleien und Unternehmen beworben und im Falle der Ablehnung auf Schadenersatz wegen angeblicher Diskriminierung aufgrund seines Alters und/oder Geschlechts geklagt. Seine Klage gegen ein Versicherungsunternehmen, bei dem er sich als Trainee beworben hatte, erreichte sogar den Europäischen Gerichtshof. Dieser entschied: Scheinbewerber, also Personen, denen es nur um den Status als Bewerber und nicht um die ausgeschriebene Stelle geht, haben kein Recht auf Schadensersatz, selbst wenn Indizien für eine Diskriminierung vorliegen. Ihr Verhalten ist rechtsmissbräuchlich (EuGH, Urteil vom 28.7.2016, C-423/15).

Beweislage

Liegt eine Diskrimierung vor, gilt: Die Höhe der Entschädigung darf bei einer Absage drei Monatsgehälter nicht übersteigen, wenn der oder die Beschäftigte auch ohne die Ungleichbehandlung nicht eingestellt worden wäre. Diese Obergrenze gilt hingegen nicht, wenn ein Bewerber die Stelle bei benachteiligungsfreier Auswahl bekommen hätte. Allerdings, und das ist die gute Nachricht, muss der Bewerber vor Gericht beweisen können, dass er der qualifizierteste Bewerber war. Dies ist in der Regel nicht so ohne Weiteres möglich. Allerdings kommt die Rechtsprechung den Bewerbern hier entgegen. Sie müssen keine konkreten Beweise vorlegen, sondern lediglich Tatsachen benennen können, die auf eine unzulässige Benachteiligung schließen lassen.

Kann ein Bewerber zum Beispiel eine nicht geschlechtsneutral formulierte Stellenbeschreibung vorlegen, dann könnten seine Chancen auf Entschädigung durchaus gut stehen. An dieser Stelle kehrt sich dann die Beweislast um, d. h. Sie müssen als Arbeitgeber nachweisen können, dass keine Benachteiligung oder Ungleichbehandlung stattgefunden hat. Nun ist es von Vorteil, wenn Sie das Bewerbungsverfahren lückenlos dokumentiert haben.

Fehler bei der Stellenausschreibung

Die meisten Fehler bei Stellenausschreibungen werden in puncto Alter und Geschlechtsneutralität gemacht. So kann beispielsweise bereits die Formulierung „Wir suchen für unser junges Team ..." eine Benachteiligung wegen Alters beinhalten. Auch wenn Sie in der Einleitung „Wir suchen für unser Büro eine Assistenz (m/w/d)“ auf eine geschlechtsneutrale Formulierung geachtet haben, kann dennoch eine Diskriminierung vorliegen, wenn der Rest der Anzeige darauf schließen lässt, dass Sie eigentlich „eine Ansprechpartnerin für unsere Kunden“ suchen.

Eine weitere Fehlerquelle ist mit einer Änderung des Personenstandsgesetzes (PStG) zum 18.12.2018 entstanden. Neben den Geschlechterkategorien männlich und weiblich gibt es nun auch ein drittes Geschlecht mit der Bezeichnung „divers“ für intersexuelle Personen. Für Arbeitgeber bedeutet das: Jobanzeigen müssen weiterhin genderneutral formuliert werden, allerdings auch das dritte Geschlecht berücksichtigen.

Praxistipp

Mit einem Hinweis darauf, dass Bewerber jeglichen Geschlechts gesucht werden (Servicekraft m/w/d), sind Sie auf der sicheren Seite. Achten Sie auf jeden Fall darauf, dass auch der restliche Text geschlechtsneutral formuliert wird („Wir bieten eine Position …“, „Wer über … verfügt, …“ „Das bringen Sie mit: …“). Die direkte Ansprache in der Bewerberkommunikation können Sie mit "Hallo/Guten Tag, Klaus Mustermann" lösen.

Ausnahmen

Natürlich kann es auch Fälle geben, wo einem bestimmten Geschlecht allein aufgrund der Tätigkeit der Vorzug gegeben werden sollte. Ein typisches Beispiel, das hierbei immer wieder genannt wird, ist das Unterwäsche-Modell für heiße Frauen-Dessous.

Ein ähnlicher Fall: „Callcenter-Agent mit Muttersprache Deutsch gesucht“. Allein dieser Hinweis kann bereits eine Benachteiligung wegen der ethnischen Herkunft bedeuten. Hingegen gehen Sie kein Risiko ein, wenn Sie sehr gute Deutschkenntnisse erwarten. Allerdings richtet es sich hierbei auch nach der Tätigkeit – bei der ausgeschriebenen Stelle muss es nachvollziehbar auf Sprachkenntnisse ankommen.

Praxistipp

Viele werden jetzt vielleicht sagen: Aber ich will gar nicht, dass sich zum Beispiel ältere Menschen auf die Stelle bewerben – vielleicht weil das Team nur aus jungen, dynamischen Personen besteht und ein Bewerber einer anderen Generation in puncto Umgang einfach nicht dazu passen würde. Hier sind Formulierungen gefragt, die einerseits benachteilungsfrei sind, andererseits jedoch eine bestimmte Bewerbergruppe ausschließen können. So könnte zum Beispiel die Formulierung eines Bettwäscheeinzelhändlers „hohe Affinität zu Heimtextilien“ durchaus geeignet sein, einige männliche Bewerber „abzuschrecken“. Ähnlich verhält es sich mit „Arbeit im Dreischichtsystem" – sicherlich werden sich nicht viele Mütter mit kleinen Kindern auf eine solche Stelle bewerben. Weitere Beispiele: „gerne auch Berufsanfänger" oder „körperlich anspruchsvolle Tätigkeit".

Die Stellenausschreibung

Die Stellenausschreibung ist fertig, Lilly ist zufrieden, auch Michael hat die Anzeige abgenickt. So sieht das Ergebnis aus:

Die Werbeagentur König zählt zu den größten inhabergeführten Werbeagenturen in Bayern. Unser Leistungsspektrum umfasst Beratung, Konzeption, Design und die technische Umsetzung in den Bereichen Neue Medien, klassische Kommunikation und Sonderwerbeformen. Zu unseren Kunden zählen Unternehmen aus den Bereichen Telekommunikation, Pharma und Facheinzelhandel.

Zur Verstärkung unseres Teams suchen wir ab sofort einen Projektmanager Online-Marketing (m/w/d) in München.

Wir bieten eine Position, bei der Eigeninitiative ebenso gefragt ist wie eigenverantwortliches Arbeiten, Motivation und Einsatzbereitschaft. Wer zudem gern die Dinge selbst in die Hand nimmt, Entscheidungen trifft und auch bereit ist, in einem kleinen Kreativteam zu arbeiten, hat gute Chancen, sich diesen Traum zu verwirklichen.

Zu Ihrem Aufgabenbereich zählen u. a. die Entwicklung innovativer crossmedialer Kommunikationskonzepte für den nationalen Markt sowie die Erstellung außergewöhnlich kreativer Konzepte auf der Grundlage von Kunden-Briefings.

Sie verantworten die Konzeption von Social-Media-Kampagnen, Online- und Mobile-Websites, iPhone- oder Facebook-Applikationen, SEO, SEM und E-Mail-Marketing und begeistern unsere Kunden mit Ihren kreativen Ideen und Texten.

Das bringen Sie mit:

- Studium im Bereich Medien/Kommunikation oder mehrjährige professionelle Tätigkeit in diesem Umfeld
- gutes Know-how in den Bereichen Internet/Kommunikation, Mobile, Marketing, CRM und Branding
- Erfahrung in der inhaltlichen Konzeption von Online-, (Mobile-) Projekten – insbesondere Kampagnen und Social Media
- eine pragmatische, selbstständige Arbeitsweise, eine hohe Kundenorientierung sowie eine ausgeprägte Dienstleistungsmentalität
- sehr gute Englischkenntnisse (in Wort und Schrift)

Wir suchen Menschen, die Herausforderungen suchen und Freude daran haben, sich permanent weiterzuentwickeln. Wir bieten Ihnen ein professionelles Umfeld in einem netten Team mit guten Entwicklungsmöglichkeiten, eine inspirierende Arbeitsatmosphäre und spannende Kundenprojekte.

Senden Sie uns Ihre Bewerbungsunterlagen per E-Mail zu – wir freuen uns darauf, Sie kennenzulernen. Für erste Informationen oder Fragen steht Ihnen Frau Lilly König zur Verfügung.

König Media
Giselastraße 35b
80802 München
Telefon: 089/123456-10
E-Mail: lilly.koenig@koenigmedia.de

Alles Wichtige auf einen Blick

- Um den Einsatz eines neuen Mitarbeiters bestmöglich zu planen, ist es empfehlenswert, die geplanten Tätigkeiten und Aufgaben genau festzulegen.
- Zusätzlich sollten auch die genauen Anforderungen an den Stelleninhaber sowie mögliche Perspektiven notiert werden (interne Stellenbeschreibung).
- Die Stellenausschreibung darf nicht gegen das AGG verstoßen.

Sie haben die Qual der Wahl

Je nach Region, Branche, aber auch nach Unternehmensgröße und Attraktivität der offenen Stelle werden nach der Veröffentlichung der Stellenanzeige die E-Mails ins Haus flattern. Nun ist es an Ihnen, eine entsprechende Anzahl von Personen auszuwählen, die von der Qualifikation her am besten auf die Stelle passen.

Praxistipp

Auch wenn die Meinungen über die Agentur für Arbeit durchaus auseinandergehen können, so möchten wir Sie dennoch auf den Arbeitgeberservice der BA aufmerksam machen, der je nach Unternehmensgröße und Personalerfahrung in vielen Fällen sinnvoll sein kann. So übernimmt seit einiger Zeit in jeder Agentur ein Team von Sachbearbeitern und Psychologen die Erstellung von Stellen- und entsprechenden Bewerberprofilen. Die Bewerber werden vor Ort gesichtet – die Arbeitgeber erhalten anschließend eine Vorauswahl und müssen sich nicht mehr durch Unmengen unqualifizierter Dokumente quälen. Dieser Service ist kostenlos.

Zwischenbescheid

Auch wenn es sich um einen Mehraufwand handelt, sollte Ihnen Ihr Image als Arbeitgeber sehr wichtig sein. Wollen Sie den Bewerbern Respekt zollen, dann ist es eine nette Geste, die erhaltenen Bewerbungen mit einem Zwischenbescheid zu beantworten. Die Bewerber wissen so, dass ihre Unterlagen angekommen sind und sorgfältig geprüft werden. Sie sind allerdings nicht verpflichtet, ein solches Schreiben auszustellen.

Das folgende Muster für einen Zwischenbescheid finden Sie auch auf unserer Downloadseite:

Muster: Zwischenbescheid

Sehr geehrter Herr …/Sehr geehrte Frau …,

vielen Dank für Ihre Bewerbung und Ihr Interesse an unserem Unternehmen.

Auf unsere Stellenausschreibung haben wir sehr viele Bewerbungen erhalten. Bitte haben Sie Verständnis dafür, dass wir für die Bearbeitung und sorgfältige Prüfung der Unterlagen etwas Zeit benötigen. Sobald wir eine engere Auswahl getroffen haben, werden wir uns wieder mit Ihnen in Verbindung setzen. Bis dahin bitten wir um Ihre Geduld.

Freundliche Grüße

Auch wenn Ihre Auswahlfreiheit uneingeschränkt ist, so möchten wir dennoch auf einige Voraussetzungen hinweisen, die Sie als Arbeitgeber beachten müssen.

Arbeitsgenehmigung

Generell können EU-Bürger ohne Visum und Arbeitsgenehmigung in Deutschland eine Arbeit aufnehmen. Auch Arbeitnehmer aus Island, Norwegen, Liechtenstein und der Schweiz haben uneingeschränkten Zugang zum deutschen Arbeitsmarkt, da die Länder entsprechende Abkommen mit der Europäischen Union geschlossen haben.

Wer kein Staatsangehöriger der EU, des Europäischen Wirtschaftsraums oder der Schweiz ist und in Deutschland arbeiten möchte, benötigt einen entsprechenden Aufenthaltstitel. Man unterscheidet u. a. folgende:

- die Aufenthaltserlaubnis (befristeter Aufenthaltstitel, der für einen bestimmten Zweck erteilt wird, etwa zur Ausübung einer Erwerbstätigkeit),
- die Blaue Karte EU (befristeter Aufenthaltstitel für akademische Fachkräfte),
- die Niederlassungserlaubnis (unbefristeter Aufenthaltstitel zur Ausübung einer Erwerbstätigkeit, räumlich unbeschränkt) sowie
- die Erlaubnis zum Daueraufenthalt-EU (unbefristeter Aufenthaltstitel mit Recht auf Weiterwanderung in einen anderen Mitgliedstaat).

Ob und welchen Zugang zum Arbeitsmarkt geflüchtete Menschen haben, hängt maßgeblich von ihrem aktuellen Aufenthaltsstatus ab.

- Anerkannte Asylbewerber mit einem positiven Bescheid des Bundesamtes dürfen uneingeschränkt als Beschäftigte arbeiten und auch einer selbstständigen Tätigkeit nachgehen.
- Wurde ein Abschiebungsverbot festgestellt, entscheidet die Ausländerbehörde im Einzelfall, ob eine Genehmigung zur Ausübung einer Beschäftigung erteilt wird.
- Asylbewerber, die sich noch im Asylverfahren befinden, erhalten eine Aufenthaltsgestattung, mit der sie bis zum Abschluss des Asylverfahrens (Entscheidung über den Asylantrag) in Deutschland leben und unter bestimmten Bedingungen (siehe unten) arbeiten können.
- Personen, die sich nicht (mehr) im Asylverfahren befinden bzw. einen negativen Bescheid erhalten haben, aber bei denen die Abschiebung ausgesetzt wurde, erhalten von der Ausländerbehörde eine sog. Duldung (Bescheinigung für die Aussetzung einer Abschiebung).
- Personen mit Aufenthaltsgestattung oder Duldung benötigen für eine Arbeitsaufnahme die Genehmigung zur Ausübung einer Beschäftigung von der zuständigen Ausländerbehörde. Diese holt auch die Zustimmung der Arbeitsagentur ein.

Achtung

Der Zugang von geflüchteten Menschen zum Arbeitsmarkt ist ein sehr komplexes Thema. Für weitergehende Informationen empfehlen wir die Webseite des Bundesamtes für Migration und Flüchtlinge (www.bamf.de).

Kinder und Jugendliche

Eine Beschäftigung von Kindern unter 14 Jahren ist grundsätzlich nicht zulässig. Um einen Arbeitsvertrag mit einem Jugendlichen (ab 14 Jahre) abzuschließen, ist die Zustimmung bzw. Genehmigung der gesetzlichen Vertreter, in der Regel der Eltern, notwendig.

Auch als Chef gut vorbereitet ins Bewerbergespräch

Die Würfel sind gefallen. Aus den eingegangenen Bewerbungen haben Sie fünf Bewerber ausgesucht, die Ihrer Meinung nach aufgrund ihrer Erfahrung und Qualifikation am besten auf die Stelle passen. Nun gilt es, die jeweiligen Bewerber in einem persönlichen Gespräch auf Herz und Nieren zu prüfen.

Diese Redewendung sagt sich so leicht. Dennoch stellt ein Vorstellungsgespräch nicht nur den Bewerber auf den Prüfstand. Auch als zukünftiger Arbeitgeber sollten Sie die Gespräche gut vorbereiten. Denn nur mit der richtigen Vorbereitung lässt sich herausfinden, welche Person am besten auf die Stelle und in das Team passt.

Fragenkatalog

Gerade wenn man Bewerbergespräche nicht regelmäßig durchführt, ist man vielleicht vor einem solchen Gespräch ähnlich aufgeregt wie der Bewerber selbst. In diesem Fall empfiehlt es sich, sich eine Art Leitfaden oder Fragenkatalog zurechtzulegen, an dem Sie sich entlanghangeln können. Dieser bietet Ihnen auch ein Stück Gewissheit, nichts Wesentliches zu vergessen. Gleichzeitig können Sie den Fragenkatalog auch verwenden, um sich Notizen zum Gespräch zu machen.

Praxistipp

Insbesondere wenn Sie mehrere Gespräche führen müssen, ist eine Mitschrift klar von Vorteil. Andernfalls wird es sicherlich schwierig, sich sämtliche Erkenntnisse und Details zu merken. Notieren Sie neben den Antworten des Bewerbers am besten auch gleich Ihre persönlichen Eindrücke, achten Sie jedoch darauf, dass keine Notiz als Diskriminierung verstanden werden könnte. Wenn möglich, bitten Sie eine weitere Person aus dem Unternehmen mit in das Gespräch, denn vier Augen und Ohren sehen und hören gewöhnlich mehr als zwei. Zudem haben Sie so die Möglichkeit, die Aufgaben (Gesprächsführung und Dokumentation) zu verteilen und hinterher Ihre Eindrücke zu besprechen. Darüber hinaus haben Sie mit einer weiteren Person einen Zeugen, sollten tatsächlich einmal Diskriminierungsvorwürfe im Raum stehen.

Viele Personaler bzw. mit der Bewerberauswahl betraute Personen beginnen das Gespräch mit Fragen zur beruflichen Qualifikation. Hierbei geht es vor allem um Berufserfahrung, bestimmte Fachkenntnisse, die Ausbildung – bei Auszubildenden sicherlich auch um Schulnoten und Lieblingsfächer o. Ä. Für diese Fragen ist zum einen der Lebenslauf hilfreich, zum anderen aber auch der Bewerbung beiliegende Arbeitszeugnisse. Aus Letzteren lässt sich oftmals sehr gut erschließen, welche Berufserfahrung der Bewerber wo vorab erworben hat.

Praxistipp

Versuchen Sie, sich bei den Fragen möglichst am Anforderungsprofil für die ausgeschriebene Stelle zu orientieren. Denken Sie hierbei ggf. auch daran, mögliche Wettbewerbsverbote zu erfragen. Versuchen Sie aber auch, die subjektive Seite der Bewerbung zu analysieren: Warum will der Bewerber in Ihrem Unternehmen arbeiten? Was reizt oder lockt ihn? Was weiß er über das Unternehmen, hat er sich zuvor Informationen verschafft? Notieren Sie außerdem – vielleicht in der Nachbereitung des Gesprächs –, welchen Eindruck der Bewerber auf Sie gemacht hat (zum Beispiel selbstbewusst, arrogant, unsicher, hilflos, sprachgewandt, kommunikativ, höflich usw.).

Unzulässige Fragen

Und dann wären da noch die „unzulässigen" Fragen. Sicherlich haben Sie schon einmal davon gehört, dass Sie eine Bewerberin nicht nach ihrer Familienplanung oder einer bestehenden Schwangerschaft fragen dürfen. Dabei wäre das doch gerade bei kleineren Unternehmen ein Punkt, der wirklich von Interesse ist. Schließlich wendet man doch nicht Zeit und Kosten auf, um den perfekten Mitarbeiter zu finden und einzuarbeiten, um dann nach drei Monaten zu erfahren, dass bald der Mutterschutz beginnen wird. Nun ja, vielleicht ist die Formulierung „unzulässige Fragen" auch nicht ganz so wörtlich gemeint. Grundsätzlich gibt es eine Reihe von Themen, die Bereiche betreffen, die den Arbeitgeber nichts angehen. Dennoch können Sie als Arbeitgeber sämtliche für Sie entscheidenden Fragen stellen – ob zulässig oder nicht. Der Bewerber ist allerdings nur bei den zulässigen Fragen verpflichtet, diese wahrheitsgemäß zu beantworten. Entspricht die Antwort auf eine zulässige Frage nicht der Wahrheit, haben Sie das Recht, den Arbeitsvertrag anzufechten, wenn die Einstellung aufgrund der wahrheitswidrigen Antwort erfolgte.

Achtung

Generell ist es so, dass ein Bewerber auf unzulässige Fragen nicht antworten muss. Eine verweigerte Antwort wäre oftmals jedoch unvorteilhaft, daher darf ein Bewerber solche Fragen bewusst falsch beantworten und muss hierfür keine rechtlichen Konsequenzen befürchten.

Zulässige Fragen

Erlaubt sind Fragen zu folgenden Bereichen:

- Personenstand,
- beruflicher Werdegang, Berufserfahrung und fachliche Fähigkeiten,
- bestehende Wettbewerbsverbote aus früheren Arbeitsverhältnissen,
- betriebliche Altersversorgung,
- Nebenbeschäftigung,
- Schwerbehinderung – nur wenn das Nichtvorliegen einer Behinderung eine wesentliche und entscheidende berufliche Anforderung darstellt, das heißt, wenn durch die Behinderung eine Arbeitsleistung dauerhaft unmöglich wäre.

Unter bestimmten Voraussetzungen können Fragen zu folgenden Bereichen zulässig sein:

- Schulden und Vermögensverhältnisse – nur wenn es sich um eine besondere Vertrauensstellung handelt und der Mitarbeiter mit Vermögenswerten und Betriebsgeheimnissen in Kontakt kommt,
- Gehaltspfändungen – nur wenn konkrete Anhaltspunkte für umfangreiche Gehaltspfändungen vorliegen,
- bisheriges Gehalt – nur wenn es für die neue Stelle von Bedeutung ist,
- Krankheiten – bei hohen Leistungsanforderung oder wenn erhöhte Ansteckungsgefahr gegeben ist (zum Beispiel in der Gastronomie),
- Vorstrafen – nur wenn ein Zusammenhang zur Tätigkeit besteht (zum Beispiel Vorstrafe wegen eines Verkehrsdelikts bei Berufskraftfahrern oder Vorstrafe wegen Vermögensdelikt bei Positionen, die mit Geldverantwortung belegt sind).

Fragen zu diesen Themen sind generell unzulässig:

- Bestehen einer Schwangerschaft,
- Heiratsabsicht und Kinderwunsch,
- Partei-, Religions-, Gewerkschaftszugehörigkeit (Ausnahme bei Tendenzbetrieben).

Achtung

Auch ein polizeiliches Führungszeugnis können Sie als Arbeitgeber nicht ohne Weiteres verlangen, da dieses unter Umständen mehr Angaben enthalten könnte, als Sie als Arbeitgeber berechtigt sind zu erfahren. Eine Ausnahme besteht im Sicherheitsdienst.

Welche Kosten muss ich als Arbeitgeber tragen?

Generell gilt: Wird ein Bewerber zum Vorstellungsgespräch eingeladen, muss das Unternehmen ihm alle Aufwendungen ersetzen, die er im Einzelfall für erforderlich halten durfte. Dies gilt unabhängig davon, ob später ein Arbeitsvertrag zustande kommt oder nicht. In der Regel werden Fahrtkosten, unter Umständen aber auch Übernachtungs- und Verpflegungskosten zu erstatten sein.

Praxistipp

Etwas anderes gilt nur, wenn Sie dies mit dem Bewerber vorab vereinbart haben. Es empfiehlt sich daher, bereits in der Einladung zum Vorstellungsgespräch festzulegen, welche Kosten Sie übernehmen werden, beispielsweise durch folgende Formulierung: „Ihre Reisekosten erstatten wir Ihnen entsprechend den Tarifen für Bahn (zweiter Klasse)/Bus." Oder aber auch: „Auslagen können leider nicht erstattet werden."

Der Anspruch umfasst hingegen nicht die Kosten, die entstehen, weil der Bewerber einen Urlaubstag genommen hat. Ein Arbeitnehmer, der sich unaufgefordert vorstellt, bekommt keine Kosten erstattet.

Aufwendungserstattung

Diese Aufwendungen werden als notwendig betrachtet und sind üblicherweise vom Arbeitgeber zu erstatten:

- Bahnfahrt: Fahrkarte zweiter Klasse
- Pkw: steuerliche Kilometersätze wie bei Dienstreisen (derzeit 0,30 EUR/Kilometer)
- Flug: in der Regel nur nach vorheriger Vereinbarung
- Taxikosten (zum Beispiel vom/zum Bahnhof)
- Hotelkosten: wenn An- und Abreise nicht an einem Tag zu schaffen sind
- Verpflegung: steuerlich zulässige Spesensätze

Alles Wichtige auf einen Blick

- Ein Zwischenbescheid auf eine Bewerbung ist eine nette Geste, um dem Bewerber Respekt zu zollen und den Erhalt zu bestätigen.
- Bewerbergespräche sollten auch von Arbeitgeberseite gut vorbereitet sein. Sinnvoll ist ein Fragenkatalog.
- Der Bewerber ist bei unzulässigen Fragen nicht verpflichtet, die Wahrheit zu sagen.
- Als Arbeitgeber sind Sie verplichtet, die Kosten des Vorstellungsgesprächs (z. B. Fahrtkosten) zu tragen, sofern Sie die Erstattung nicht vorab ausschließen.

Absagen will gelernt sein

Nun haben Sie unter Umständen mehrere Vorstellungsgespräche absolviert, vielleicht war der Traumkandidat gleich darunter, vielleicht kommt aber auch einer infrage, bei dem Sie sagen: „O.k., der passt schon. Nach einer gewissen Einarbeitungszeit traue ich dem den Job zu." Wie auch immer, jetzt heißt es, den anderen Mitbewerbern abzusagen. Legen Sie noch Wert auf klassische Bewerbungsmappen, sollten Sie diese auch zurückschicken, sie sind schließlich nach wie vor Eigentum des Bewerbers. Nur bei Initiativbewerbungen sind Sie nicht verpflichtet, die Dokumente zurückzusenden (schließlich wurden sie Ihnen ja „ungefragt" zugesandt).

Achtung

Achten Sie auch bei der Absage darauf, dass man Ihnen keinen Vorwurf wegen Diskriminierung machen kann. Sie erinnern sich vielleicht noch an ein Arbeitsgerichtsverfahren, das Anfang 2010 als sogenannte „Ossi-Klage" die Beachtung der Medien gefunden hat. Hier wurde ein Lebenslauf mit der Notiz „Ossi (–)" versehen und an die Bewerberin zurückgeschickt. Ein grober Fehler, der den Arbeitgeber zwar keine Entschädigung gekostet, aber in den Medien einen Imageschaden eingebracht hat.[1] Die Unterlagen des Bewerbers dürfen weder beschädigt noch beschrieben werden und sollten vollständig zurück an den Absender gehen. Bei Bewerbern, die in die engere Auswahl für ein Vorstellungsgespräch kommen, empfiehlt es sich, die Unterlagen zu kopieren/auszudrucken, um gegebenenfalls einige Notizen am Rand machen zu können. Achten Sie auch hier auf AGG-sichere Notizen – im Fall der Fälle müssen Sie lückenlos dokumentieren können, dass keine Ungleichbehandlung stattgefunden hat.

Auch wenn es für viele Bewerber von großem Interesse ist, warum sie im Bewerberprozess den Kürzeren gezogen haben – das Inkrafttreten des Allgemeinen Gleichbehandlungsgesetzes hat dazu geführt, dass die meisten Arbeitgeber keine Gründe mehr für die Absage im Schreiben bzw. auch in einem Telefonat angeben. Die Gefahr des Vorwurfs, man habe extra einen jüngeren oder einen männlichen Bewerber ausgewählt, ist einfach zu präsent. Mit den folgenden drei Musterabsagen, die Sie auch auf unserer Downloadseite finden, sind Sie auf jeden Fall in puncto AGG auf der sicheren Seite.

Muster: Absage auf Bewerbung

Sehr geehrter Herr …/Sehr geehrte Frau …,/Guten Tag, …

wir danken Ihnen für die Bewerbung und Ihr Interesse an unserem Unternehmen. Leider hat die Prüfung aller Unterlagen länger gedauert als ursprünglich geplant. Wir bitten daher um Ihr Verständnis und danken Ihnen für Ihre Geduld.

[1] Die Entschädigungsklage hatte vor Gericht keinen Erfolg, weil es sich um eine Benachteiligung wegen der „ethnischen" Herkunft handeln muss. Nach Ansicht des Arbeitsgerichts Stuttgart gelten Ostdeutsche jedoch nicht als eigener Volksstamm. Im Berufungsverfahren einigten sich die Parteien per Vergleich.

Leider müssen wir Ihnen heute mitteilen, dass wir Sie nicht in die engere Wahl genommen haben. Die Entscheidung ist uns bei der großen Anzahl von qualifizierten Bewerbungen nicht leicht gefallen.

Wir bedauern, Ihnen keinen positiven Bescheid geben zu können, und wünschen Ihnen für Ihre weitere berufliche und persönliche Zukunft alles Gute. (Ihre Bewerbungsunterlagen erhalten Sie hiermit zurück.)

Freundliche Grüße

Muster: Absage nach Vorstellungsgespräch

Sehr geehrter Herr .../Sehr geehrte Frau ...,/Guten Tag, ...

für das ausführliche und anregende Gespräch in unserem Hause danken wir Ihnen herzlich.

Leider müssen wir Ihnen nun mitteilen, dass wir nach einigen sehr informativen Gesprächen Ihre Bewerbung nicht mehr berücksichtigen können. Wir bitten um Verständnis für unsere Entscheidung.

Wir danken Ihnen für das unserem Unternehmen entgegengebrachte Vertrauen und Interesse und wünschen Ihnen für die Zukunft alles Gute. (Ihre Bewerbungsunterlagen erhalten Sie hiermit zurück.)

Freundliche Grüße

Muster: Absage auf Initiativbewerbung

Sehr geehrter Herr .../Sehr geehrte Frau ...,/Guten Tag, ...

wir danken Ihnen für Ihre Initiativbewerbung und Ihr Interesse an unserem Unternehmen. Wir haben Ihre Unterlagen sorgfältig geprüft. Leider müssen wir Ihnen heute mitteilen, dass in unserem Unternehmen in absehbarer Zeit keine adäquate Stelle frei wird, die Ihrer Qualifikation und Ihren Vorstellungen entspricht.

Wir hoffen, dass Sie sich durch diese Mitteilung nicht entmutigen lassen, und würden uns freuen, wenn Sie sich wieder bei uns bewerben. Unsere aktuellen Stellenausschreibungen finden Sie unter anderem auf der Website unseres Unternehmens.

Wir danken Ihnen für das unserem Unternehmen entgegengebrachte Vertrauen und Interesse und wünschen Ihnen für die Zukunft alles Gute. (Ihre Bewerbungsunterlagen erhalten Sie hiermit zurück.)

Freundliche Grüße

Bewerbungsunterlagen von Mitarbeitern, die den Job erhalten haben, verbleiben im Unternehmen und werden in der Personalakte archiviert.

Stichwort Bewerberdatenschutz

Datenschutz – ein Thema, was in den letzten Jahren für Unternehmen immer wichtiger geworden ist. Nichtzuletzt aufgrund der Datenschutz-Grundverordnung (DSGVO), die seit dem 25. Mai 2018 den einheitlichen Datenschutzrahmen für die Länder der Europäischen Union bildet. Dass Sie auch in Sachen Mitarbeiter datenschutzrechtliche Vorgaben beachten müssen, liegt auf der Hand.

Der sog. Beschäftigtendatenschutz beginnt schon im Bewerbungsprozess, wo in der Regel die Unterlagen der Bewerber gespeichert werden. Bereits hier ist der Arbeitgeber verpflichtet, den Bewerber über die Kontaktdaten des Datenschutzbeauftragten (wenn vorhanden), den Zweck der Verarbeitung, die Rechtsgrundlage und berechtigte Interessen zu informieren.

Darüber hinaus muss der Arbeitgeber auch folgende Informationen bereitstellen:

- Wie lange werden die Daten gespeichert?
- Welche Rechte haben die Bewerber?
- Wie kann der Bewerber gegebene Einwilligungen widerrufen?
- Wie funktioniert das Beschwerderecht bei der Aufsichtsbehörde?
- Welche gesetzliche oder vertragliche Verpflichtung besteht bei personenbezogenen Daten?

Achtung

Je nachdem wie der Bewerberprozess in Ihrem Unternehmen organisiert ist, müssen Sie dafür Sorge tragen, dass der Bewerber diese Informationen auch wahrnimmt. Verwenden Sie ein Online-Bewerbungstool, gibt es mit höchster Wahrscheinlichkeit ein Eingabefeld für Ihre Datenschutzerklärung für Bewerber. Sie können die Erklärung (oder Sie sollten sogar) auf Ihrer Webseite unterbringen und jede Stellenanzeige darauf verlinken. Im E-Mail-Verkehr ist es ratsam, die Erklärung im Anhang zum Eingangsbescheid mitzusenden oder auch hier auf Ihre Webseite zu verlinken. Ein entsprechendes Muster finden Sie auch auf unserer Downloadseite zum Buch.

Viele Unternehmen wollen sich einen Bewerberpool aufbauen. Das bedingt natürlich auch, dass die Bewerberdaten länger gespeichert werden. Hat der Bewerber hierzu seine Einwilligung gegeben, ist dies grundsätzlich zulässig.

Arbeitsverträge – Mitarbeiter rechtssicher an sich binden

Nun ist es also so weit: Sie haben sich für einen Bewerber entschieden. In einem weiteren Termin hat man sich auch über die einzelnen Modalitäten des Arbeitsverhältnisses geeinigt. Jetzt geht es darum, die Details in einem Arbeitsvertrag zu verankern. Rein rechtlich gesehen, verpflichtet sich der Arbeitnehmer durch einen Arbeitsvertrag (geregelt in §611 BGB), dem Arbeitgeber gegenüber dauerhaft bestimmte Dienste – also Arbeitsleistungen – zu erbringen. Im Gegenzug werden Sie als Arbeitgeber verpflichtet, diese Arbeitsleistungen mit einem entsprechenden Geldbetrag zu vergüten. Der Arbeitsvertrag konkretisiert nun sämtliche Modalitäten in einem Dokument und stellt die Grundlage für das Arbeitsverhältnis dar.

Schriftlich ist immer besser

Ein Arbeitsvertrag kann sowohl schriftlich als auch mündlich, aber auch ausdrücklich oder stillschweigend durch entsprechendes Verhalten entstehen. Beschäftigen Sie beispielsweise einen Mitarbeiter, der in Ihre Betriebsorganisation eingebunden ist, Lohn erhält und seinen Urlaub beantragen muss, so spricht dies für einen Arbeitsvertrag – schließlich verhalten sich alle Beteiligten entsprechend. Dennoch ist es gerade für Sie als Arbeitgeber aus Beweisgründen vorteilhaft, einen Arbeitsvertrag schriftlich abzuschließen.

Nachweisgesetz

Als Arbeitgeber sind Sie bei der inhaltlichen Gestaltung des Arbeitsvertrags in einer starken Position. Sie legen die Regeln fest, Sie formulieren die Rechte und Pflichten aller Beteiligten, Sie entscheiden, welche Punkte durch den Vertrag geregelt werden und welche nicht. Dennoch gibt es eine Anzahl wesentlicher Arbeitsbedingungen, die Sie laut Nachweisgesetz (NachwG) schriftlich niederlegen müssen. Das bedeutet also: Sie können auf einen typischen Arbeitsvertrag verzichten und dem Arbeitnehmer lediglich eine Niederschrift der Arbeitsbedingungen aushändigen. Ob Sie dadurch Zeit und Aufwand sparen, sei dahingestellt. Beachten Sie jedoch: Werden die Vorschriften des Nachweisgesetzes missachtet, so ist der mündlich zustande gekommene Vertrag dennoch wirksam. Unter Umständen können Sie dadurch sogar Schadensersatzansprüche auslösen. Hat der Mitarbeiter zum Beispiel keine Kenntnis davon, dass ein Tarifvertrag gültig ist, und erleidet er dadurch einen Schaden, kann er von Ihnen verlangen, dass Sie diesen Schaden ersetzen.

Anhand der folgenden Checkliste, die Sie auch unter Ihren Arbeitshilfen auf unserer Downloadseite finden, prüfen Sie, ob Sie alle nach dem Nachweisgesetz erforderlichen Bestandteile einer Vereinbarung über ein Arbeitsverhältnis geregelt haben.

Checkliste: Das muss im Arbeitsvertrag geregelt werden	
Wie lauten Name und Anschrift der Vertragsparteien?	
Wann beginnt das Vertragsverhältnis?	
Bei befristeten Arbeitsverhältnissen: Auf welche Dauer bzw. bis zu Erreichen welchen Zwecks ist das Arbeitsverhältnis angelegt?	
Wo soll der Arbeitsort sein? Alternativ, wenn der Arbeitnehmer nicht nur an einem bestimmten Arbeitsort tätig sein soll: Wird darauf hingewiesen, dass der Arbeitnehmer an verschiedenen Orten beschäftigt werden kann?	
Welche Tätigkeiten sind zu leisten? Alternativ: Wird auf eine bestehende Stellenbeschreibung Bezug genommen?	
In welcher Höhe liegt das Arbeitsentgelt und wie setzt es sich zusammen (Zuschläge, Zulagen, Prämien und Sonderzahlungen sowie andere Bestandteile des Arbeitsentgelts und deren Fälligkeit)?	
Welche Arbeitszeit wird vereinbart?	
Auf wie viele Urlaubstage hat der Arbeitnehmer Anspruch (evtl. Regelung von Betriebsferien)?	
Welche Kündigungsfristen sind zu beachten?	
Findet ein Tarifvertrag Anwendung? Sind unter Umständen Betriebs- oder Dienstvereinbarungen auf das Arbeitsverhältnis anwendbar?	

Praxistipp

Bitte beachten Sie: Je genauer Sie die Tätigkeit im Arbeitsvertrag festschreiben, desto weniger haben Sie später die Möglichkeit, dem Mitarbeiter im Rahmen Ihres Weisungsrechts (auch „Direktionsrecht" genannt – siehe § 106 Gewerbeordnung) andere Arbeitsaufträge zu übertragen. Beschreiben Sie die Tätigkeiten daher besser möglichst grob. Zusätzlich können Sie im Arbeitsvertrag auch eine entsprechende Klausel aufnehmen: „Der Arbeitgeber ist berechtigt, dem Arbeitnehmer auch andere zumutbare Tätigkeiten, die seiner Qualifikation entsprechen, zuzuweisen."

Die Vertragsfreiheit und ihre Grenzen

Auch im Arbeitsrecht gilt der Grundsatz der Vertragsfreiheit – und zwar sowohl hinsichtlich der Frage, ob und mit wem ein Vertrag geschlossen wird, als auch hinsichtlich des Inhalts des Vertrags.

Die Vertragsparteien können den Inhalt ihrer Vereinbarungen zwar frei bestimmen, die Arbeitsbedingungen werden jedoch auch durch gesetzliche Bestimmungen, Tarifverträge, Betriebsvereinbarungen, betriebliche Übungen und das Weisungsrecht des Arbeitgebers beeinflusst. Von diesen Regelungen kann nur zugunsten des Arbeitnehmers abgewichen werden.

Alle Vertragsregelungen müssen eindeutig und verständlich sein

AGB-Kontrolle

Nach dem Willen des Gesetzgebers sind die Klauseln eines Arbeitsvertrags weitgehend wie allgemeine Geschäftsbedingungen zu behandeln. Zumindest soll dies für Arbeitsverträge gelten, die vom Arbeitgeber vorformuliert werden. Die unmittelbare Folge: Verstoßen eine oder mehrere Klauseln des Arbeitsvertrags gegen die §§ 305 ff. BGB, werden sie unwirksam. Durch diese Betrachtungsweise will der Gesetzgeber vermeiden, dass die Arbeitnehmer unangemessen benachteiligt werden. Die Klauseln in Ihrem Arbeitsvertrag müssen folglich einer sogenannten AGB-Kontrolle standhalten. Das heißt, grundsätzlich sind die folgenden Regeln zu beachten:

- Die verwendeten Formulierungen (Klauseln) müssen eindeutig sein.
- Sie müssen klar und verständlich formuliert sein. Ist eine Regelung unverständlich, kann bereits eine unangemessene Benachteiligung vorliegen (Transparenzgebot).
- Auch überraschende Klauseln sollten vermieden werden, andernfalls werden sie nicht Bestandteil des Arbeitsvertrags (Überraschungsverbot). Hier geht es vor allem um Regelungen, die nach dem äußeren Erscheinungsbild des Vertrags so ungewöhnlich sind, dass der Arbeitnehmer nicht mit ihnen rechnen muss.

> **Achtung**
>
> Überprüfen Sie jeden Arbeitsvertrag nach den oben genannten Grundsätzen. Bedenken Sie, dass nach dem Gesetz jeder Zweifel bei der Auslegung von Arbeitsvertragsklauseln ausdrücklich zulasten des Arbeitgebers geht.

Welche Inhalte sind notwendig, welche sinnvoll?

Wie bereits oben dargestellt, ist es Ihre Sache als Arbeitgeber, welche Regelungen Sie in einem Arbeitsvertrag manifestieren wollen. Dabei unterliegen Sie nur den eben geschilderten Grenzen – der Vertrag muss einer AGB-Kontrolle standhalten, und die gesetzlichen sowie die kollektivrechtlichen Normen müssen beachtet werden. Nimmt man jedoch verschiedene Verträge zur Hand und vergleicht sie, so fällt auf, dass sie immer einem ähnlichen Schema folgen. In der Regel erfolgt der Einstieg in einen Arbeitsvertrag über das Vertragsrubrum –hierunter versteht man die Benennung (Name und Anschrift) sowie die Bezeichnung der Vertragsparteien als Arbeitgeber und Arbeitnehmer. Anschließend werden im Hauptteil des Vertrags die einzelnen Klauseln aufgeführt. Die Unterschriften beider Vertragsparteien besiegeln das Dokument.

Grundmustervertrag

Es gibt keine strengen Vorgaben, nach denen ein Arbeitsvertrag aufgebaut sein muss. Häufig wird jedoch ein „Grundmustervertrag" verwendet, der im ersten Part die Klauseln enthält, die für jedes Arbeitsverhältnis im Unternehmen gelten. Weiter unten werden die Klauseln ergänzt, die für jedes Arbeitsverhältnis individuell geregelt werden.

Die nach dem Nachweisgesetz zwingend notwendigen Vertragsbestandteile haben wir Ihnen oben (siehe Seite 29) bereits dargestellt. Die folgenden Vertragsbestandteile sind zusätzlich möglich:[2]

Checkliste: Zusätzliche Vertragsklauseln	
Soll eine Probezeit vereinbart werden? Falls ja: Welche Kündigungsfrist soll während der Probezeit gelten?	
Entgeltfortzahlung: Was gilt bei Arbeitsverhinderung und -unfähigkeit? Welche Mitteilungs- und Nachweispflichten hat der Arbeitnehmer?	
Soll der Mitarbeiter einen Anspruch auf Urlaubsgeld erhalten?	
Was ist mit Weihnachtsgeld oder einem 13. Gehalt?	
Was muss der Mitarbeiter in Sachen Reisekosten und Spesen beachten?	

[2] Im Kapitel „Rund um das Arbeitsverhältnis" finden Sie zu den wichtigsten Vertragsregelungen weiterführende Informationen.

Checkliste: Zusätzliche Vertragsklauseln	
Wollen Sie Einschränkungen bei Nebentätigkeiten oder Ehrenämtern, (zum Beispiel eine Genehmigungspflicht) vorschreiben?	
Muss der Mitarbeiter zur Verschwiegenheit verpflichtet werden?	
Soll ein nachvertragliches Wettbewerbsverbot bestehen (Achtung: Karenzzahlungen)?	
Für innovative Firmen: Soll eine Regelung über Arbeitnehmererfindungen getroffen werden (Meldeverfahren, Inanspruchnahme und Vergütung)?	
Soll für bestimmte Sachverhalte eine Vertragsstrafe vereinbart werden (zum Beispiel bei Kündigung vor Arbeitseintritt, siehe Seite 52)?	

Auf unserer Downloadseite finden Sie einen Musterarbeitsvertrag, den Sie nur noch auf Ihre eigenen Bedürfnisse anpassen und ausdrucken müssen. Er enthält sämtliche hier vorgestellten Klauseln. Bitte beachten Sie jedoch, dass – obwohl unsere Vertragsmuster mit größter Sorgfältigkeit erstellt wurden – sie keinen Anspruch auf Vollständigkeit erheben. Bei der Vertragsgestaltung kommt es immer auf den Einzelfall an, unsere Muster sollten daher eher als Formulierungshilfe verstanden werden. Bei vertraglichen Einzelfragen ist es empfehlenswert, einen Experten, beispielsweise einen Fachanwalt für Arbeitsrecht, zu konsultieren.

Neben den zusätzlich möglichen Regelungen gibt es drei Klauseln, auf die wir an dieser Stelle noch einmal gesondert eingehen wollen.

Schriftform für Vertragsänderungen

Auch wenn Sie bei der Vertragsgestaltung alle möglichen Aspekte gut durchdacht haben, so kann es dennoch notwendig werden, den Vertrag zu einem späteren Zeitpunkt einer veränderten Arbeitssituation anzupassen. Unter einer Vertragsänderung versteht man jede nachträgliche Änderung, Anpassung oder Ergänzung eines bestehenden Vertrags. Einseitige Vertragsänderungen sind generell nicht möglich. Im Prinzip kann eine Vertragsanpassung formlos vorgenommen werden, dies gilt jedoch nicht für Vertragsbestandteile, die nach dem Nachweisgesetz schriftlich verankert werden müssen. Sie können im Arbeitsvertrag jedoch bestimmen, dass sämtliche Vertragsänderungen schriftlich vorgenommen werden müssen. Eine solche Klausel kann Ihnen unter anderem als Rückversicherung gegen die betriebliche Übung dienen.

Musterformulierung: Schriftform

Änderungen, Ergänzungen und Nebenabreden dieses Vertrags bedürfen der Schriftform; dies gilt auch für die Aufhebung der Schriftform selbst.

Jeder Unternehmer hat sicherlich ein großes Interesse daran, dass mit Beendigung des Arbeitsverhältnisses auch ein Schlussstrich unter die Sache gezogen werden kann. Eine sogenannte „Ausschlussklausel" im Arbeitsvertrag kann dafür sorgen, dass sich alsbald eine Rechtssicherheit für beide Seiten einstellen kann. Generell liegt die Verjährungsfrist für gegenseitige Ansprüche aus dem Arbeitsverhältnis nämlich bei drei Jahren (§ 196 BGB). Mit einer entsprechenden Klausel stellen Sie sicher, dass Ihr ehemaliger Mitarbeiter nicht noch Jahre später irgendwelche Forderungen gegen Sie stellen kann. Eine Ausschlussklausel darf jedoch für die Geltendmachung von Ansprüchen eine Frist von mindestens drei Monaten beinhalten.

Ausschlussklausel

Musterformulierung: Ausschlussklausel

Bei Beendigung des Arbeitsverhältnisses verfallen alle wechselseitigen Ansprüche der Vertragspartner, wenn diese nicht innerhalb von drei Monaten ab Fälligkeit schriftlich geltend gemacht werden und im Falle der Ablehnung durch die Gegenseite innerhalb von drei Monaten eingeklagt werden.

Salvatorische Klausel

Als „salvatorische Klausel" bezeichnet man eine Vertragsregelung, die festlegt, welche Rechtsfolgen eintreten sollen, wenn sich einzelne Vertragsbestandteile als unwirksam oder undurchführbar erweisen sollten. Darüber hinaus gilt sie in der Regel auch für Fragen, die im Vertrag nicht erfasst wurden. Der Sinn einer salvatorischen Klausel ist es demzufolge, einen teilweise unwirksamen oder undurchführbaren Vertrag so weit wie möglich aufrechtzuerhalten. Sie findet sich meist am Ende des Vertrags.

Musterformulierung: salvatorische Klausel

Sollten einzelne Bestimmungen dieses Vertrags unwirksam oder un durchführbar sein oder nach Vertragsschluss unwirksam oder undurchführbar werden, bleibt davon die Wirksamkeit des Vertrags im Übrigen unberührt. An die Stelle der unwirksamen oder undurchführbaren Bestimmung soll diejenige wirksame und durchführbare Regelung treten, deren Wirkungen der wirtschaftlichen Zielsetzung am nächsten kommen, die die Vertragsparteien mit der unwirksamen bzw. undurchführbaren Bestimmung verfolgt haben. Die vorstehenden Bestimmungen gelten entsprechend für den Fall, dass sich der Vertrag als lückenhaft erweist.

Anlagen zum Vertrag

Darüber hinaus werden Arbeitsverträge oftmals (gegebenenfalls auch zu einem späteren Zeitpunkt) mit Anlagen erweitert, die Gegenstand bzw. wesentlicher Bestandteil des Vertrags sein sollen. Diese Anlagen sind zum Beispiel denkbar:

- Dienstwagenregelung,
- Vereinbarung über Arbeitgeberdarlehen,
- Vereinbarung über betriebliche Altersvorsorge (Entgeltumwandlung),
- Vereinbarung über eine Weiterbildungsmaßnahme im Rahmen des Arbeitsverhältnisses,
- Überlassung von Arbeitsmitteln (Diensthandy, Laptop),
- Datenschutz.

Spezielle Vertragsverhältnisse

Nachdem das vorstehende Kapitel den Arbeitsvertrag und die Anforderungen als solche im Allgemeinen beleuchtet hat, soll es nun um spezielle Arbeitsverträge gehen. Sie können sich beispielsweise dafür entscheiden, den Arbeitnehmer nur über einen bestimmten Zeitraum befristet einzustellen (befristeter Arbeitsvertrag) oder nur mit einer bestimmten Wochenarbeitszeit, die die normale Arbeitszeit unterschreitet (Teilzeitarbeitsvertrag). Genauso wäre ein Arbeitsverhältnis mit einem geringfügig Beschäftigten (Minijobber) gut denkbar oder vielleicht auch ein Vertrag mit einem Freiberufler, wenn Sie eher auf Flexibilität setzen oder nur bestimmte Leistungen einkaufen wollen. Jedes Vertragsverhältnis hat so seine Eigenheiten und um die soll es auf den folgenden Seiten gehen.

Befristete Arbeitsverhältnisse

Generell werden Arbeitsverträge auf unbestimmte Zeit geschlossen. Das Teilzeit- und Befristungsgesetz (TzBfG) erlaubt hiervon eine Ausnahme – jedoch ist die Befristung eines Arbeitsvertrags nur unter bestimmten gesetzlich vorgegebenen Voraussetzungen möglich.

Befristeter Arbeitsvertrag

Viele Unternehmer sind mittlerweile dazu übergegangen, mit neu einzustellenden Mitarbeitern befristete Arbeitsverhältnisse abzuschließen. Zum einen kann man dadurch über einen längeren Zeitraum abschätzen, ob die Aufstockung der Belegschaft sinnvoll ist und sich im Zuge der wirtschaftlichen Entwicklung des Unternehmens rechnet. Zudem kann der Mitarbeiter durch eine Befristung erst einmal „erprobt“ werden – man kann also prüfen, ob sich der Mitarbeiter ins Team einfügt und ob seine Leistungen den Erwartungen entsprechen. Darüber hinaus gilt für befristete Arbeitsverhältnisse weder das Kündigungsschutzgesetz noch besondere Kündigungsschutzbestimmungen – eine Schwangerschaft oder Schwerbehinderung spielt daher bei der Beendigung des Arbeitsverhältnisses keine Rolle. Das Beschäftigungsverhältnis endet mit Ablauf der Zeit, für die es eingegangen wurde. Eine Kündigung des Vertrags ist nicht erforderlich.

Achtung

Wenn Sie mit einem Mitarbeiter eine Befristung vereinbaren, schließen Sie damit eine ordentliche Kündigung generell aus (§ 15 TzBfG). Wollen Sie auf dieses Recht dennoch nicht verzichten, müssen Sie im Vertrag eine entsprechende Klausel aufnehmen (zum Beispiel: „Das Arbeitsverhältnis kann von beiden Seiten gekündigt werden. Es gelten die gesetzlichen Kündigungsfristen.").

Eine außerordentliche (fristlose) Kündigung und die einvernehmliche Aufhebung des Arbeitsvertrags (Aufhebungsvertrag) sind auch im Rahmen eines befristeten Arbeitsverhältnisses möglich. Hier gelten die allgemeinen Regeln.

Achtung

Wenn eine Befristung unzulässig ist, gilt der Vertrag als unbefristeter Arbeitsvertrag. In diesem Fall ist eine Kündigung unter Einhaltung der Kündigungsfristen erforderlich.

Zwei Arten des befristeten Arbeitsvertrags kennt das Gesetz (§3 Abs. 1 TzBfG):

- Zeitbefristung: Die Dauer des Arbeitsverhältnisses ist kalendermäßig bestimmt (zum Beispiel „bis zum 31.12.xxxx" oder „zehn Monate").
- Zweckbefristung: Die Dauer des Arbeitsverhältnisses bestimmt sich nach Art, Zweck oder Beschaffenheit der Arbeitsleistung.

Sachlicher Grund

Die Befristung eines Arbeitsvertrags ist nur zulässig, wenn ein sachlicher Grund hierfür vorliegt (§14 Abs. 1 TzBfG).

Ein sachlicher Grund liegt insbesondere vor, wenn

1. der betriebliche Bedarf an der Arbeitsleistung nur vorübergehend besteht,
2. die Befristung im Anschluss an eine Ausbildung oder ein Studium erfolgt, um den Übergang des Arbeitnehmers in eine Anschlussbeschäftigung zu erleichtern,
3. der Arbeitnehmer zur Vertretung eines anderen Arbeitnehmers beschäftigt wird (zum Beispiel bei Elternzeit),
4. die Eigenart der Arbeitsleistung die Befristung rechtfertigt,

5. die Befristung zur Erprobung erfolgt,
6. in der Person des Arbeitnehmers liegende Gründe die Befristung rechtfertigen,
7. der Arbeitnehmer aus Haushaltsmitteln vergütet wird, die haushaltsrechtlich für eine befristete Beschäftigung bestimmt sind, und er entsprechend beschäftigt wird oder
8. die Befristung auf einem gerichtlichen Vergleich beruht.

Für die Laufzeit des Vertrags sieht der Gesetzgeber keine Beschränkungen vor. Die Befristungsvereinbarung ist schriftlich zu treffen, andernfalls ist sie unwirksam. Das Schriftformerfordernis betrifft jedoch nur die Befristungsregelung selbst.

Achtung

Eine Befristung kann trotz Vorliegens eines Sachgrunds rechtsmissbräuchlich und daher unwirksam sein. Einen Rechtsmissbrauch sieht das BAG unter anderem bei einer sehr langen Gesamtdauer oder einer außergewöhnlich hohen Anzahl von aufeinander folgenden befristeten Arbeitsverträgen mit demselben Arbeitgeber (BAG, Urteil vom 18. Juli 2012, Az.: 7 AZR 443/09).

Angabe des Zwecks

Bei einer Zweckbefristung sollte zusätzlich auch noch der Zweck der Befristung (zum Beispiel „Elternzeitvertretung für den Arbeitnehmer xy“) im Vertrag geregelt werden. In allen anderen Fällen ist es nicht notwendig (und auch nicht ratsam), den Sachgrund im Vertrag zu verankern.

Können Sie auf keinen der oben genannten Gründe zurückgreifen, kommt unter bestimmten Umständen auch eine sachgrundlose Befristung infrage.

Nach § 14 Abs. 2 TzBfG kann ein befristeter Arbeitsvertrag allerdings nur dann ohne Sachgrund geschlossen werden, wenn

- der betreffende Arbeitnehmer noch nie in Ihrem Unternehmen befristet oder unbefristet beschäftigt war,
- der Arbeitsvertrag auf höchstens zwei Jahre befristet ist oder
- ein zunächst kürzer befristeter Arbeitsvertrag innerhalb der zweijährigen Frist höchstens dreimal verlängert wird.

Ältere Mitarbeiter

Hat ein Mitarbeiter das 52. Lebensjahr vollendet, ist eine Befristung ohne Vorliegen eines sachlichen Grundes bis zu einer Dauer von fünf Jahren möglich. Diese Regelung gilt allerdings nur, wenn der Mitarbeiter unmittelbar vor Beginn des befristeten Arbeitsverhältnisses mindestens vier Monate beschäftigungslos gewesen ist, Transferkurzarbeitergeld bezogen oder an einer öffentlich geförderten Beschäftigungsmaßnahme teilgenommen hat. In dieser Zeit kann die Befristung auch mehrfach verlängert werden.

Existenzgründung In den ersten vier Jahren nach einer Existenzgründung ist die kalendermäßige Befristung eines Arbeitsvertrags bis zu einer Dauer von vier Jahren zulässig, auch wenn kein Sachgrund vorliegt. In dieser Zeit kann die Befristung auch mehrfach verlängert werden.

> **Achtung**
> Eine Befristung ohne Sachgrund endet nach spätestens zwei Jahren. Danach können Sie eine weitere Befristung nur vornehmen, wenn Sie dafür einen sachlichen Grund vorweisen können.

Gleichbehandlung Der Gesetzgeber hat festgelegt, dass Mitarbeiter mit befristeten Arbeitsverhältnissen gegenüber anderen Mitarbeitern nicht benachteiligt werden dürfen. Sie haben Anspruch auf ein Arbeitsentgelt, das nach denselben Grundsätzen berechnet wird wie für unbefristet beschäftigte Arbeitnehmer. Das Arbeitsentgelt oder andere geldwerte Leistungen, die für einen bestimmten Zeitraum gewährt werden, sind in dem Anteil der Beschäftigungsdauer am Bemessungszeitraum zu gewähren.

Auf unserer Downloadseite finden Sie einen Musterarbeitsvertrag mit zwei Alternativklauseln für eine Zeit- oder Zweckbefristung. Sie müssen das Muster nur noch auf Ihre eigenen Bedürfnisse anpassen und ausdrucken. Bitte beachten Sie jedoch, dass – obwohl unsere Vertragsmuster mit größter Sorgfältigkeit erstellt wurden – sie keinen Anspruch auf Vollständigkeit erheben. Bei der Vertragsgestaltung kommt es immer auf den Einzelfall an, unsere Muster sollten daher eher als Formulierungshilfe verstanden werden. Bei vertraglichen Einzelfragen ist es empfehlenswert, einen Experten, beispielsweise einen Fachanwalt für Arbeitsrecht, zu konsultieren.

Teilzeitarbeit

Eine gute Möglichkeit, einen Arbeitsplatz kostengünstig zu besetzen, ist, eine Teilzeitkraft anzustellen – also einen Mitarbeiter, der im Vergleich zu der sonst in Ihrem Unternehmen üblichen Arbeitszeit kürzer arbeitet. Auch diese Arbeitsverhältnisse sind – wie die Befristungen – im Teilzeit- und Befristungsgesetz (TzBfG) geregelt.

Der Gesetzgeber macht keine Vorgabe, in welcher Form Sie die Arbeitszeit gestalten und aufteilen können. In der Praxis gibt es unterschiedliche Formen:

- Der Mitarbeiter arbeitet jeden Werktag, allerdings nicht über die übliche Arbeitsdauer (zum Beispiel von 12 bis 18 Uhr).
- Der Mitarbeiter arbeitet tageweise, d.h. beispielsweise nur an vier Tagen in der Woche.
- Die Arbeitszeit ist variabel: Für bestimmte Wochen wird eine kürzere (unterschiedliche) Arbeitszeit vereinbart.
- Arbeit auf Abruf (siehe §12 TzBfG)

Teilzeitvertrag

Im Prinzip gelten für Teilzeitverträge die gleichen Regelungen wie für Vollzeitverträge. Der einzige Unterschied ist, dass die Arbeitszeit begrenzt ist. Auch hier gilt jedoch wiederum das Benachteiligungsverbot. Sollten keine sachlichen Gründe für eine Ungleichbehandlung vorliegen, hat eine Teilzeitkraft die gleichen Rechte wie alle anderen Mitarbeiter auch. Dies gilt insbesondere im Hinblick auf die Vergütung sowie andere teilbare geldwerte Leistungen. Sonderleistungen, wie beispielsweise das Weihnachtsgeld, müssen in diesem Fall anteilig gewährt werden, d.h. mindestens in dem Umfang, der dem Anteil der Arbeitszeit an der Arbeitszeit eines vergleichbaren vollzeitbeschäftigten Arbeitnehmers entspricht.

Aus dem Vertrag sollte unbedingt hervorgehen, dass es sich um einen Teilzeitvertrag handelt. Hier ist zum einen die Überschrift „Teilzeitarbeitsvertrag“ obligatorisch, aber auch der Vertragstext sollte keine Zweifel aufkommen lassen.

Auf unserer Downloadseite finden Sie einen Musterarbeitsvertrag für eine Teilzeitbeschäftigung. Sie müssen das Muster nur noch auf Ihre eigenen Bedürfnisse anpassen und ausdrucken. Bitte beachten Sie jedoch, dass – obwohl unsere Vertragsmuster mit größter Sorgfältigkeit erstellt wurden – sie keinen Anspruch auf Vollständigkeit erheben. Bei der Vertragsgestaltung kommt es immer auf den Einzelfall an, unsere Muster sollten daher eher als Formulierungshilfe verstanden werden. Bei vertraglichen Einzelfragen ist es empfehlenswert, einen Experten, beispielsweise einen Fachanwalt für Arbeitsrecht, zu konsultieren.

Laut Gesetz müssen Sie im Übrigen einen Arbeitsplatz, den Sie öffentlich oder innerhalb des Unternehmens ausschreiben wollen, auch als Teilzeitarbeitsplatz ausschreiben, wenn sich der Arbeitsplatz hierfür eignet.

Arbeitszeit

Am wichtigsten in einem Teilzeitvertrag ist sicherlich die Regelung der Arbeitszeit – und damit der Hauptunterschied zu einem Vollzeitvertrag.

> **Musterformulierung: Arbeitszeit**
>
> Die regelmäßige Arbeitszeit beträgt … Stunden wöchentlich. Der Arbeitnehmer arbeitet grundsätzlich an den Wochentagen …, … und … jeweils in der Zeit von … bis … Uhr. Die genauen Arbeitszeiten richten sich nach den betrieblichen Erfordernissen. Der Arbeitgeber behält sich vor, Verteilung und Lage der Arbeitszeit nach billigem Ermessen näher zu bestimmen und bei dringenden betrieblichen Gründen eine Änderung der Zeiteinteilung vorzunehmen. Diesbezüglich ist eine Ankündigungsfrist von … Tagen/Wochen zu beachten.

Überstunden Teilzeit bedeutet natürlich auch, dass der Mitarbeiter nur für eine begrenzte Zeit zur Verfügung steht. Dies gilt insbesondere, wenn er beispielsweise aufgrund von Kindern oder einer Weiterbildung zeitlich sehr eingespannt und wenig flexibel ist. Dennoch kann es vorkommen, dass Überstunden geleistet werden müssen – beispielsweise wenn ein Kollege erkrankt oder ein Zusatzauftrag die Kapazitäten sprengt. Wenn es Ihnen wichtig ist, dass auch die Teilzeitbeschäftigten zu Überstunden herangezogen werden können, sollten Sie eine entsprechende Klausel im Vertrag vereinbaren.

> **Musterformulierung: Überstunden**
>
> Der Arbeitnehmer ist verpflichtet, auf Anordnung des Arbeitgebers Überstunden von bis zu … Stunden pro Woche zu leisten. Ein Anspruch auf einen Zuschlag dafür besteht nicht. Die Vergütung für Mehrarbeit und Überstunden berechnet sich auf Grundlage des Arbeitsentgelts.

Alles in allem sollten Sie jedoch die von Ihren Teilzeitkräften tatsächlich geleistete Arbeitszeit im Auge behalten. Gerade in Zeiten, in denen es im Unternehmen wegen zu viel Arbeit heiß hergeht, kann es oftmals passieren, dass eine Teilzeitkraft regelmäßig länger arbeitet. Die mögliche Folge: Der Arbeitsvertrag ändert sich stillschweigend, die Teilzeitkraft wird zur Vollzeitkraft. So hat zum Beispiel das LAG Hamm (Urteil vom 4.5.2006, Az.: 8 Sa 2046/05) entschieden: „Ruft der Arbeitgeber ständig und über einen längeren Zeitraum eine erhöhte Arbeitszeit ab und wird diese vom Mitarbeiter geleistet, handelt es sich nicht um Überstunden, sondern um die tatsächlich geschuldete vertragliche Leistung. Es muss von einer stillschweigenden Neuregelung des Arbeitsvertrags ausgegangen werden, wobei sich der Umfang der stillschweigend vereinbarten Arbeitszeit aus den praktizierten Arbeitszeiten der vergangenen Jahre ergibt."

Urlaub Eine weitere Klausel, auf die Sie im Teilzeitvertrag besonders achten müssen, ist die Urlaubsregelung. Insbesondere bei Teilzeitkräften, die nur drei oder vier Tage in der Woche arbeiten, ist dies besonders wichtig. Mitunter entsteht der Eindruck, der Mitarbeiter sei gar nicht mehr am Arbeitsplatz. Dennoch hat er natürlich ein Anrecht auf Urlaub. Generell entsteht dieser Urlaubsanspruch jedoch anteilig.

Achtung

Eine Ausnahme besteht, wenn der Mitarbeiter zwar täglich, aber verkürzt arbeitet (also von 12 bis 18 Uhr). In diesem Fall erhält er die gleiche Anzahl Urlaubstage wie die Vollzeitbeschäftigten in Ihrem Unternehmen.

Für Teilzeitbeschäftigte, die tageweise (zum Beispiel vier Tage die Woche) arbeiten, wurde in der Rechtsprechung eine Formel entwickelt:

$$\frac{\text{Anzahl Urlaubstage d. Vollzeitbeschäftigten} \times \text{Arbeitstage/Woche}}{\text{im Betrieb übliche Arbeitstage pro Woche}}$$

Beispiel

Auch Michael König grübelt über die Urlaubstage: Er will eine neue Grafikerin auf Teilzeitbasis einstellen, sie soll nur drei Tage in der Woche arbeiten. Alle anderen Arbeitnehmer in der Agentur haben einen Urlaubsanspruch von 30 Tagen. König setzt die Zahlen ins Verhältnis:

$$\frac{\text{30 Urlaubstage} \times \text{3 Arbeitstage}}{\text{5 Arbeitstage}} = \text{18 Urlaubstage}$$

Urlaubsgeld anteilig

Wenn Sie Ihren Vollzeitkräften ein Urlaubsgeld zahlen, haben Ihre Teilzeitbeschäftigten hierauf ebenfalls einen Anspruch. Hierbei ist es zulässig, das Urlaubsgeld anteilig entsprechend dem zeitlichen Umfang der Arbeitsleistung zu bemessen. Wenn Sie beispielsweise Ihren Vollzeitkräften, die an fünf Tagen in der Woche arbeiten, ein Urlaubsgeld von 500 EUR auszahlen, sollte eine Teilzeitkraft mit zwei Arbeitstagen ein Urlaubsgeld in Höhe von 200 EUR erhalten (500 EUR/5 Tage × 2 Tage = 200 EUR).

Geringfügig Beschäftigte oder Minijobs

Ein geringfügiges Beschäftigungsverhältnis (umgangssprachlich: Minijob) ist ein Unterfall der Teilzeitarbeit und sozialversicherungs- und steuerrechtlich privilegiert. Hier gelten einige andere Regelungen, die wir Ihnen nun näher erläutern wollen.

Nach § 8 Abs. 1 Nr. 1 SGB IV liegt eine geringfügige Beschäftigung immer dann vor, wenn

- das Arbeitsentgelt aus dieser Beschäftigung regelmäßig im Monat 450 EUR nicht übersteigt (geringfügig entlohnte Beschäftigung),
- die Beschäftigung innerhalb eines Kalenderjahres auf längstens drei Monate oder 70 Arbeitstage nach ihrer Eigenart oder im Voraus vertraglich begrenzt ist (kurzfristige Beschäftigung) – es sei denn, dass die Beschäftigung berufsmäßig ausgeübt wird und ihr Entgelt 450 Euro im Monat übersteigt (kurzfristige Beschäftigung).

Besteuerung Bei 450-Euro-Minijobs haben Sie als Arbeitgeber die Wahl, ob der Minijob pauschal mit zwei Prozent versteuert wird oder individuell nach der Lohnsteuerklasse Ihres Minijobbers. Die einheitliche Pauschsteuer in Höhe von zwei Prozent beinhaltet Lohnsteuer, Kirchensteuer und den Solidaritätszuschlag und wird zusammen mit den anderen Abgaben an die Minijob-Zentrale abgeführt. Soll der Minijob individuell besteuert werden, hängt die Höhe des Lohnsteuerabzugs von der Lohnsteuerklasse des Minijobbers ab. Die individuelle Steuer wird an das Finanzamt entrichtet. Man sollte genau prüfen, welches Verfahren für Ihren Mitarbeiter vorteilhafter ist.

Krankenversicherung Bei 450-Euro-Minijobs zahlt der Arbeitgeber einen Pauschalbeitrag von 13 Prozent zur Krankenversicherung, wenn der Mitarbeiter in der gesetzlichen Krankenversicherung pflicht-, freiwillig oder familienversichert ist. Berechnungsgrundlage ist der Brutto-Verdienst des Minijobbers. Beiträge zur Pflege- und Arbeitslosenversicherung fallen nicht an.

Der Minijobber selbst zahlt keine Beiträge zur Kranken-, Pflege- und Arbeitslosenversicherung. Es ist daher auch unzulässig, den Pauschalbeitrag zur Krankenversicherung vom Verdienst des Minijobbers abzuziehen.

> **Achtung**
>
> Neben der Meldepflicht bei der Minijob-Zentrale als einheitliche Einzugsstelle besteht eine Melde- und Beitragspflicht zur gesetzlichen Unfallversicherung.

Rentenanspruch Seit 2013 unterliegen Minijobs der Versicherungspflicht in der gesetzlichen Rentenversicherung. Als Arbeitgeber zahlen Sie für Ihren Minijobber einen Pauschalbeitrag in Höhe von 15 Prozent an die Minijob-Zentrale, welcher vom Verdienst abzuziehen ist. Der Mitarbeiter selbst trägt zusätzlich einen Eigenanteil in Höhe von 3,6 Prozent. Dadurch kommt er in den Genuss des vollen Schutzes der gesetzlichen Rentenversicherung. Auf Antrag kann sich der Minijobber von der Zahlung des Eigenbeitrags befreien lassen (§6 Abs. 1b SGB VI). Damit verzichtet er auf den Erwerb von Pflichtbeitragszeiten. Der Befreiungsantrag gilt für alle zeitgleich ausgeübten geringfügig entlohnten Beschäftigungen und ist für die Dauer der Beschäftigungen bindend. Das bedeutet, eine Rücknahme ist nicht möglich.

Achtung

Für den Befreiungsantrag stellt die Deutsche Rentenversicherung ein Formular zur Verfügung. Die Befreiung wirkt grundsätzlich ab Beginn des Kalendermonats des Eingangs beim Arbeitgeber, frühestens ab Beschäftigungsbeginn. Allerdings muss der Arbeitgeber die Befreiung bis zur nächsten Entgeltabrechnung, spätestens jedoch innerhalb von sechs Wochen nach Eingang des Befreiungsantrages, der Minijob-Zentrale melden. Tut er dies nicht, beginnt die Befreiung erst nach Ablauf des Kalendermonats, der dem Kalendermonat folgt, in dem die Minijob-Zentrale die Meldung erhalten hat. Der Antrag selbst verbleibt im Übrigen bei den Entgeltunterlagen, er ist nicht der Minijob-Zentrale zu übermitteln.

Kurzfristige Beschäftigung

Von den geringfügig entlohnten Beschäftigungen sind die kurzfristigen Beschäftigungen zu unterscheiden. Letztere liegt vor, wenn die Beschäftigung von vornherein auf nicht mehr als drei Monate oder insgesamt 70 Arbeitstage im Kalenderjahr begrenzt ist und nicht berufsmäßig ausgeübt wird.

„Berufsmäßig“ bedeutet, die Beschäftigung darf nicht allein für die Sicherung des Lebensunterhalts bzw. -standards bestimmend sein. Es muss sich um eine gelegentlich ausgeübte Tätigkeit handeln.

Gleichbehandlung

Wie bereits erläutert, gelten geringfügig Beschäftigte als Teilzeitkräfte im Sinne des Teilzeit- und Befristungsgesetzes. Auch für sie gilt demzufolge der Gleichbehandlungsgrundsatz: Sie dürfen nicht anders behandelt werden als Vollzeitbeschäftigte, es sei denn es gibt einen sachlichen Grund für die Ungleichbehandlung – wie beispielsweise in puncto Arbeitsleistung, Qualifikation oder Berufserfahrung. Zahlen Sie zum Beispiel Ihren Mitarbeitern ein Weihnachtsgeld, so haben auch Ihre geringfügig Beschäftigten einen Anspruch auf eine anteilige Sonderzahlung zu Weihnachten.

Im Umkehrschluss bedeutet das aber auch: Die geringfügig Beschäftigen sind normale Arbeitnehmer, die sich rein arbeitsrechtlich nicht von anderen Vollzeitkräften unterscheiden. Als Arbeitgeber können Sie Arbeitszeit, Arbeitsort sowie die Art und Weise, wie die Arbeit durchgeführt wird, bestimmen. Auch hier haben Sie das normale Weisungsrecht. Auch das

Kündigungsrecht, insbesondere der Kündigungsschutz und die Kündigungsfristen, unterscheidet sich nicht. Was den Erholungsurlaub betrifft, wird auf die Ausführungen bei den Teilzeitkräften verwiesen.

Entgeltfortzahlung

Eine Besonderheit, die an dieser Stelle wenigstens noch kurz Erwähnung finden sollte, ist das Thema Entgeltfortzahlung im Krankheitsfall bzw. im Rahmen des Mutterschutzgesetzes: Wie alle Arbeitnehmer haben auch Minijobber Anspruch auf Entgeltfortzahlung durch den Arbeitgeber, wenn sie infolge einer Krankheit oder einer medizinischen Vorsorge bzw. Rehabilitationsmaßnahme arbeitsunfähig sind. Der Anspruch (maximal 42 Tage wegen derselben Erkrankung) entsteht, sofern das Beschäftigungsverhältnis ununterbrochen vier Wochen angedauert hat.

Eine ähnliche Verpflichtung entsteht während der Zeit von Beschäftigungsverboten sowie der Zeit der Mutterschutzfristen nach dem Mutterschutzgesetz. Auch hier sind Sie als Arbeitgeber verpflichtet, der Mitarbeiterin das Entgelt fortzuzahlen. Diese Entgeltfortzahlungen können insbesondere für kleine bis mittlere Betriebe Probleme aufwerfen, häufig müssen sie in dieser Zeit für Vertretung sorgen und haben dadurch mit höheren Kosten zu rechnen. Der Gesetzgeber hat daher im Gesetz über den Ausgleich der Arbeitgeberaufwendungen (AAG) eine Erstattung dieser Arbeitgeberaufwendungen vorgesehen.[3]

Kurzfristige Minijobs können individuell nach der Steuerklasse des Minijobbers oder unter bestimmten Voraussetzungen pauschal in Höhe von 25 Prozent versteuert werden. Die pauschale Lohnsteuer von 25 Prozent ist möglich, wenn der Mitarbeiter nur gelegentlich, nicht regelmäßig bei Ihnen arbeitet und nicht mehr als durchschnittlich 72 EUR pro Arbeitstag verdient. Dabei dürfen 18 zusammenhängende Arbeitstage nicht überschritten werden. Die zweite Option: Der kurzfristige Minijob wird sofort erforderlich und Sie haben den Zeitpunkt nicht vorhersehen können. Hier darf der durchschnittliche Stundenlohn beträgt maximal 12 EUR betragen. Zuständig für kurzfristige Minijobs ist das Finanzamt.

Eine kurzfristige Beschäftigung ist für Arbeitgeber und Arbeitnehmer generell sozialversicherungsfrei. Es fallen auch keine Pauschalbeiträge für den Arbeitgeber an.

Dies gilt auch, wenn die kurzfristige Beschäftigung neben einer sozialversicherungspflichtigen Hauptbeschäftigung oder einer geringfügigen Beschäftigung ausgeführt wird. Das kurz-

[3] Mehr zu den Umlageverfahren nach dem AAG auf Seite 72.

fristige Beschäftigungsverhältnis müssen Sie als Arbeitgeber in jedem Fall bei der Minijob-Zentrale melden.

Auf unserer Downloadseite finden Sie einen Mustervertrag für geringfügig Beschäftigte, den Sie nur noch auf Ihre eigenen Bedürfnisse anpassen und ausdrucken müssen. Bitte beachten Sie, dass – obwohl unsere Vertragsmuster mit größter Sorgfältigkeit erstellt wurden – sie keinen Anspruch auf Vollständigkeit erheben. Bei der Vertragsgestaltung kommt es immer auf den Einzelfall an, unsere Muster sollten daher eher als Formulierungshilfe verstanden werden. Bei vertraglichen Einzelfragen ist es empfehlenswert, einen Experten, beispielsweise einen Fachanwalt für Arbeitsrecht, zu konsultieren.

Midijobs

Bei einem Arbeitsentgelt zwischen 450,01 und 1300 EUR spricht man von sogenannten „Midijobs" bzw. auch einem sog. „Übergangsbereich" (ehemals Gleitzone bis 800 EUR). Diese Beschäftigungen sind voll sozialversicherungspflichtig, allerdings müssen die Mitarbeiter nur einen reduzierten Beitragsanteil entrichten. Dieser ergibt sich durch eine rechnerische Reduzierung der beitragspflichtigen Einnahmen und steigt innerhalb des Übergangsbereiches progressiv an. Der Arbeitgeber zahlt seinen Beitragsanteil aus dem tatsächlichen und damit höheren Arbeitsentgelt.

Achtung

Für Beschäftigungsverhältnisse im Übergangsbereich ist nicht die Minijob-Zentrale, sondern die jeweilige Krankenkasse des Arbeitnehmers zuständig. An diese sind die Meldungen zur Sozialversicherung zu richten und die Sozialversicherungsbeiträge abzuführen.

Freie Mitarbeiter

„Freier Mitarbeiter gesucht" – solche Stellenanzeigen sind in der heutigen Zeit gar nicht so selten. Viele Unternehmen, besonders in der Medien- und Kommunikationsbranche, aber auch im IT-Bereich, setzen mittlerweile auf freie Mitarbeiter, um ihre Personalkosten gering zu halten. Schließlich ist der Organisationsaufwand nicht groß und Sie müssen nur für die tatsächlich geleistete Arbeit zahlen. Außerdem fallen bei den freien Mitarbeitern weder Sozialversicherungsbeiträge noch Lohnfortzahlung im Urlaub oder Krankheitsfall an. Darüber hinaus haben sie auch keinen Anspruch auf Kündigungsschutz und sind flexibel einsetzbar.

Außerdem können Sie freie Mitarbeiter nach Bedarf einsetzen, müssen aber in Kauf nehmen, dass sie nicht immer verfügbar sind. Sie sehen also: Vor- und Nachteile. Um Ihnen die Entscheidung etwas zu erleichtern, stellt die folgende Tabelle die wichtigsten Faktoren einander gegenüber.

Freie Mitarbeiter: Das sind die Vor- und Nachteile	
Festangestellte	Freie Mitarbeiter
Zu Lohn und Lohnnebenkosten kommen Entgeltfortzahlung im Krankheitsfall und bei Urlaub, evtl. noch Urlaubsgeld und andere Gratifikationen hinzu.	Sie zahlen nur für die tatsächlich geleistete Arbeit. Der Mitarbeiter kann flexibel und nach Bedarf eingesetzt werden.
Der Lohn ist durch Vertrag festgelegt.	Das Honorar ist je nach Projekt immer wieder neu verhandelbar.
Sie müssen für jeden Mitarbeiter Lohnsteuern und den Arbeitgeberanteil zur Sozialversicherung abführen.	Mit der Steuer und den Sozialversicherungsbeiträgen haben Sie nichts zu tun.
Sie brauchen unter Umständen mehr Arbeitsplätze.	Freie Mitarbeiter arbeiten häufig im Home-Office.
Ab fünf Mitarbeitern und einer Unternehmenszugehörigkeit von sechs Monaten gilt das Kündigungsschutzgesetz.	Freie Mitarbeiter haben keinen Kündigungsschutz.
Festangestellte sind an die von Ihnen vorgegebenen Arbeitszeiten gebunden. In dieser Zeit sind sie immer verfügbar.	Der freie Mitarbeiter kann seinen Tag selbst einteilen. Sie können ihm allerdings das Projektende vorgeben.
Mit Festangestellten bündeln Sie das Wissen (Kontakte, Workflows) im Haus.	Sie kaufen externes Wissen ein, müssen aber dafür in Kauf nehmen, dass der freie Mitarbeiter nicht an Sie gebunden ist.
Anhand des Arbeitsvertrags und Ihres Weisungsrechts bestimmen Sie, welche Aufgaben der Angestellte erledigen muss.	Freie Mitarbeiter können Aufträge auch ablehnen, wenn sie keine Kapazitäten frei haben oder nicht mehr für Sie arbeiten wollen.

Oftmals werden freie Mitarbeiter jedoch so stark in die Organisationsprozesse des Unternehmens eingebunden, dass man von einer Scheinselbstständigkeit ausgehen kann.

Scheinselbstständigkeit

Von „Scheinselbstständigkeit“ spricht man, wenn ein Erwerbstätiger formal als Selbstständiger in Erscheinung tritt, in Wirklichkeit aber abhängig beschäftigt ist. Eine Abgrenzung ist in vielen Fällen nur schwer möglich.

Wie viele Auftraggeber ein Freiberufler hat, spielt in puncto Scheinselbstständigkeit – entgegen hartnäckigen Gerüchten – nur eine untergeordnete Rolle. Relevant ist hingegen die Frage, inwieweit der Freelancer in den Betrieb des Arbeitgebers eingebunden ist. Indizien hierfür sind beispielsweise, ob der freie Mitarbeiter im Unternehmen einen festen Arbeitsplatz hat oder sogar im Telefonverzeichnis mit eigener Nummer zu finden ist. Interessant ist auch, ob man dem Freelancer hinsichtlich Arbeitszeit und -weise Anordnungen erteilt.

Die folgende Checkliste, die Sie auch auf unserer Downloadseite finden, kann Ihnen auf die Frage nach einer Scheinselbstständigkeit nur Anhaltspunkte geben. Je mehr Fragen Sie mit Nein beantworten, desto mehr spricht für eine Scheinselbstständigkeit des freien Mitarbeiters.

Checkliste: Liegt hier eine Scheinselbstständigkeit vor?	
Hat der Mitarbeiter auch andere Auftraggeber und kann er diese vollkommen frei auswählen?	
Kann er auch jeden anderen Auftrag annehmen?	
Kann er Aufträge des Unternehmens ohne Weiteres ablehnen?	
Trägt er selbst das Unternehmerrisiko, d. h. keine Arbeit, kein Geld?	
Wird er nach Rechnung bezahlt und weist er darin ggf. Umsatzsteuer aus?	
Unterliegt sein Einkommen monatlichen Schwankungen?	
Kann er frei bestimmen, wo und wann er arbeitet? (Unterliegt er also keinem Dienstplan o. Ä.?)	
Verzichten Sie darauf, seine Anwesenheit zu kontrollieren?	
Ist er nicht verpflichtet, an jeder internen Besprechung teilzunehmen?	
Kann er auch Urlaub nehmen, wann es ihm passt?	
Organisiert der Mitarbeiter seine Arbeit selbst?	
Verzichten Sie darauf, ihm in puncto Arbeitszeit und -weise Anordnungen zu erteilen?	
Hat der Mitarbeiter auch außerhalb des Unternehmens ein Büro?	
Verwendet er sein eigenes Arbeitsgerät, zum Beispiel Laptop, Telefon etc.?	
Tritt er nach außen als Unternehmer auf, zum Beispiel durch Visitenkarten, Website, Werbung?	

Konsequenzen

Jetzt werden Sie sich vielleicht wundern, warum Sie als Unternehmer überprüfen sollen, ob Ihr freier Mitarbeiter scheinselbstständig ist. Der Grund ist ganz einfach – und wichtig: Sollte sich nämlich herausstellen, dass Ihr Freelancer einer abhängigen Beschäftigung nachgeht – dies kann sich zum einen im Rahmen einer Betriebsprüfung ergeben, aber auch bei einer sogenannten Statusklage des Mitarbeiters –, dann müssen Sie als Arbeitgeber die Konsequenzen tragen.

Arbeitnehmerstatus

Liegt tatsächlich ein Arbeitsverhältnis vor, müssen Sie – nun als Arbeitgeber – für den Mitarbeiter Lohnsteuer sowie Sozialversicherungsbeiträge einbehalten und abführen und ihn bei der Krankenkasse anmelden.

Wie bei jedem anderen Arbeitsverhältnis auch gelten von nun an sämtliche arbeitsrechtlichen Regelungen, vor allem kommt der Mitarbeiter – sollten alle anderen Anforderungen erfüllt sein – auch in den Genuss des Kündigungsschutzes.

Lohnsteuer

Was Sie als Arbeitgeber jedoch härter treffen wird, ist, dass Sie für den Mitarbeiter rückwirkend Lohnsteuern ab Beginn der Beschäftigung abführen müssen. Hierfür haften Sie zusammen mit dem betreffenden Mitarbeiter – das Finanzamt wird den Betrag jedoch bei Ihnen einfordern.

> **Praxistipp**
>
> Hat der Mitarbeiter für die Zeit davor jedoch Einkommensteuer entrichtet, rechnet die Finanzbehörde den entsprechenden Betrag auf die von Ihnen abzuführende Lohnsteuer an.

Vielleicht noch ein weiterer Hinweis in diesem Zusammenhang: Möglicherweise hat der Mitarbeiter in seinen Rechnungen an Sie zuvor Umsatzsteuer ausgewiesen. Wurde ein Arbeitsverhältnis festgestellt, war der Mitarbeiter jedoch gar nicht berechtigt, Umsatzsteuer auszuweisen. Für Sie bedeutet das, dass Sie die Umsatzsteuer, die Sie einbehalten haben, erstatten müssen.

Sozialversicherungsbeiträge

Mit der rückwirkenden Abführung der Lohnsteuer ist es aber noch nicht genug. Sie sind außerdem verpflichtet, die Beiträge zur Renten-, Kranken-, Pflege- und Arbeitslosenversicherung rückwirkend zu entrichten. Besonders hart ist, dass es sich hierbei nicht nur um den Arbeitgeberanteil, sondern auch um den Arbeitnehmeranteil handelt. Diesen können Sie zwar vom Mitarbeiter zurückverlangen, allerdings ist eine Aufrechnung nur im Rahmen der nächsten drei Vergütungszahlungen zulässig.

Nun haben Sie einen Überblick über die Konsequenzen, die Ihnen drohen können, wenn Sie das Thema Scheinselbstständigkeit zu sehr auf die leichte Schulter nehmen. Doch zu Recht werden Sie nun sicherlich sagen: Woher soll ich wissen, wie viele andere Auftraggeber der Mitarbeiter noch hat – oder überhaupt, ob die Gefahr einer Scheinselbstständigkeit besteht? Viele Unternehmen gehen daher auf Nummer sicher und gehen mit dem Mitarbeiter vor Auftragsbeginn einen Fragenbogen, wie beispielsweise den folgenden, durch. Das Muster finden Sie ebenfalls auf unserer Downloadseite.

Muster: Fragebogen – freier Mitarbeiter		
Name, Vorname:		
Anschrift:		
	Ja	Nein
Sind Sie rechtlich und wirtschaftlich selbstständig?		
Tragen Sie das unternehmerische Risiko und die Kosten der Arbeitsausführung selbst?		
Treten Sie am Markt als Unternehmer auf und betreiben Sie selbst Werbung?		
Sind Sie auch für andere Auftraggeber tätig?		
Ist mit einem Auftraggeber eine Ausschließlichkeitsbindung vereinbart?		
Liegt eine Gewerbeanmeldung vor?		
Sind Sie in der Künstlersozialkasse versichert?		
Haben Sie eigene Geschäftsbzw. Büroräume?		
Beschäftigen Sie selbst versicherungspflichtige Arbeitnehmer?		
Entscheiden Sie selbst über die Mittel, die Sie bei der Erfüllung von Aufträgen einsetzen?		
Waren Sie vor Ihrer jetzigen Tätigkeit für den Auftraggeber als Arbeitnehmer tätig?		
Besteht kein Arbeitsvertrag mit dem Unternehmen?		
Datum, Ort	Unterschrift des Auftragnehmers	

Achtung

Generell gilt natürlich: Wo kein Kläger, da kein Richter. Sicherlich gibt es in nicht wenigen Unternehmen freie Mitarbeiter, die froh sind, dass sie als „feste Freie" ein relativ sicheres Einkommen genießen. Dennoch kann es auch hier irgendwann zum Streit kommen, vielleicht fühlt sich der Mitarbeiter ausgenutzt oder will einen Arbeitnehmerstatus durchsetzen. Um den Arbeitnehmerstatus rechtsverbindlich feststellen zu lassen, kann er ein sogenanntes „Statusfeststellungsverfahren" anstrengen. Aber auch im Rahmen einer Betriebsprüfung könnte ein falscher Status ans Licht kommen.

Statusprüfung Sowohl Arbeitgeber als auch Mitarbeiter erhalten im Rahmen eines Statusfeststellungsverfahrens Klarheit über die sozialversicherungsrechtliche Einordnung einer Erwerbstätigkeit als selbstständige Tätigkeit oder abhängige Beschäftigung. Beide Beteiligten können die Statusfeststellung beantragen – sowohl einzeln als auch gemeinsam. Zuständig für die Durchführung des Anfrageverfahrens ist die Deutsche Rentenversicherung Bund mit ihrer hierfür bundesweit eingerichteten Clearingstelle in 10704 Berlin.

Praxistipp

Auf der Website der Deutschen Rentenversicherung Bund (www.deutsche-rentenversicherung-bund.de) stehen für die Beantragung des Verfahrens der Antragsvordruck V0027 „Antrag auf Feststellung des sozialversicherungsrechtlichen Status" sowie die näheren Erläuterungen zum Antrag (Vordruck V0028) zum Download zur Verfügung.

Freier Mitarbeiter-Vertrag Mithilfe eines geeigneten Vertragswerks lässt sich die Gefahr, die mit einer Scheinselbstständigkeit für Sie einhergeht, eindämmen. Aber auch aus den herkömmlichen Beweisgründen heraus ist ein schriftlicher Vertrag empfehlenswert (auch wenn viele Unternehmen darauf verzichten und Aufträge per Handschlag absegnen).

Auf der Downloadseite finden Sie einen Mustervertrag für freie Mitarbeiter, den Sie nur noch auf Ihre eigenen Bedürfnisse anpassen und ausdrucken müssen. Bitte beachten Sie, dass – obwohl unsere Vertragsmuster mit größter Sorgfältigkeit erstellt wurden – sie keinen Anspruch auf Vollständigkeit erheben. Bei der Vertragsgestaltung kommt es immer auf den Einzelfall an, unsere Muster sollten daher eher als Formulierungshilfe verstanden werden. Bei vertraglichen Einzelfragen ist es empfehlenswert, einen Experten, beispielsweise einen Fachanwalt für Arbeitsrecht, zu konsultieren.

Wie Sie Ihren Vertrag im Einzelnen gestalten, bleibt Ihnen und den Umständen Ihres Geschäfts überlassen. Möglich ist es zum einen, eine Tätigkeit mit einer bestimmten Stundenanzahl zu vereinbaren und zu honorieren. Aber auch die Vergabe einzelner Aufträge mittels Projektvertrag ist machbar. Eine Befristung des Vertrags ist ebenso möglich wie die Vereinbarung von gegenseitigen Kündigungsfristen. Vielleicht runzeln Sie jetzt die Stirn, wollen Sie den Arbeitsplatz doch gerade aus Flexibilitätsgründen mit einem freien Mitarbeiter besetzen. Aber bedenken Sie gleichzeitig: Ohne Kündigungsfrist könnte der freie Mitarbeiter von heute auf morgen weg sein. Bei einigen Jobs ist dies sicherlich kein Problem, bei anderen wiederum ist ein Stück weit Planungssicherheit absolut notwendig.

Keine Eingliederung

Und natürlich: In vielen Fällen ist es notwendig, dass ein freier Mitarbeiter in das Unternehmen kommt, zum Beispiel weil er nur hier bestimmte Daten in ein System eingeben kann und/oder weil die Teilnahme an einer Besprechung notwendig ist. Achten Sie auf jeden Fall darauf, dass keine Eingliederung in die Betriebsorganisation stattfindet. Auch wenn für freie Mitarbeiter oder Aushilfen ein bestimmter Arbeitsplatz vorgesehen sein kann, ein Türschild mit dem Namen oder die Aufnahme in die Telefonliste, ja auch eine firmeninterne E-Mail-Adresse kann bereits kritisch sein.

Achtung

Auch im Vertrag sollte in dieser Hinsicht Klarheit geschaffen werden: Regeln Sie, dass der Auftragnehmer seine Tätigkeit in den eigenen Räumlichkeiten ausübt, aber im Einzelfall und nach Absprache auch in den Betriebsräumen des Unternehmens tätig werden kann.

Alles auf einen Blick

- Arbeitsverträge können sowohl mündlich als auch schriftlich abgeschlossen werden – die wesentlichen Arbeitsbedingungen müssen jedoch immer schriftlich dokumentiert werden.
- Die Vertragsparteien können den Inhalt des Vertrags frei bestimmen, sind jedoch an Gesetze, Tarifverträge und Betriebsvereinbarungen gebunden.
- Bei vorformulierten Arbeitsverträgen müssen die Klauseln eindeutig, klar und verständlich sein. Überraschende Klauseln sind zu vermeiden.
- Unter bestimmten gesetzlichen Voraussetzungen sind befristete Arbeitsverträge möglich. Achten Sie besonders darauf, dass meist ein sachlicher Grund vorliegen muss.
- Für Teilzeitverträge gelten die gleichen Regelungen wie für Vollzeitverträge. Insbesondere darf keine Ungleichbehandlung vorliegen.
- Viele Firmen setzen heute auf freie Mitarbeiter. Der Organisationsablauf ist gering und man zahlt nur für die tatsächlich geleistete Arbeit. Achtung: Stellt sich heraus, dass der Mitarbeiter scheinselbstständig ist, z. B. durch eine sogenannte Statusklage des Mitarbeiters, müssen Sie als Arbeitgeber mit finanziellen Konsequenzen rechnen.

Kündigung vor Arbeitseintritt

Gar nicht so selten kommt es vor, dass ein Bewerber sich bei mehreren Unternehmen gleichzeitig bewirbt, nach einem erfolgreichen Vorstellungsgespräch einen Arbeitsvertrag unterzeichnet, dann aber das Jobangebot seines Lebens erhält.

Eine unangenehme Situation für den Bewerber, muss er doch nun mit Ihnen in Verbindung treten und erklären, dass er die Stelle doch nicht annehmen will. Für Sie als Arbeitgeber bedeutet das: Sie müssen sich, sofern Sie nicht noch einen passenden Ersatz im Ärmel haben, wieder auf Mitarbeitersuche begeben – damit haben Sie erneut einen zeitlichen und unter Umständen auch finanziellen Aufwand. Aber auch die erneute Kontaktaufnahme zu einem bereits abgesagten Bewerber ist mit Aufwand und Erklärungsnot verbunden. Der Eindruck, man sei die zweite Wahl, ist nicht für jeden gut zu verkraften. Zudem besteht die Gefahr, dass der Bewerber inzwischen ebenfalls einen neuen Job angenommen hat.

Aber auch die andere Variante ist denkbar: Sie haben sich mangels anderer Alternativen für einen Bewerber entschieden und kurz nach Unterzeichnung des Arbeitsvertrags flattert noch die Bewerbung eines absoluten Traumkandidaten ins Haus.

Beginn der Kündigungsfrist

Die Frage, die sich Ihnen auf jeden Fall stellen wird, ist: Kann der Arbeitsvertrag schon vor Arbeitsantritt oder erst unter Einhaltung der Fristen in der Probezeit gekündigt werden? Generell ist eine Kündigung für beide Seiten bereits vor der tatsächlichen Arbeitsaufnahme zulässig – es sei denn, Sie haben im Arbeitsvertrag die Möglichkeit einer ordentlichen Kündigung vor Arbeitsantritt ausgeschlossen. Das Recht zur außerordentlichen Kündigung kann hingegen nicht abbedungen werden.

Achtung

Eine vertragliche Vereinbarung ist nicht unbedingt notwendig, ein Kündigungsausschluss vor Arbeitsantritt kann sich auch aus den Umständen ergeben, wenn Sie zum Beispiel einen Arbeitnehmer aus einem sicheren Arbeitsverhältnis abgeworben haben oder wenn im Vertrag eine Vertragsstrafe für den Fall, dass der Mitarbeiter die Arbeit nicht antritt, vereinbart war.

Der entscheidende Punkt ist jedoch, ob die Kündigungsfrist bereits mit Zugang der Kündigung oder erst mit der tatsächlichen Arbeitsaufnahme zu laufen beginnt. Das richtet sich in aller Regel danach, ob im Arbeitsvertrag eine ordentliche Kündigung vor Arbeitsantritt ausgeschlossen wurde. Falls ja, beginnt die gesetzliche oder vertragliche Kündigungsfrist erst ab dem vereinbarten Vertragsbeginn zu laufen. Andernfalls soll es im Zweifel auf den Zugang des Kündigungsschreibens ankommen (BAG, Urteil vom 25.3.2004, Az.: 2 AZR 324/03).

Kündigung vor Vertragsantritt nicht ausgeschlossen

Michael König freut sich. Sein favorisierter Bewerber, Sandro Weinert, hat endlich zugesagt. Herr König hatte schon Bedenken, weil Herr Weinert die Vertragsunterzeichnung so lange hinausgezögert hatte. Drei Tage später weiß Herr König auch, warum: Sandro Weinert hat angerufen und erklärt, dass er nun doch bei seinem Wunschunternehmen genommen wurde. Am nächsten Tag, dem 3. Mai, flattert die Kündigung ins Haus. Pech für Herrn König, hatte er doch die ordentliche Kündigung vor Vertragsantritt nicht ausgeschlossen. Sandro Weinert hätte die Stelle am 1. Juni antreten müssen, die Kündigungszeit beträgt laut Vertrag in der Probezeit zwei Wochen, sie beginnt mit Zugang der Kündigung. Sandro Weinert ist damit fein raus. Und die Agentur sucht wieder einen neuen Texter.

Musterformulierung

Das Arbeitsverhältnis kann vor der Aufnahme der Tätigkeit nicht ordentlich gekündigt werden.

Vertragsstrafe

Viele Arbeitgeber ergänzen diese Klausel noch mit der Androhung einer Vertragsstrafe für den Fall, dass der Bewerber vor Arbeitsaufnahme kündigt. Nach Ansicht des BAG sollen solche arbeitgeberseitig vorformulierten Vertragsstrafeklauseln auch nicht allgemein unzulässig sein, da ein Bedürfnis seitens des Arbeitgebers bestehe, die Vertragstreue des Arbeitnehmers abzusichern. Allerdings dürfen solche vorformulierten Vertragsstrafeklauseln den Arbeitnehmer nicht unangemessen benachteiligen. Das BAG hält eine Vertragsstrafe in Höhe des Gehalts, was der Arbeitnehmer bis zum Ende der Kündigungsfrist verdient hätte, für richtig (BAG, Urteil vom 23.09.2010, Az.: 8 AZR 897/08).

Achtung

Überlegen Sie genau, ob Sie eine Kündigung vor Arbeitseintritt vertraglich ausschließen wollen. Bei manchen Kandidaten können bis zum tatsächlichen Start des Arbeitsverhältnisses mehrere Monate vergehen, bis diese frei sind, um die neue Stelle anzutreten. Unter Umständen kann sich die wirtschaftliche Situation so mancher Firma durch Auftragsrückgang oder Ähnliches in dieser Zeit verändern.

Der erste Arbeitstag des neuen Mitarbeiters

Für jeden neuen Mitarbeiter ist der erste Arbeitstag etwas Besonderes. Einige gehen gut gelaunt und voll froher Erwartung an ihren neuen Arbeitsplatz, andere wiederum etwas ängstlich, weil sie nicht wissen, was auf sie zukommt. Eines jedoch haben alle gemeinsam: Sie benötigen in den ersten Tagen besondere „Zuwendung", um sich im neuen Unternehmen wohlzufühlen und, viel wichtiger noch, um schnellstmöglich einen guten Job machen zu können. Schon in Ihrem eigenen Interesse versteht es sich damit von selbst, dass Sie als Arbeitgeber diesen Tag besonders gut vorbereiten. Dazu gehört zum einen, dass Sie dem „Neuen" rechtzeitig alle notwendigen Informationen für den Einstellungstag geben, zum anderen aber auch, dass er an seinem Arbeitsplatz und in seine neue Aufgabe gut eingeführt wird.

Diese Dokumente muss der neue Mitarbeiter vorlegen

Damit der oder die „Neue" genau weiß, wann er an seinem ersten Tag erscheinen soll und was er mitbringen muss, empfiehlt es sich, ihm rechtzeitig, d.h. etwa eine Woche vor Arbeitseintritt oder bei kurzfristigen Jobs so schnell wie möglich, Bescheid zu geben. So sollten Sie ihm beispielsweise in einem Schreiben mitteilen, welche Arbeitspapiere er mitbringen soll.

Arbeitspapiere

- Steuer-Identifikationsnummer und Geburtsdatum (erforderlich für den Abruf der elektronischen Lohnsteuerabzugsmerkmale ELStAM),
- Krankenversicherungsnachweis,
- Kopie des Sozialversicherungsausweises,
- Urlaubsbescheinigung des ehemaligen Arbeitgebers (entfällt bei Arbeitsbeginn zum 1. Januar),
- bei Schwerbehinderten: Schwerbehindertenausweis
- bei Rentenempfängern: Kopie des Rentenbescheids
- bei Mitarbeitern im Lebensmittelbereich: Erstbelehrung nach §43 Infektionsschutzgesetz,
- ggf. die Unterlagen für vermögenswirksame Leistungen,
- ggf. Unterlagen für betriebliche Altersversorgung,
- bei Mitarbeitern im Baugewerbe: die Lohnnachweiskarte für Urlaub, Lohnausgleich und Zusatzversorgung,
- bei Nicht-EU-Ausländern: für die Dauer des Arbeitsverhältnisses gültige Arbeitsgenehmigung.

Neben den notwendigen Arbeitspapieren sollten Sie dem Mitarbeiter in diesem Schreiben noch mitteilen, um welche Uhrzeit er erscheinen und wo er sich melden soll.

Muster: Erster Arbeitstag

Sehr geehrte Frau Müller,

wir freuen uns, dass Sie am 15. März Ihre neue Stelle in unserem Unternehmen antreten werden. Es ist uns sehr wichtig, dass Sie sich von Anfang an bei uns wohlfühlen. Aus diesem Grund übermitteln wir Ihnen bereits heute einige wichtige Informationen, damit Sie sich gut auf Ihren ersten Arbeitstag vorbereiten können und auch schon wissen, was Sie an diesem Tag bei uns erwartet.

Wir möchten Sie bitten, sich um 09.00 Uhr am Empfang im Erdgeschoss zu melden, unsere Teamassistentin Sabine Willner wird Sie dort abholen und zu meinem Büro begleiten. Ich habe mir die ersten beiden Stunden Ihres neuen Arbeitstages reserviert, um Ihnen einen ersten kleinen Überblick über Ihr neues Aufgabengebiet zu geben; danach werde ich Sie im Unternehmen herumführen und mit allen wichtigen Ansprechpartnern bekannt machen. An Ihrem neuen Arbeitsplatz treffen Sie schließlich mit Frau Nadja Krüger zusammen. Sie wird Ihnen helfen, sich in Ihrem Büro einzurichten, und Ihnen in den nächsten Wochen bei allen Fragen, Sorgen und Problemen (als eine Art Mentor oder Pate) zur Verfügung stehen.

Ich möchte Sie außerdem bitten, an Ihrem ersten Arbeitstag folgende Unterlagen mitzubringen:

- Ihre Steuer-Identifikationsnummer,
- einen Krankenversicherungsnachweis,
- eine Kopie des Sozialversicherungsausweises,
- die Urlaubsbescheinigung Ihres letzten Arbeitgebers.

Bereits heute wünsche ich Ihnen einen guten Start in unserem Team.

Mit besten Grüßen

Natürlich müssen Sie auch sicherstellen, dass intern alles gut vorbereitet ist. Informieren Sie Ihre Mitarbeiter beispielsweise per E-Mail darüber, dass ein neuer Mitarbeiter an dem betreffenden Tag seine Arbeit aufnehmen wird und welche Aufgaben er ausüben wird. Sorgen Sie außerdem dafür, dass man am Empfang Bescheid weiß und dass der Arbeitsplatz „bezugsfertig" ist.

Und los gehts!

Planen Sie für den ersten Arbeitstag des neuen Mitarbeiters ausreichend Zeit ein, um ihm einen möglichst guten Überblick über Ihr Unternehmen geben zu können. Sollten Sie selbst keine Zeit haben, bestimmen Sie einen Mitarbeiter, der diese Aufgabe übernehmen soll. Hierbei ist es ratsam, einen Kollegen auszuwählen, der auch in Zukunft nah mit dem neuen Mitarbeiter zusammenarbeiten wird und ihm in den ersten Wochen als eine Art Mentor oder Pate zur Verfügung stehen kann.

Achtung

Es ist keine Seltenheit, dass Mitarbeiter mit etwas gemischten Gefühlen auf neue Kollegen reagieren; viele befürchten vielleicht, in der eigenen Karriere behindert zu werden. Haben Sie diesbezüglich Bedenken, dann versuchen Sie dem „Mentor" deutlich zu machen, dass der neue Mitarbeiter eine Entlastung für ihn darstellen wird und Sie bei der Einführung auf seine Erfahrung vertrauen. Auf diese Weise zollen Sie ihm Respekt und vermeiden mögliche Eifersüchteleien oder das Entstehen von Verlustängsten.

Organigramm

Für einen guten Überblick über die Firma eignet sich ein Organigramm am besten. So kann der neue Mitarbeiter gleich erfassen, in welchen Abteilungen und auf welchen „Ebenen" seine zukünftigen Ansprechpartner sitzen werden. Besprechen Sie gemeinsam mit ihm seine Aufgaben – am besten anhand einer Stellenbeschreibung – und vor allem auch den Workflow im Unternehmen.

Praxistipp

Optimal zur Einführung ist eine Mappe oder ein Bereich im Intranet mit den wichtigsten Informationen für Mitarbeiter. Einmal zusammengestellt, ist sie für jeden neuen Mitarbeiter eine wertvolle Informationsquelle. Neben dem Organigramm kann die Mappe das Telefonverzeichnis, bestehende Unfallverhütungs- und Datenschutzvorschriften, Arbeitszeitregelungen, Anweisungen über die private Internetnutzung und Dienstreiserichtlinien enthalten.

Alles in allem besteht natürlich die Gefahr, dass Sie den „Neuen" an seinem ersten Arbeitstag mit Informationen überfrachten. Achten Sie daher darauf, dass Sie vielleicht nur den Vormittag mit organisatorischen Dingen verbringen. Bei bestimmten Informationen reicht es sicherlich auch, sie in den nächsten Tagen oder Wochen weiterzugeben. Nach der Mittagspause sollte der Mitarbeiter etwas Zeit haben, um sich an seinem Arbeitsplatz einzurichten und die Unterlagen zu studieren. Möglicherweise haben Sie aber auch schon eine kleine Aufgabe für ihn, mit der er sich auseinandersetzen kann.

Praxistipp

Lassen Sie den ersten Tag nicht einfach so ausklingen. Schön wäre es, wenn Sie sich am Ende des Tages noch Zeit für ein vielleicht gegenseitiges Feedback nehmen. Erkundigen Sie sich nach möglichen offenen Fragen und erläutern Sie Ihrem neuen Mitarbeiter, was in den nächsten Tagen auf ihn zukommen wird.

Alles Wichtige auf einen Blick

- Den ersten Arbeitstag Ihres neuen Mitarbeiters sollten Sie gut vorbereiten. Geben Sie ihm bereits vorab alle wichtigen Informationen über den Einstellungstag.
- Der neue Mitarbeiter sollte am ersten Arbeitstag einige wichtige Arbeitspapiere mitbringen, beispielsweise den Sozialausweis und den Krankenkassennachweis.
- Damit der „Neue“ gleich einen guten Überblick über das Unternehmen erhält, empfiehlt es sich, ihm einen geeigneten Mentor zur Seite zu stellen.

Lohn und Gehalt

Mit einem Arbeitsvertrag beschäftigen Sie einen Arbeitnehmer in einem sozialversicherungspflichtigen Beschäftigungsverhältnis – es sei denn, es liegen die Voraussetzungen des Minijobs vor. Deshalb stellt sich an dieser Stelle die Frage, welche Kosten bei einer sozialversicherungspflichtigen Beschäftigung eigentlich auf Sie zukommen und wie Sie in Sachen Lohn und Gehalt korrekt vorgehen.

> **Achtung**
> Zur erstmaligen Einstellung eines Arbeitnehmers müssen Sie beim Betriebsnummern-Service (BNS) der Bundesagentur für Arbeit eine sogenannte Betriebsnummer anfordern. Diese wird u. a. zur Anmeldung der Sozialversicherung benötigt. Das Online-Formular finden Sie hier: https://www.arbeitsagentur.de/unternehmen/betriebsnummernservice
>
> Kontaktdaten des BNS:
>
> Betriebsnummern-Service
>
> 66088 Saarbrücken
>
> Tel.: 0800 4 5555 20
>
> Fax: 0681 – 988 429 1300
>
> E-Mail: betriebsnummernservice@arbeitsagentur.de
>
> Servicezeiten: Montag bis Freitag 8 – 18.00 Uhr

Mindestlohn für alle

Der Mindestlohn ist eine gesetzlich festgelegt Lohnuntergrenze, die nicht unterschritten werden darf. Seit 01.01.2015 gilt erstmals ein gesetzlicher Mindestlohn in Deutschland für alle Arbeitgeber und alle Arbeitsverhältnisse und damit alle Arbeitnehmer. Seit 1.1.2019 beträgt dieser 9,19 EUR je Zeitstunde und steigt zum 1.1.2020 auf 9,35 EUR je Zeitstunde. Der Gesetzgeber hat in § 22 Mindestlohngesetz (MiLoG) einige Ausnahmen zugelassen. Neben dem gesetzlichen Mindestlohn gibt es auch weiterhin tarifliche Mindestlöhne. Tarifverträge, die unter dem Mindestlohn liegen, dürfen nicht abgeschlossen werden.

Für wen gilt der Mindestlohn?

Das MiLoG findet in ganz Deutschland an jedem Beschäftigungsort Anwendung. Die Staatsangehörigkeit oder der Wohnsitz des Arbeitnehmers ist ohne Bedeutung. Deshalb fallen auch Grenzgänger und Wanderarbeiter, sofern sie regelmäßig auf deutschem Boden arbeiten, unter die Mindestlohnvorschriften.

Auf den Unternehmenssitz des Arbeitgebers kommt es nicht an. Wenn also beispielsweise ein amerikanisches Unternehmen in Deutschland ein Unternehmen, einen Betrieb oder eine Filiale hat, dann muss sich dieses Unternehmen auch nach den Mindestlohnregelungen richten.

Das Gesetz gilt für alle Arbeitnehmer. Das heißt: Wer sich mit einem Vertrag dazu verpflichtet hat, eine unselbstständige weisungsgebundene Arbeit zu leisten, der hat Anspruch auf aktuell 9,19 EUR je Arbeitsstunde. Das gilt somit auch für geringfügig beschäftigte Minijobber.

Mindestlohn für Azubis

Nach dem Berufsbildungsgesetz (BBiG) haben Azubis einen Anspruch auf eine angemessene Ausbildungsvergütung, nicht auf den Mindestlohn. Auszubildende sollen aber nach dem Willen der Bundesregierung einen Mindestlohn bekommen. Gelten soll die Untergrenze von zunächst 515 Euro im Monat für neue Ausbildungsverträge ab Januar 2020, wie aus einem Gesetzentwurf des Bildungsministeriums hervorgeht, den das Kabinett beschloss. Damit gäbe es erstmals eine gesetzliche Mindestvergütung für Azubis.

Der Mindestlohn soll jährlich steigen: Wer 2021 seine Lehre beginnt, soll mindestens 550 Euro bekommen, 2022 sollen es 585 Euro sein und im Jahr darauf 620 Euro. Im zweiten Ausbildungsjahr soll sich die Mindestvergütung um 18 Prozent erhöhen, im dritten um 35 Prozent.

Wer keinen Mindestlohn erhält?

Für folgende Personengruppen gelten Ausnahmeregelungen:

1. Praktikanten: Praktikanten, die eingestellt werden, um berufliche Fertigkeiten, Kenntnisse, Fähigkeiten oder berufliche Erfahrungen zu erwerben, ohne dass sie einer Ausbildung im klassischen Sinne nachgehen, werden grundsätzlich vom Mindestlohngesetz erfasst.

Allerdings findet das MiLoG auf die folgenden Praktikantenverhältnisse keine Anwendung:

- Praktikanten, die aufgrund schulrechtlicher Vorschriften verpflichtet sind, ein Praktikum zu leisten,
- Praktikanten, die ein Praktikum bis zu drei Monaten zur Orientierung für eine Berufsausbildung oder für die Aufnahme eines Studiums leisten. Dazu gehören auch die Praktika im Rahmen von dualen Studiengängen,
- Praktikanten, die ein Praktikum von bis zu drei Monaten begleitend zu einer Berufs- oder Hochschulausbildung leisten,
- Praktikanten, die an einer Einstiegsqualifizierung oder an einer Berufsausbildungsvorbereitung (§54a SGB III, §§68 bis 70 BBiG) teilnehmen.

Tipp

Folgende Faustformel können Sie anwenden:

- Der Mindestlohn muss nicht gezahlt werden, wenn das Praktikum Teil einer Ausbildung ist.
- Der Mindestlohn muss gezahlt werden, wenn das Praktikum nicht direkt mit einer Berufs- oder Hochschulausbildung zusammenhängt.

2. Kinder und Jugendliche: Personen, die noch keine 18 Jahre alt sind, gelten nur dann als Arbeitnehmer im Sinne des MiLoG, wenn sie eine Berufsausbildung abgeschlossen haben.

3. Langzeitarbeitslose: Arbeitnehmer, die unmittelbar vor der Beschäftigung ein Jahr oder länger arbeitslos gemeldet waren (sog. Langzeitarbeitslose i.S.v. §18 Abs.1 SGB III), haben in den ersten sechs Monaten der neu aufgenommenen Beschäftigung noch keinen Anspruch auf Mindestlohn.

4. Ehrenamtliche: Der Mindestlohn gilt nicht für ehrenamtlich tätige Personen. Zu dieser Gruppe zählen auch Personen, die einen Freiwilligendienst i.S.d. §32 EStG leisten.

Achtung

Auch der gesetzliche Mindestlohn von 9,19 EUR kann sittenwidrig sein, wenn in der Branche deutlich höhere Löhne üblich sind. Liegt eine sittenwidrige Lohnabrede vor, tritt an die Stelle des vereinbarten Lohns ein Anspruch auf die übliche Vergütung.

Sie müssen dokumentieren

Der Gesetzgeber hat in §17 Abs.1 MiLoG erweiterte Aufzeichnungs- und Dokumentationspflichten geregelt. Die Aufzeichnungs- und Dokumentationspflichten gelten für Arbeitgeber, die Arbeitnehmer in den Branchen des §2a SchwarzArbG oder Minijobber beschäftigen. Arbeitgeber müssen spätestens bis zum Ablauf des 7. auf den Tag der Arbeitsleistung folgenden Kalendertages die Arbeitszeiten der Arbeitnehmer aufzeichnen und diese Aufzeichnungen mindestens 2 Jahre beginnend ab dem für die Aufzeichnung maßgeblichen Zeitpunkt aufbewahren.

Tipp

Die Aufzeichnungs- und Dokumentationspflichten gelten in den Branchen des § 2a SchwarzArbG grundsätzlich für alle Mitarbeiter. Nach einer Rechtsverordnung des Bundesfinanzministeriums jedoch nur für Arbeitnehmer, deren Vergütung immer unterhalb von 2.958 EUR brutto im Monat liegt. Sie können als Arbeitgeber den Mitarbeitern die arbeitsvertragliche Verpflichtung auferlegen, täglich selbst die entsprechenden Leistungsnachweise bzgl. der Arbeitszeit zu dokumentieren.

So erfüllen Sie Ihre Pflichten in Sachen Lohnsteuer

Lohnsteuerpflichten

Lohnsteuerliche Arbeitgeberpflichten haben Sie dann, wenn Sie einen Arbeitnehmer einstellen, also nicht bei freien Mitarbeitern, die beispielsweise auf Honorarbasis beschäftigt werden.

Handelt es sich um einen Arbeitnehmer, müssen Sie

- die Identifikationsnummer verlangen,
- die Lohnbezüge ermitteln und
- die zutreffenden Steuerabzugsbeträge berechnen und einbehalten.

Lohnkonto führen

Lohnkonto

Für alle „klassischen" Arbeitnehmer muss ein Lohnkonto geführt werden. Darunter versteht man nicht ein buchhalterisches Konto, sondern die Aufzeichnungs- und Aufbewahrungspflichten des Arbeitgebers. Für jeden Arbeitnehmer muss für das jeweilige Jahr ein einzelnes Lohnkonto geführt werden, in dem Sie sämtliche mit dem Lohnsteuerabzug zusammenhängenden Daten eintragen. Dieses Lohnkonto ist Ihr Nachweis über die Lohnabrechnung.

Das Lohnkonto wird bei Lohnsteueraußenprüfungen durch das Finanzamt oder bei Prüfungen durch die Sozialversicherungsträger geprüft.

Die folgende Checkliste mit weiteren Angaben finden Sie auch im Downloadbereich.

Checkliste: Das gehört zum Lohnkonto	
Name	
Geburtstag	
Anschrift	
Steuerklasse	
Die auf der elektronischen Lohnsteuerkarte bescheinigte Zahl der Kinderfreibeträge	
Eintragungsmerkmale für den Kirchensteuerabzug	

Weiterhin gehören zum Lohnkonto:

- auf der elektronischen Lohnsteuerkarte eingetragene Jahresfreibeträge oder Jahreshinzurechnungsbeträge
- geringfügige Beschäftigung, Aushilfskraft
- Betriebsveranstaltungen
- Direktversicherungen, Pensionsfonds, Pensionskassen
- Elternzeit
- Fahrtkostenzuschüsse
- Gruppenunfallversicherung
- Jubiläumszuwendungen
- Krankengeld
- Religionszugehörigkeit
- Mahlzeiten im Betrieb
- Urlaub
- vermögenswirksame Leistungen
- bei jeder Lohnabrechnung:
  - Tag der Auszahlung
  - Lohnzahlungszeitraum
  - Arbeitslohn ohne jeden Abzug, getrennt nach Barlohn und Sachbezügen und die davon einbehaltene Lohn- und eventuell Kirchensteuer
  - Versorgungsbezüge
  - Kurzarbeitergeld
  - Saison-Kurzarbeitergeld
  - Aufstockungsbeträge nach dem Altersteilzeitgesetz
  - Verdienstausfallentschädigungen nach dem Infektionsschutzgesetz
  - Zuschüsse zum Mutterschaftsgeld

- Bezüge, die vom Lohnsteuerabzug freigestellt waren oder die nicht zum steuerpflichtigen Arbeitslohn gehören (z. B. Reisekosten usw.)
- ermäßigt besteuerte sonstige Bezüge, die zu mehreren Kalenderjahren gehören, nebst der davon einbehaltenen Lohnsteuer, sowie ermäßigt besteuerte Entschädigungen nach der Fünftelungsregelung
- Angaben zur betrieblichen Altersversorgung

Lohnsteuer erheben

Das gehört zum Lohn

Grundlage für die Lohnsteuererhebung ist zunächst die Ermittlung des Betrags, der versteuert werden soll, also der Lohn. Der Arbeitslohnbegriff ist sehr weit gefasst. Er erfasst alle Einnahmen, die dem Arbeitnehmer aus einem Dienstverhältnis zufließen, wie z. B. Gehälter, Löhne und Betriebsrenten.

Ausreichend für die Annahme einer Lohnzahlung ist, dass eine Zuwendung durch das Arbeitsverhältnis des Arbeitnehmers veranlasst ist. Das ist immer dann der Fall, wenn es einen Bezug zum Arbeitsverhältnis gibt und der Arbeitnehmer mit dieser Leistung entlohnt werden soll.

Praxistipp

Kein Arbeitslohn und damit steuerfreie Zuwendungen sind solche, die ganz überwiegend betrieblich veranlasst sind, wie z. B. Parkplätze, die der Arbeitgeber zur Verfügung stellt. Lohnsteuerpflichtig sind hingegen alle Zulagen, Zuschläge usw.

Im Übrigen gehört alles zum steuerpflichtigen Lohn, was nicht aufgrund einer besonderen gesetzlichen Vorschrift steuerbefreit ist.

Lohnsteuerfreie Zuwendungen

Der folgenden Übersicht können Sie Zuwendungen an Arbeitnehmer entnehmen, die lohnsteuerfrei bleiben:

- Reisekostenersatz
  - Tatsächliche Aufwendungen für öffentliche Verkehrsmittel: Bahn, Bahncard, Bus, Taxi, Flugzeug usw. Pro gefahrenen Kilometer mit dem eigenen Fahrzeug gelten folgende Freibeträge:

Pkw	0,30 EUR EUR
Motorrad, Motorroller, Moped, Mofa, E-Bike	0,20 EUREUR

- Sonn-, Feiertags- und Nachtarbeitszuschläge

  Die Zuschläge dürfen folgende Prozentsätze des Grundlohns nicht übersteigen (§ 3b EStG):
  - für Nachtarbeit 25 Prozent
  - für Sonntagsarbeit 50 Prozent
  - für Arbeit am 31. Dezember ab 14 Uhr und an den gesetzlichen Feiertagen 125 Prozent
  - für Arbeit am 24. Dezember ab 14 Uhr, am 25. und 26. Dezember sowie am 1. Mai 150 Prozent

Achtung

Keine Kombination von Sonn- und Feiertagszuschlag.

Definition: Nachtarbeit

„Nachtarbeit" ist Arbeit in der Zeit von 20 Uhr bis 6 Uhr. Wenn die Nachtarbeit vor 0 Uhr aufgenommen wird, erhöht sich der Zuschlagssatz auf 40 Prozent in der Zeit von 0 Uhr bis 4 Uhr.

Definition: Sonntags- und Feiertagsarbeit

„Sonntags- und Feiertagsarbeit" ist Arbeit in der Zeit von 0 Uhr bis 24 Uhr des jeweiligen Sonn- bzw. Feiertags. Als Sonntags- und Feiertagsarbeit gilt auch die Arbeit in der Zeit von 0 Uhr bis 4 Uhr des auf den Sonn- oder Feiertag folgenden Tages. Die gesetzlichen Feiertage werden durch die am Ort der Arbeitsstätte geltenden Vorschriften bestimmt. Sozialversicherungsfrei sind Sonntags-, Feiertags- und Nachtzuschlägen bis zur Höhe von 25 EUR je Stunde., während es steuerlich bei einem maximalen Stundengrundlohn von 50 EUR bleibt.

Eine Übersicht über die gesetzlichen Feiertage in Deutschland finden Sie im Downloadbereich.

- Warengutscheine

  Warengutscheine, die bei einem Dritten einzulösen sind (z. B. Tankgutscheine), sind nur dann steuer- und sozialversicherungsfrei, wenn es sich um eine Sachzuwendung handelt und ausgeschlossen ist, dass die Rückzahlung von Bargeld erfolgt. Die Beweislast dafür liegt beim Arbeitgeber.

Achtung

Der Warenwert muss unter der Freigrenze von 44 Euro monatlich bleiben. Auch wenn die Grenze von 44 Euro nur geringfügig überschritten wird, wird der volle Betrag steuer- und sozialversicherungspflichtig.

- Zuschüsse zu Kinderbetreuungskosten (z. B. Kindergarten)

  Steuerfrei sind Zuschüsse des Arbeitgebers zur Unterbringung und Betreuung von nicht schulpflichtigen Kindern der Arbeitnehmer in betriebseigenen oder -fremden Kindergärten, bei Tagesmüttern usw. (§ 3 Nr. 33 EStG).
- Betriebsveranstaltungen

  Übliche Zuwendungen des Arbeitgebers an den Arbeitnehmer im Rahmen von Betriebsveranstaltungen sind steuerfrei, wenn sie einen Betrag von 110 EUR (inklusive Umsatzsteuer) nicht übersteigen. Hierunter fallen z. B. Weihnachtsfeiern, Jubiläen, Betriebsausflüge, Ehemaligentreffen usw. Höchstens zwei gleichartige Veranstaltungen pro Jahr sind möglich.
- Aufmerksamkeiten

  Steuerfrei bleiben typische Aufmerksamkeiten bis zu einem Wert von 60 EUR pro Jahr wie z. B. Geschenke (Bücher, Blumen, CDs usw.) zum Geburtstag, zu Weihnachten usw.
- Berufskleidung

  Blaumann, Arbeitshandschuhe, schwarzer Anzug des Leichenbestatters, Uniform eines Polizisten, Arztkittel usw. bleiben lohnsteuerfrei.
- Fort- und Weiterbildung

  Werden die Bildungsmaßnahmen vom Arbeitgeber veranlasst und die Kosten von ihm getragen, so können sie steuerfrei bezahlt werden. Voraussetzung ist, dass die Bildungsmaßnahmen im ganz überwiegenden betrieblichen Interesse des Arbeitgebers durchgeführt werden. Zu den Bildungsausgaben gehören Lehrgangsgebühren, Prüfungsgebühren, Kosten für Fachbücher und -zeitschriften, Schreibmaterial, Teilnahme- und Tagungsgebühren, Arbeitsmittel, Fahrtkosten, Verpflegungsmehraufwendungen und Kosten der Unterkunft.
- Personalrabatte

  Mit Belegschafts- oder Personalrabatten werden Arbeitnehmern kostenlose oder verbilligte Waren bzw. Dienstleistungen überlassen. Der erzielte Preisvorteil mit diesem

Rabatt ist bis zu einem Freibetrag von 1.080 EUR pro Kalenderjahr steuerfrei.

- Umzugskosten

  Kosten für einen beruflich veranlassten Umzug können vom Arbeitgeber im Rahmen der Höchstbeträge nach dem Bundesumzugskostengesetz bzw. der Auslandsumzugskostenverordnung steuerfrei erstattet werden.

- Unterstützung in Notfällen

  Bei Krankheits- und Notfällen kann eine Zahlung von bis zu 600 EUR steuerfrei erfolgen. Bei der Beurteilung, ob ein solcher Notfall vorliegt, sind die Einkommensverhältnisse und der Familienstand des Arbeitnehmers zu berücksichtigen. Arbeitslosigkeit stellt keinen besonderen Notfall dar.

- Betriebliche Gesundheitsförderung

  Zusätzlich zum geschuldeten Arbeitslohn können Arbeitgeber bis zu 500 EUR je Arbeitnehmer und Jahr für Gesundheitsfördermaßnahmen steuerfrei aufwenden. Förderungsfähige Gesundheitsmaßnahmen sind B. Kurse zur gesunden Ernährung, Rückengymnastik, Suchtprävention, Stressbewältigung usw. Nicht steuerfrei sind Zuschüsse des Arbeitgebers für Beiträge zu Sportvereinen oder Fitnessstudios.

Den laufenden Arbeitslohn zu ermitteln ist oft nicht einfach. Meistens wird dies und die Lohnsteuerberechnung mit einem PC-Programm erledigt, was aber trotzdem gewisse Kenntnisse in der Lohnbuchhaltung voraussetzt.

Praxistipp

Wenn Sie sich nicht allein durch den Lohnsteuer- und Sozialversicherungsdschungel kämpfen wollen, können Sie diese Aufgabe von Profis erledigen lassen. Das ist zum einen kostengünstiger, als man denkt, und zum anderen gibt es Anbieter, die schon ab dem ersten Mitarbeiter tätig werden. Sicher übernimmt diese Aufgaben auch Ihr Steuerberater, aber hier sollten Sie die Preise vergleichen. Hilfreich ist auch der Rechner des Bundesfinanzministeriums: www.bmf-steuerrechner.de

---

Steuerrechtliche Abzüge

Ute Huber, Texterin in der Agentur König, erhält ein Bruttogehalt von 4.000 EUR. Außerdem bekommt sie Essensmarken, die einen geldwerten Vorteil von 100 EUR ausmachen, und einen Zuschuss zu den vermögenswirksamen Leistungen in Höhe von 25 EUR. Sie ist in der Steuerklasse I, kirchensteuerpflichtig, hat zwei Kinderfreibeträge und lebt in Bayern. Für Ute Huber sieht das steuerrechtlich wie folgt aus:

Bruttobezüge	
Bruttogehalt	4.000,00 EUR
Vermögenswirksame Leistungen	25,00 EUR
Geldwerte Vorteile	100,00 EUR
Brutto gesamt	4.125,00 EUR
./. Lohnsteuer	- 729,41 EUR
./. Solidaritätszuschlag	- 17,74 EUR
./. Kirchensteuer	- 25,80 EUR
Steuerrechtliche Abzüge	**- 772,95 EUR**

Diesen Betrag muss die Agentur König ermitteln, in Abzug bringen und ans Finanzamt abführen.

Lohnsteuer anmelden

Elektronische Lohnsteuer-anmeldung

Als Arbeitgeber sind Sie verpflichtet, zu bestimmten Terminen die im Anmeldungszeitraum einbehaltene Lohnsteuer bei Ihrem Betriebsstättenfinanzamt anzumelden und an dieses abzuführen. Die Lohnsteueranmeldung müssen Sie elektronisch über www.elster.de oder ein entsprechendes Lohnprogramm übermitteln.

Die Lohnsteueranmeldung ist für folgende Zeiträume abzugeben, die sich nach der Höhe der für das vorangegangene Kalenderjahr abzuführenden Lohnsteuer ohne Soli und Kirchensteuer richten:

- Hatten Sie im vorangegangenen Kalenderjahr Lohnsteuer von mehr als 5.000 EUR abzuführen, müssen Sie die Lohnsteuer monatlich anmelden und abführen.
- Hatten Sie im vorangegangenen Kalenderjahr Lohnsteuer von mehr als 1.080 EUR, aber höchstens 5.000 EUR abzuführen, müssen Sie die Lohnsteuer jedes Quartal anmelden und abführen.
- War für das vorangegangene Kalenderjahr Lohnsteuer von nicht mehr als 1.080 EUR abzuführen, so ist Ihr Anmeldungszeitraum das Kalenderjahr.

Achtung

Die Lohnsteueranmeldung müssen Sie spätestens am zehnten Tag nach Ablauf des jeweiligen Lohnsteueranmeldungszeitraums abgeben.

Alles Wichtige auf einen Blick

- Wer Arbeitnehmer beschäftigt, hat Lohnsteuerpflichten zu erfüllen.
- Lohnkonten werden bei Lohnsteueraußenprüfungen durch das Finanzamt oder bei Prüfungen durch die Sozialversicherungsträger geprüft.
- Grundlage für die Lohnsteuererhebung ist die Ermittlung des Betrags, der versteuert werden soll.
- Lohnabrechnungsunternehmen sind darauf spezialisiert, auch kleine Betriebe ab dem ersten Mitarbeiter zu entlasten, indem sie alle Lohnsteuer- und Sozialversicherungsaufgaben übernehmen.
- Das Bundesfinanzministerium stellt Steuerrechner unter www.bmf-steuerrechner.de zur Verfügung.
- Die Lohnsteueranmeldung erfolgt über www.elster.de.

So erfüllen Sie Ihre Pflichten in Sachen Sozialversicherung

Versicherungspflichtig in der Kranken-, Pflege-, Renten- und/ oder Arbeitslosenversicherung ist ein Arbeitnehmer, wenn er

- ein abhängiges Beschäftigungsverhältnis ausübt,
- in den Betrieb des Arbeitgebers eingegliedert ist,
- weisungsgebunden ist und
- gegen Bezahlung beschäftigt wird.

Erfüllt Ihr Mitarbeiter diese Kriterien, müssen Sie klären, in welchen Zweigen der Sozialversicherung dieser Arbeitnehmer zu versichern ist.

Als Erstes müssen Sie nach der Krankenkasse fragen,

- bei der der neue Mitarbeiter versichert ist oder
- bei welcher er versichert sein möchte, wenn er eine neue Krankenkasse wählen kann.

Die Einzugsstelle der Krankenkasse, bei der Ihr Mitarbeiter versichert ist, nimmt Ihre Meldungen, Beitragsnachweise und die Beiträge entgegen.

Praxistipp

Für den Fall, dass Sie diese Aufgaben selbst erledigen wollen, stellen Ihnen die Krankenkassen eine Software für Arbeitgeber zur Verfügung, die „sv.net" (Sozialversicherung im Internet) heißt. Arbeitgeber erhalten die Anwendung kostenlos unter folgender Adresse:

ITSG GmbH (Informationstechnische Servicestelle der Gesetzlichen Krankenversicherung), Seligenstädter Grund 11, 63150 Heusen-

> stamm, Tel.: 06104 266 600500, Fax: 06104 60050300, E-Mail: kontakt@itsg.de, Website: www.itsg.de
>
> Damit besteht die Möglichkeit, Meldungen direkt am PC auszufüllen. Die manuell zu erfassenden Daten werden plausibilitätsgeprüft; unlogische Erfassungen sind somit ausgeschlossen. Die Meldungen werden verschlüsselt per E-Mail an die Krankenkassen gesendet.
>
> Einen Download der Software finden Sie unter www.itsg.de.

Aufgrund der komplizierten und fehleranfälligen Materie empfiehlt es sich jedoch, die damit verbundenen Aufgaben von einem Fachmann wie z. B. einem Steuerberater erledigen zu lassen. Die Beiträge zur Sozialversicherung tragen Arbeitnehmer und Arbeitgeber gemeinsam.

Meldungen, Beitragsnachweise und Zahlungen an die Krankenkasse

Elektronische Datenübermitlung

Meldungen und Beitragsnachweise können ausschließlich vollautomatisch durch Datenübertragung aus systemgeprüften Entgeltabrechnungsprogrammen oder mittels maschinell erstellter Ausfüllhilfen an die Datenannahmestellen der Krankenkassen übermittelt werden.

Innerhalb eines Kalendermonats gibt es einen Fälligkeitstag: Die Beiträge sind in voraussichtlicher Höhe spätestens am drittletzten Bankarbeitstag des Monats fällig. Die Krankenkasse muss an diesem Tag im Besitz der Beiträge sein. Da der Beschäftigungsmonat zu diesem Zeitpunkt noch nicht beendet ist, schätzen Sie Ihre Beitragsschuld. Sollte sich danach ein Restbeitrag ergeben, muss dieser bis zum drittletzten Bankarbeitstag des Folgemonats abgeführt werden. Die Beitragsnachweise müssen Sie spätestens zwei Arbeitstage vor Fälligkeit der Beiträge an die Krankenkasse übermitteln.

Sowohl der 24.12. als auch der 31.12. eines Jahres gelten nicht als bankübliche Arbeitstage.

Diese Kosten kommen auf Sie zu

Übersicht „Beitragssätze der gesetzlichen Sozialversicherung" (Stand 1.1.2019 in Prozent)		
Versicherung	Arbeitnehmer-anteil	Arbeitgeber-anteil
Rentenversicherung 18,6 %	9,3 %	9,3 %
Arbeitslosenversicherung 2,5 %	1,25 %	1,25 %
Krankenversicherung 14,6 %	7,3 %	7,3 %
Pflegeversicherung 3,05 %[4]	1,525 %	1,525 %

Gehaltsabrechnung

Die Agentur König zahlt der Sekretärin Petra Schmidt ein Bruttogehalt von 2.000 EUR monatlich. Für sie gilt die Steuerklasse V, sie ist kinderlos, evangelisch und lebt in Brandenburg. Die Agentur zahlt ihr 35 EUR Zuschuss zur vermögenswirksamen Leistung. Die Gehaltsabrechnung von Petra Schmidt wird wie folgt aussehen:

Bruttobezüge	
Bruttogehalt	2.000,00 EUR
Vermögenswirksame Leistungen	35,00 EUR
Brutto gesamt	2.035,00 EUR
Steuer/Sozialversicherung	
Lohnsteuer	– 426,83 EUR
Solidaritätszuschlag	– 23,47 EUR
Kirchensteuer	– 38,41 EUR
Steuerrechtliche Abzüge	– 488,71 EUR
Krankenversicherung	– 148,56 EUR
Pflegeversicherung	– 36,12 EUR
Rentenversicherung	– 189,26 EUR
Arbeitslosenversicherung	– 25,44 EUR
Sozialversicherungsrechtliche Abzüge	**– 399,37 EUR**
Nettoverdienst	1.146,92 EUR Auszahlung

[4] In Sachsen trägt der Arbeitnehmer einen Beitragsanteil von 2,025 % Prozent und der Arbeitgeber einen Anteil von 1,025 %. Der Beitragsanteil eines Arbeitnehmers erhöht sich um 0,25 % bei Kinderlosigkeit. Kinderlose haben ab Vollendung des 23. Lebensjahres einen Zuschlag zur sozialen Pflegeversicherung in Höhe von 0,25 %zu leisten, ihr Beitragsanteil beträgt also 1,775 % (1,525 % + 0,25 %). Keinen Beitragszuschlag zahlen kinderlose Versicherte, die Arbeitslosengeld II beziehen.

Für Sie als Arbeitgeber ergeben sich durch ein solches Arbeitsverhältnis über die reine Auszahlung an den Arbeitnehmer hinaus die folgenden finanziellen Belastungen:

Bruttobezüge		
Bruttogehalt	4.000,00 EUR	
Vermögenswirksame Leistungen	35,00 EUR	
Brutto gesamt	4.035,00 EUR	
Sozialversicherung		
Krankenversicherung	294,56 EUR	
Pflegeversicherung	61,53 EUR	
Rentenversicherung	375,26 EUR	
Arbeitslosenversicherung	50,44 EUR	
Sozialversicherungsrechtliche Abzüge	**781,79 EUR**	
Ausgleichkasse U1	80,70 EUR	(2 %)
Ausgleichkasse U2	18,56 EUR	(0,46 %)
Insolvenzgeldumlage U3	2,42 EUR	(0,06 %)
Arbeitgeberbelastung gesamt	4.918,47 EUR	

So funktioniert das Umlageverfahren

Krankheit und Mutterschaft

Bei den im o.g. Beispiel erwähnten Umlagen handelt es sich um eine Arbeitgeberversicherung für den Fall der Krankheit oder der Mutterschaft von Arbeitnehmern. Für jeden Arbeitnehmer – ob Vollzeitkraft, Teilzeitkraft oder Minijobber – gilt, dass er Anspruch auf Entgeltfortzahlung durch den Arbeitgeber hat. Das heißt: Sie zahlen für maximal 42 Tage das Gehalt weiter, bekommen dafür aber keine Arbeitsleistung. Außerdem sind Sie als Arbeitgeber verpflichtet, das Gehalt fortzuzahlen, wenn eine Arbeitnehmerin ein Beschäftigungsverbot vom Arzt bekommt und wegen Gefahren in der Schwangerschaft nicht mehr arbeiten darf. Das Gleiche gilt während der Mutterschutzfristen (vor der Geburt sechs Wochen, nach der Geburt acht Wochen, bei Mehrlings- und Frühgeburten und behinderten Kindern zwölf Wochen).

Kleine und mittlere Betriebe

Vor allem kleinen bis mittleren Betrieben werden im Krankheitsfall die Arbeitgeberaufwendungen aus der Umlage 1 erstattet. Die Abwicklung läuft bei allen Arbeitnehmern über die Krankenkasse, bei der sie jeweils versichert sind. Am Ausgleichsverfahren bei Krankheit nehmen grundsätzlich alle Arbeitgeber mit maximal 30 Beschäftigten teil. Am Ausgleichsverfahren U2 nehmen alle Arbeitgeber teil, unabhängig von der Anzahl der Mitarbeiter.

Zu beachten ist, dass bei der Festlegung der 30-Mitarbeiter-Grenze für die U1 Auszubildende und Schwerbehinderte nicht und Teilzeitbeschäftigte je nach Arbeitszeit anteilig mitgezählt werden:

- Teilzeitbeschäftigte mit einer regelmäßigen wöchentlichen Arbeitszeit von nicht mehr als zehn Stunden mit dem Faktor 0,25,
- Teilzeitbeschäftigte mit einer regelmäßigen wöchentlichen Arbeitszeit von mehr als zehn Stunden, aber nicht mehr als 20 Stunden mit dem Faktor 0,5 und
- Teilzeitbeschäftigte mit einer regelmäßigen wöchentlichen Arbeitszeit von mehr als 20 Stunden, aber nicht mehr als 30 Stunden mit dem Faktor 0,75.

Im Fall der Krankheit eines Mitarbeiters kann sich der Betrieb von der Umlagekasse grundsätzlich bis zu 80 Prozent des nach dem Entgeltfortzahlungsgesetz fortzuzahlenden Entgelts und 80 Prozent der darauf entfallenden Arbeitgeberanteile erstatten lassen.

Allerdings kann die Krankenkasse, die für die Erstattung zuständig ist, diese gesetzlich festgelegte Erstattungshöhe durch Satzungsbestimmungen beschränken. Für die AOK Bayern gilt im Jahr 2019 beispielsweise Folgendes:

Umlage- und Erstattungssätze 2019 der AOK Bayern

U1 Krankheit

Bei 50 % Erstattung	1,1 %
Bei 60 % Erstattung	1,6 %
Bei 70 % Erstattung	2,0 %
Bei 80 % Erstattung	3,1 %

U2 Mutterschaft

Bei 100 % Erstattung	0,46 %

Die Insolvenzgeldumlage ist gesetzlich festgelegt und beträgt im Jahr 2019 0,06 Prozent.

Alle Beiträge zu den Umlagen werden vom Bruttogehalt berechnet.

Ob Sie am Ausgleichsverfahren bei Krankheit teilnehmen, können Sie anhand der folgenden Checkliste überprüfen.

Diese Checkliste finden Sie auch im Downloadbereich.

Checkliste: Ausgleichsverfahren bei Kranklheit		
	Ja	Nein
Wenn der Betrieb im gesamten Vorjahr bestand: Beschäftigten Sie im Vorjahr in mindestens fünf Kalendermonaten mehr als 30 Arbeitnehmer?		
Wenn der Betrieb nicht im gesamten Vorjahr bestand: Beschäftigten Sie im Vorjahr in den Monaten des Bestehens überwiegend mehr als 30 Arbeitnehmer?		
Wenn der Betrieb erst im laufenden Kalenderjahr gegründet wurde: Liegt die voraussichtliche Zahl der Arbeitnehmer nach Ihren geschätzten Erwartungen bei über 30?		

Falls Sie eine der Fragen mit Ja beantwortet haben, nehmen Sie nicht am Ausgleichsverfahren bei Krankheit teil. Haben Sie keine der Fragen mit Ja beantwortet, besteht für Ihr Unternehmen Umlagepflicht. Einzelheiten hierzu finden Sie im Aufwendungsausgleichsgesetz (AAG), das das Umlageverfahren regelt. Als Arbeitgeber können Sie die folgenden Aufwendungen bei der jeweiligen Krankenkasse geltend machen:

- Aufwendungen für Entgeltfortzahlung bei Krankheit nach dem Entgeltfortzahlungsgesetz
- Aufwendungen für den Zuschuss zum Mutterschaftsgeld nach dem Mutterschutzgesetz während der Mutterschutzfristen
- Aufwendungen für den Mutterschutzlohn bei Beschäftigungsverboten nach dem Mutterschutzgesetz

Alles Wichtige auf einen Blick

- Die Krankenkasse ist die Einzugsstelle für alle Sozialversicherungsbeiträge. Sie nimmt die Meldungen, Beitragsnachweise und die Beiträge entgegen.
- Die Krankenkassen stellen Arbeitgebern kostenlos eine Software zur Verfügung. Mit „sv.net“ können alle Meldungen, Nachweise usw. erstellt werden. Einen Download der Software finden Sie unter www.itsg.de.
- Folgende Beitragssätze gelten in den einzelnen Zweigen der Sozialversicherung (Stand: 1.1.2019):

Versicherung	Arbeitnehmer-anteil	Arbeitgeber-anteil
Rentenversicherung 18,6 %	9,3 %	9,3 %
Arbeitslosenversicherung 2,5 %	1,25 %	1,25 %
Krankenversicherung 14,6 %	7,3 %	7,3 %
Pflegeversicherung 3,05 %[5]	1,525 %[6]	1,525 %

- Arbeitgeberaufwendungen für Krankheit und Mutterschaft werden aus den Umlagen 1 und 2 erstattet. Die Abwicklung übernimmt die Krankenkasse, bei der der Arbeitnehmer versichert ist. Am Ausgleichsverfahren bei Krankheit nehmen alle Arbeitgeber mit maximal 30 Beschäftigten teil, an der U2 nimmt jedes Unternehmen teil.
- Die Insolvenzgeldumlage ist gesetzlich festgelegt und beträgt im Jahr 2019 0,06 Prozent.

Sonderfall Künstlersozialversicherung

Künstlersozialversicherung

Die Künstlersozialversicherung (KSV) ist Teil der gesetzlichen Sozialversicherung. Der Staat fördert mit der Künstlersozialversicherung Künstler und Publizisten, die erwerbsmäßig selbstständig arbeiten. Das Künstlersozialversicherungsgesetz (KSVG) sorgt dafür, dass selbstständige Künstler und Publizisten einen ähnlichen Schutz der gesetzlichen Sozialversicherung genießen wie Arbeitnehmer. Wer als Künstler oder Publizist gilt, hat die Künstlersozialkasse in einer Übersicht zusammengestellt: https://www.kuenstlersozialkasse.de/fileadmin/Dokumente/Mediencenter_Unternehmer_Verwerter/Informationsschriften/Info_06_-_Kuenstlerische_publizistische_Taetigkeiten_und_Abgabesaetze.pdf

An den Beiträgen zur Künstlersozialversicherung müssen sich durch die betriebliche Künstlersozialabgabe alle Unternehmen beteiligen, die künstlerische oder publizistische Leistungen für betriebliche Belange beanspruchen.

[5] In Sachsen trägt der Arbeitnehmer einen Beitragsanteil von 2,025 % Prozent und der Arbeitgeber einen Anteil von 1,025 %. Der Beitragsanteil eines Arbeitnehmers erhöht sich um 0,25 % bei Kinderlosigkeit.

[6] Kinderlose haben ab Vollendung des 23. Lebensjahres einen Zuschlag zur sozialen Pflegeversicherung in Höhe von 0,25 % zu leisten, ihr Beitragsanteil beträgt also 1,775 % (1,525 % + 0,25 %). Keinen Beitragszuschlag zahlen kinderlose Versicherte, die Arbeitslosengeld II beziehen.

Die Beiträge für diese Versicherung zahlen Künstler (50%), Unternehmen (30%) und der Bund (20%).

Deutsche Rentenversicherung prüft und kontrolliert

Künstlersozialkasse Für alle Unternehmen, die mit Künstlern oder Publizisten zusammenarbeiten und zum abgabepflichtigen Personenkreis gehören, besteht eine gesetzliche Meldepflicht bei der Künstlersozialkasse (KSK). Die Deutsche Rentenversicherung überwacht die Zahlung der Künstlersozialabgabe.

So viel müssen Sie zahlen

Alle im Laufe eines Jahres an Künstler oder Publizisten gezahlten Entgelte sind vom Unternehmen aufzuzeichnen und bis zum 31.3. des Folgejahres an die Künstlersozialkasse zu melden. Zugrunde liegt also das Auftragsvolumen, der Preis für die künstlerische Leistung selbst zuzüglich Neben-, Fahr- oder Bewirtungskosten. Diese Summe wird jährlich zugrunde gelegt und ein bestimmter Prozentsatz davon muss als Abgabe abgeführt werden.

Praxistipp

Den Meldebogen finden Sie im Medien-Center-Unternehmerbereich unter www.kuenstlersozialkasse.de. Dort können Sie auch an einem elektronischen Meldeverfahren teilnehmen.

Alle abgabepflichtigen Zahlungen eines Unternehmens werden summiert und mit dem jeweiligen Abgabesatz des Jahres multipliziert.

Jahr	Abgabesatz
2015	5,2 %
2016	5,2 %
2017	4,8 %
2018	4,2 %
2019	4,2 %

Künstlersozialabgabe

Die Agentur König beauftragt einen selbstständig tätigen Webdesigner, der zunächst die Homepage für das Unternehmen erstellt. Da Herr König mit der Leistung sehr zufrieden ist, beauftragt er den Webdesigner auch gleich mit der regelmäßigen Pflege der Unternehmenshomepage. Bis zum Jahresende 2018 hat der Webdesigner Honorare in Höhe von

12.000 EUR abgerechnet. Die Agentur König muss von dieser Summe nun 4,2 Prozent und damit 504 EUR an die Künstlersozialkasse abführen.

So prüfen Sie Ihre Beitragspflicht

Die Künstlersozialkasse versichert alle selbstständigen künstlerisch oder publizistisch tätigen Personen, also zum Beispiel:

- Grafiker
- Industrie- und Webdesigner
- Autoren
- Werbetexter
- PR-Redakteure
- freie Künstler
- Schauspieler
- Kabarettisten
- Musiker usw.

Beitragspflichtige Unternehmen

Eigentlich ist jeder Kreative, der die Voraussetzungen der Künstlersozialkasse erfüllt, hier pflichtversichert. Das wissen viele Kreative aber gar nicht. Für Sie als Auftraggeber für einen oder mehrere der o.g. Berufsgruppen spielt das jedoch keine Rolle, da Sie die Beiträge unabhängig davon abführen müssen. Verpflichtet zur Meldung und Abführung dieser Künstlersozialabgabe sind alle Unternehmer, öffentlichrechtliche Körperschaften, Personengemeinschaften und Vereine, die eine künstlerische oder publizistische Leistung von Freiberuflern typischerweise in Anspruch nehmen. In erster Linie davon betroffen sind:

- Verlage und Presseagenturen
- Theater, Orchester und Chöre
- Theater-, Konzert- und Gastspieldirektionen
- Rundfunk- und Fernsehanbieter
- Hersteller von Bild- und Tonträgern
- Galerien und Kunsthandel
- Werbeagenturen (Design-Leistungen)
- Varieté- und Zirkusunternehmen
- Museen
- Aus- und Fortbildungseinrichtungen für künstlerische und publizistische Tätigkeiten

Regelmäßige Aufträge

Abgabepflicht besteht aber auch dann, wenn Unternehmen für die Werbung Ihres Unternehmens regelmäßig – nicht nur gelegentlich – Aufträge an freiberufliche Künstler und Publizisten erteilen. Damit gehören praktisch alle verkaufsorientierten Unternehmen zu den Abgabepflichtigen. Unternehmen, die nur gelegentliche Aufträge an selbstständige Künstler und Publizisten vergeben, müssen keine Künstlersozialabgabe bezahlen. Als „gelegentlich“ werden Aufträge dann bezeichnet, wenn eine Grenze von insgesamt 450 Euro pro Kalenderjahr nicht überschritten wird.

Praxistipp

Die Beitragspflicht entfällt, wenn der Auftrag an eine Kapitalgesellschaft geht, beispielsweise an eine GmbH. In diesem Fall muss für die Leistung keine Künstlersozialversicherung gezahlt werden.

Was passiert, wenn man nicht zahlt?

Wer als Unternehmer zur Künstlersozialabgabe verpflichtet ist, muss bis zum 31.3. des Folgejahres eine Meldung zur Künstlersozialabgabe des Vorjahres tätigen. Wer das versäumt, muss mit den folgenden Konsequenzen rechnen:

- Die Künstlersozialkasse kann mindestens fünf Jahre lang die Abgaben nacherheben. Hier wird die Abgabenhöhe dann nicht konkret ermittelt, sondern anhand branchentypischer Durchschnittswerte geschätzt. Die Schätzung wird aber korrigiert, wenn man die Meldung nachholt.
- Es können Bußgelder von bis zu 5.000 EUR fällig werden, wenn die erforderlichen Angaben nicht oder nicht vollständig gemacht werden.
- Wer gar die Zahlung der sich aus der Meldung ergebenden Beträge verweigert, muss mit Bußgeldern bis zu 50.000 EUR rechnen.

Praxistipp

Alle für die Künstlersozialkasse relevanten Belege sollten mindestens fünf Jahre lang aufbewahrt werden. Falls sie geschätzt werden, können Sie die Schätzung mit einer Nachmeldung korrigieren.

So lässt sich die Künstlersozialabgabe mindern

Nicht jeder Rechnungsposten unterliegt der Künstlersozialabgabe. Deshalb sollten möglichst viele Einzelposten genannt werden. Diese können im Einzelnen geprüft werden, ob sie abgabepflichtig sind, und dann in Abzug gebracht werden.

Alles Wichtige auf einen Blick

- Die Künstlersozialversicherung (KSV) ist Teil der gesetzlichen Sozialversicherung. Das Künstlersozialversicherungsgesetz (KSVG) sorgt dafür, dass selbstständige Künstler und Publizisten einen ähnlichen Schutz der gesetzlichen Sozialversicherung genießen wie Arbeitnehmer.
- Beiträge in die Künstlersozialkasse zahlen vor allem Unternehmen, die typischerweise als Verwerter künstlerischer oder publizistischer Werke oder Leistungen auftreten, wie z. B. Verlage.
- 2019 beträgt die Beitragshöhe 4,2 Prozent vom Auftragsvolumen der publizistischen oder künstlerischen Leistungen.
- Die Beitragspflicht entfällt, wenn der Auftrag an eine Kapitalgesellschaft (z. B. GmbH) geht. In diesem Fall muss für die Leistung keine Künstlersozialversicherung gezahlt werden.
- Die Künstlersozialkasse kann die Abgaben mindestens fünf Jahre lang nacherheben.
- Für Nichtzahler können Bußgelder von bis zu 50.000 Euro fällig werden.

So erfüllen Sie Ihre Pflichten in Sachen Unfallversicherung

Träger der Unfallversicherung im gewerblichen Bereich sind die Berufsgenossenschaften. Sie sind nach Gewerbezweigen aufgeteilt. Welche Berufsgenossenschaften es gibt, können Sie unter www.dguv.de einsehen. Welche Berufsgenossenschaft für Sie zuständig ist, können Sie über die Infoline der Gesetzlichen Unfallversicherung (0800 60 50 40 4) erfragen. Soweit für Ihren Bereich keine Berufsgenossenschaft vorhanden ist, tritt die Verwaltungsberufsgenossenschaft ein.

Definition: Unfallversicherung

Die gesetzliche Unfallversicherung ist eine Haftpflichtversicherung der Arbeitgeber. Sie soll nach Eintritt eines Arbeitsunfalls oder einer Berufskrankheit den Verletzten, seine Angehörigen und seine Hinterbliebenen entschädigen.

Wer versichert ist

Versicherungsschutz prüfen

Zum gesetzlich versicherten Personenkreis gehören alle Ihre Arbeitnehmer, die in einem Arbeits-, Dienstoder Lehrverhältnis stehen. Als selbstständiger Unternehmer, der keine Mitarbeiter beschäftigt, sind Sie nicht in jedem Fall versicherungspflichtig. Nicht alle Berufsgenossenschaften sehen in solchen Fällen eine Versicherungspflicht vor. Auch wenn Sie nicht versicherungspflichtig sein sollten, können Sie sich freiwillig versichern.

So werden die Beiträge erhoben

Lohnsumme und Gefahrenklasse

Die gesetzliche Unfallversicherung finanziert sich ausschließlich durch die Beiträge, die die Unternehmer zahlen. Die Berufsgenossenschaft schickt Ihnen zum Jahresende einen Beitragsbescheid zu. Ihre Beiträge bemessen sich nach den Lohnsummen der Versicherten und der Gefahrenklasse, welche Ihrem Unternehmen zugeordnet wird. Diese wiederum ist abhängig von der Anzahl und der Schwere der in den einzelnen Gewerbezweigen vorkommenden Arbeitsunfälle.

Unternehmen können die Lohnnachweise für das Meldejahr 2018 nur noch digital an die gesetzliche Unfallversicherung übermitteln. Der Lohnnachweis ist die Grundlage für den Beitragsbescheid, den Berufsgenossenschaften und Unfallkassen an die Unternehmen versenden. Die Meldung erfolgt in der Regel über das Entgeltabrechnungsprogramm oder über sv.net.

Darüber hinaus ist der Unternehmer verpflichtet, eine gesonderte Jahresmeldung zur Unfallversicherung (UV-Jahresmeldung) für jeden Arbeitnehmer abzugeben. Diese UV-Jahresmeldung ist ausschließlich für den Prüfdienst der Rentenversicherung bestimmt.

Das wird geleistet

Arbeitnehmer sind bei ihrer Arbeit und auf Dienst- und Arbeitswegen gegen Unfälle und Berufskrankheiten versichert.

Leistungen der Unfallversicherung

„Wegeunfälle" sind Unfälle, die Beschäftigte auf dem Weg zur oder von der Arbeit erleiden. Besondere Einwirkungen bei der Arbeit können Krankheiten verursachen, die unter den Schutz der gesetzlichen Unfallversicherung fallen. Leistungen werden dann erbracht, wenn der Unfall in einem sachlichen Zusammenhang mit dem Beschäftigungsverhältnis stand. Die Leistungen der gesetzlichen Unfallversicherung werden unabhängig davon erbracht, wer an einem Arbeitsunfall schuld ist. Die gesetzliche Unfallversicherung umfasst folgende Leistungen:

- Heilbehandlung: Kosten für die ärztliche Behandlung, für die erforderlichen Arznei-, Verband- und Heilmittel sowie für Aufenthalte im Krankenhaus. Die Dauer, für die die Leistungen in Anspruch genommen werden, ist dabei nicht relevant.
- Verletztengeld: 80 Prozent des entgangenen Bruttoentgelts – bis maximal zur Höhe des Nettolohns –, soweit und solange kein Lohn gezahlt wird. Maximale Leistungsdauer: 78 Wochen
- Leistungen zur beruflichen Teilhabe: Nach einem Arbeitsunfall oder einer Berufskrankheit versucht die gesetzliche Unfallversicherung die Rückkehr an den bisherigen Arbeitsplatz mit allen geeigneten Mitteln zu ermöglichen. Ist das nicht möglich, wird eine Eingliederung in den allgemeinen Arbeitsmarkt angestrebt. Ist für die Wiedereingliederung eine Qualifizierung notwendig, kann diese betrieblich oder überbetrieblich bei Bildungseinrichtungen erworben werden.
- Leistungen zur sozialen Teilhabe: Insbesondere zählen zu diesen Leistungen Kraftfahrzeug, Wohnungshilfe, Haushaltshilfe, psychosoziale Betreuung und Rehabilitationssport.
- Verletztenrente: Eine Verletztenrente wird gewährt, wenn die Erwerbsfähigkeit durch einen Unfall oder eine Berufskrankheit um 20 Prozent oder mehr für mindestens 26 Wochen gemindert wird. Die Höhe der Verletztenrente richtet sich danach, wie sehr die Erwerbsfähigkeit gemindert ist, und nach dem Verdienst vor dem Arbeitsunfall.
- Pflegegeld: Bei Pflegebedürftigkeit besteht neben der Unfallrente auch Anspruch auf Pflegeleistungen oder Pflegegeld.
- Sterbegeld: Bei Unfalltod erhalten die Hinterbliebenen ein Siebtel der im Zeitpunkt des Todes geltenden Bezugsgröße als Sterbegeld.
- Hinterbliebenenrente: Stirbt der Ehepartner durch einen Arbeitsunfall oder eine Berufskrankheit, zahlt die Unfallversicherung eine Hinterbliebenenrente.
- Waisenrente: Werden von dem Versicherten im Todesfall Kinder unter 18 Jahren hinterlassen, so erhalten diese eine Waisenrente.

> Alles Wichtige auf einen Blick
>
> - Die gesetzliche Unfallversicherung ist Teil der Sozialversicherung. Die Beiträge zahlt der Arbeitgeber allein.
> - Welche Berufsgenossenschaft für welchen Gewerbezweig zuständig ist, können Sie unter www.dguv.de einsehen.
> - Versichert sind alle Arbeitnehmer, die in einem Arbeits-, Dienstoder Lehrverhältnis stehen, und außerdem – je nach Einzelfall – der Unternehmer selbst.
> - Entscheidend für die Beitragshöhe sind die Lohnsummen der Versicherten und die Gefahrenklasse der Branche.

Entgelttransparenzgesetz für mehr Gerechtigkeit

Das noch junge Entgelttransparenzgesetz (EntgTranspG) soll nach dem Willen des Gesetzgebers die Durchsetzung des Gebots der gleichen Entlohnung für Frauen und Männer bei gleicher oder gleichwertiger Arbeit durchsetzen. Das EntgTranspG sieht einen individuellen Auskunftsanspruch für Beschäftigte über Vergleichsentgelte, eine Aufforderung zur Durchführung eines betrieblichen Prüfverfahrens und Berichtspflichten vor. Auf diesem Wege soll der sog. „Gender Pay Gap", also die Lücke, die zwischen der durchschnittlichen Entlohnung von Frauen und Männern besteht, geschlossen werden. Aktuell heißt das, dass Frauen einen durchschnittlichen Stundenlohn in Höhe von 16,26 EUR brutto erhalten, während Wert Männer einen Stundenlohn von 20,71 EUR erzielen.

Im Einzelnen sieht das EntgTranspG folgende Regelungen vor:

- **Verbot der Entgeltungleichheit (§3 EntgTranspG) und Gebot der Entgeltgleichheit (§7 EntgTranspG):** Die §§3, 7 EntgTranspG verbieten die unmittelbare oder mittelbare Benachteiligung wegen des Geschlechts im Hinblick auf sämtliche Entgeltbestandteile und Entgeltbedingungen bei gleicher oder gleichwertiger Arbeit. Gleichwertige Arbeit liegt nach §4 Abs. 2 EntgTranspG dann vor, wenn Beschäftigte unter Zugrundelegung einer Gesamtheit von Faktoren als in einer vergleichbaren Situation befindlich angesehen werden können, wobei die Art der Arbeit, die Ausbildungsanforderungen und die Arbeitsbedingungen zu berücksichtigen sind. Eine ungleiche Bezahlung trotz gleicher oder vergleichbarer Arbeit kann aber auch gerechtfertigt sein. Es kann beispielsweise ein höheres Dienstalter als Indikator für mehr Berufserfahrung ein ungleiches Entgelt begründen.

- **Auskunftsanspruch (§§ 10 ff. EntgTranspG):** Kleinere Betriebe bleiben außen vor. Der Anspruch auf Auskunft zu den Kriterien und Verfahren der Entgeltfindung und des Vergleichsentgelts existiert nur in Betrieben mit mehr als 200 Arbeitnehmern. Zudem darf der Arbeitgeber die Auskunft verweigern, wenn weniger als sechs Arbeitnehmer des anderen Geschlechts die Vergleichstätigkeit ausüben. Ein Anspruch auf Lohnanpassung folgt aus dem Auskunftsanspruch nicht.
- **Betriebliches Prüfverfahren (§§ 17 ff. EntgTranspG):** Arbeitgeber mit in der Regel mehr als 500 Beschäftigten sind aufgefordert, ein betriebliches Prüfverfahren durchzuführen und so ihr Vergütungssystem auf die Einhaltung des Entgeltgleichheitsgebots zu überprüfen. Hierbei handelt es sich aber nur um eine Soll-Vorschrift. Haben Sie das freiwillige Verfahren durchgeführt, müssen sie die Ergebnisse gegenüber den Beschäftigten veröffentlichen.

Alles Wichtige auf einen Blick

- Das EntgTranspG soll für mehr Gerechtigkeit bei der Bezahlung sorgen, findet aber erst ab 200 Mitarbeiter Anwendung.

Rund um das Arbeitsverhältnis

Für ein Arbeitsverhältnis gelten viele Spielregeln, die Sie als Arbeitgeber kennen sollten. Lesen Sie in diesem Kapitel unter anderem, was es mit den Urlaubsansprüchen auf sich hat, welche Regeln für die Berufsausbildung gelten und wie Sie mit Mutterschutz und Elternzeit umgehen.

Mit der Probezeit geht es los

Vorteil der Probezeit

Die Probezeit hilft Ihnen festzustellen, ob Sie sich mit dem richtigen Vertragspartner auf ein Arbeitsverhältnis eingelassen haben. Der Vorteil einer Probezeit liegt darin, dass das Arbeitsverhältnis während der Dauer von maximal sechs Monaten mit verkürzter Frist gekündigt werden kann.

Auf einen Kündigungsgrund kommt es in der Probezeit nicht an.

Kündigung während der Probezeit

Der Werbegrafiker Tom Hauser arbeitet seit zwei Wochen in der Agentur König. Die ersten sechs Monate sind als Probezeit vereinbart. Herr König merkt schnell, dass Tom Hauser den Anforderungen nicht gerecht wird, und kündigt ihm deshalb in der Probezeit am 21.4. Am 5.5. hat Tom Hauser aufgrund der verkürzten Kündigungsfrist während der Probezeit seinen letzten Arbeitstag. Die Kündigungsfrist beträgt hier zwei Wochen und kann zu jedem beliebigen Termin erfolgen. Der Arbeitgeber muss den Arbeitnehmer also nicht bis zum 15. des Folgemonats oder bis zum Ende des Monats weiterbeschäftigen.

Für Ihre Arbeitsverträge müssen Sie zunächst entscheiden, ob Sie einen unbefristeten Arbeitsvertrag mit vorgeschalteter Probezeit oder einen befristeten Probearbeitsvertrag vereinbaren möchten. Je nach Vertrag läuft die Probezeit mit anderen Konsequenzen aus.

Die „klassische" Probezeit

> **Musterformulierung: Probezeit**
>
> § (...) Probezeit
>
> Die Vertragsparteien vereinbaren für die ersten sechs Monate des Arbeitsverhältnisses eine Probezeit. Während dieser Zeit kann das Arbeitsverhältnis jederzeit von beiden Vertragsparteien mit einer Frist von zwei Wochen gekündigt werden.

So lauten typischerweise die Probezeitklauseln in unbefristeten Arbeitsverträgen. Nach §622 Abs. 3 BGB kann während dieser Probezeit mit einer Frist von zwei Wochen gekündigt werden. In einem Tarifvertrag kann z. B. eine längere Kündigungsfrist für die Probezeit festgelegt sein. Deshalb sollte vor Vertragsabschluss der Tarifvertrag eingesehen werden. Wer eine Probezeit von mehr als sechs Monaten vereinbart, erreicht damit keine Vorteile im Hinblick auf die Kündigungsfrist, da nach einer sechsmonatigen Betriebszugehörigkeit auf jeden Fall die Grundkündigungsfrist von vier Wochen gilt.

> **Praxistipp**
>
> Sie als Arbeitgeber müssen sich keine Gedanken um die Wirksamkeit einer Probezeitkündigung machen, da diese nie dahin gehend überprüft wird, ob sie sozial gerechtfertigt ist.

Kürzere Probezeit möglich

Wenn eine kürzere Probezeit von zum Beispiel nur drei Monaten vereinbart wird, erlangt der Arbeitnehmer nach Ablauf der Probezeit noch keinen Kündigungsschutz.

Der gesetzliche Kündigungsschutz nach dem Kündigungsschutzgesetz (KSchG) gilt unabhängig von der Dauer der Probezeit erst nach sechsmonatiger Betriebszugehörigkeit. Wichtig: In der Probezeit müssen Sie trotzdem den besonderen Kündigungsschutz beachten, der für Schwangere, Schwerbehinderte usw. gilt.

> **Achtung**
>
> Wenn eine Arbeitnehmerin in der Probezeit schwanger wird, kann ihr nicht mehr gekündigt werden. Es gilt ein absolutes Kündigungsverbot unabhängig davon, ob die Probezeit noch läuft. Eine Kündigung ist nur ganz ausnahmsweise und mit einer behördlichen Zustimmung möglich.

So vereinbaren Sie ein Probearbeitsverhältnis

Probearbeitsverhältnis

Von der Probezeit ist das Probearbeitsverhältnis zu unterscheiden, das ein eigenständiges befristetes Arbeitsverhältnis zum Zweck der Erprobung ist und nicht wie die Probezeit in das unbefristete Arbeitsverhältnis integriert ist. Der Gesetzgeber hat „Erprobung“ ausdrücklich als zulässigen Grund für den Abschluss befristeter Arbeitsverträge in §14 Abs.1 S.2 Teilzeit- und Befristungsgesetz (TzBfG) genannt.

Achtung

Da es sich bei einem Probearbeitsverhältnis um ein befristetes Arbeitsverhältnis handelt, müssen Sie die Befristung schriftlich vereinbaren. Andernfalls ist der befristete Arbeitsvertrag unwirksam und wandelt sich automatisch in einen unbefristeten um.

Ein Probearbeitsverhältnis endet zunächst nach der vereinbarten Probezeit. Es muss nicht gekündigt werden – die Beendigung tritt automatisch ein.

Musterformulierung: Probearbeitsverhältnis

§ (...) Befristung zur Erprobung

Der Arbeitsvertrag wird auf die Dauer von ... Monaten zur Probe abgeschlossen und endet mit Ablauf des ..., ohne dass es einer Kündigung bedarf.

Dulden Sie es, dass der Arbeitnehmer nach Ablauf des Probearbeitsverhältnisses einfach weiterarbeitet, dann wandelt sich das Probearbeitsverhältnis automatisch in ein unbefristetes Arbeitsverhältnis um.

Im Downloadbereich finden Sie einen Musterprobearbeitsvertrag.

Alles Wichtige auf einen Blick

- Eine Probezeit kann längstens sechs Monate dauern.
- Innerhalb einer Probezeit können beide Vertragspartner jederzeit mit einer Frist von zwei Wochen kündigen – auf einen Kündigungsgrund kommt es dabei nicht an.
- Von der Probezeit ist das Probearbeitsverhältnis zu unterscheiden, das ein befristetes Arbeitsverhältnis ist und nach dem Probezeitraum automatisch endet.

Was zur Arbeitszeit gehört

Definition: Arbeitszeit

Arbeitszeit im Sinne des Arbeitszeitgesetzes (ArbZG) ist die Zeit vom Beginn bis zum Ende der Arbeit ohne die Pausen.

Durchschnitt Arbeitszeit: acht Stunden

Die werktägliche Arbeitszeit darf acht Stunden nicht überschreiten. Da der Samstag auch ein Werktag ist, darf die wöchentliche Arbeitszeit 48 Stunden nicht überschreiten. Die tägliche Arbeitszeit kann jedoch auf bis zu zehn Stunden verlängert werden. Dann muss aber sichergestellt sein, dass innerhalb von sechs Kalendermonaten (oder 24 Wochen) im Durchschnitt acht Stunden werktäglich nicht überschritten werden. In einem Tarifvertrag oder einer Betriebsvereinbarung können Abweichungen hiervon zugelassen werden.

Praxistipp

Wenn Sie die Arbeitszeit Ihrer Mitarbeiter auf über zehn Stunden täglich verlängern wollen, müssen Sie eine Genehmigung der nach dem Landesrecht zuständigen Aufsichtsbehörde – des Gewerbeaufsichtsamts oder des Amts für Arbeitsschutz – einholen. Längere tägliche Arbeitszeiten können dann bewilligt werden für

- kontinuierliche Schichtbetriebe zur Erreichung zusätzlicher Freischichten,
- Bau- und Montagestellen,
- Saison- oder Kampagnebetriebe für die Zeit der Saison oder Kampagne, wenn die verlängerte Arbeitszeit über acht Stunden werktäglich durch eine entsprechende Verkürzung der Arbeitszeit zu anderen Zeiten ausgeglichen wird, und
- andere Fälle, soweit die längeren täglichen Arbeitszeiten im öffentlichen Interesse dringend notwendig werden.

Diese Ruhepausen sind einzuhalten

Ruhepausen muss der Arbeitgeber gewähren und im Voraus festlegen. Der Arbeitnehmer darf sie dann nach eigener Vorstellung verbringen. Sie betragen bei einer Arbeitszeit von mehr als sechs Stunden 30 Minuten und bei einer Arbeitszeit von mehr als neun Stunden 45 Minuten. Sie können auch in andere Zeitabschnitte aufgeteilt werden, müssen dann jedoch jeweils mindestens 15 Minuten betragen.

Achtung

Länger als sechs Stunden hintereinander dürfen Sie Ihre Arbeitnehmer nicht ohne Ruhepause beschäftigen.

Besondere Pausenregeln für Minderjährige

Pausenregeln für Minderjährige

Für unter 18-Jährige gelten Sonderregelungen. Deren Pausenzeiten müssen im Voraus feststehen. Als Ruhepause gilt nur eine Arbeitsunterbrechung von mindestens 15 Minuten.

Die Ruhepausen für Minderjährige müssen bei einer Arbeitszeit von viereinhalb bis sechs Stunden mindestens 30 Minuten betragen, bei einer Arbeitszeit von mehr als sechs Stunden mindestens 60 Minuten. Sie dürfen frühestens eine Stunde nach Beginn und müssen spätestens eine Stunde vor Ende der Arbeitszeit gewährt werden. Länger als viereinhalb Stunden dürfen Jugendliche nicht ohne Pause beschäftigt werden.

Das gilt für die Überstunden

Überstunden dürfen Sie anordnen. Aber: Das ist nur in engem Rahmen möglich und Sie müssen sie gut vorbereiten.

Definition: Überstunden

Unter „Überstunden" versteht man die Arbeitszeit, die ein Arbeitnehmer über die für sein Beschäftigungsverhältnis geltende Arbeitszeit hinaus arbeitet (BAG, Urteil vom 8.11.1989; Az.: 5 AZR 642/88). Von den Überstunden ist die Mehrarbeit zu unterscheiden. „Mehrarbeit" leistet ein Arbeitnehmer, wenn seine tatsächliche Arbeitszeit die gesetzlich festgelegte Arbeitszeit überschreitet.

Vertragliche Vereinbarung

Das Anordnen von Überstunden und die Frage der Vergütung sollten Sie vertraglich vereinbaren. Wenn beispielsweise eine besondere Auftragsspitze oder saisonale Schwankungen vorliegen, ist es von Vorteil, wenn Ihre Mitarbeiter vertraglich dazu verpflichtet sind, Überstunden zu leisten.

Achtung

Überstunden müssen von Ihnen angeordnet werden. Wer ohne Einverständnis des Arbeitgebers Überstunden anhäuft, hat keinen Anspruch darauf, dass diese auch bezahlt werden.

Der folgenden Übersicht, die Sie auch zum Download finden, können Sie die Regeln des ArbZG entnehmen:

§ 5 ArbZG	Arbeitnehmer müssen zwischen zwei Arbeitseinsätzen eine Ruhepause von mindestens elf Stunden haben.
§ 3 ArbZG	Für alle Arbeitnehmer gilt eine tägliche Höchstarbeitszeit von acht Stunden. Sie kann ausnahmsweise auf bis zu zehn Stunden verlängert werden, wenn innerhalb von sechs Kalendermonaten oder 24 Wochen im Durchschnitt acht Stunden werktäglich gearbeitet wird. Ausnahmsweise sind also bis zu 60 Stunden pro Woche erlaubt.

§ 9 ArbZG	Sonn- und feiertags sind in der Regel keine Arbeits- und damit auch keine Überstunden erlaubt. Eine Ausnahme von dieser Regel gilt nur für die Betriebe, die in § 10 ArbZG ausdrücklich genannt sind, z. B. Krankenhäuser, Gastronomie- oder landwirtschaftliche Betriebe.

Eine Sonderrolle nehmen Ihre leitenden Angestellten ein, denn diese müssen bei Bedarf Überstunden leisten. Das ArbZG findet für sie keine Anwendung.

Leitende Angestellte

Zu den leitenden Angestellten Ihres Unternehmens gehört, wer aufgrund seines Arbeitsvertrags oder seiner Stellung im Betrieb

- zur selbstständigen Einstellung oder Entlassung von im Betrieb oder in der Betriebsabteilung beschäftigten Mitarbeitern berechtigt ist,
- Generalvollmacht oder Prokura hat und die Prokura im Verhältnis zum Arbeitgeber nicht unbedeutend ist oder
- regelmäßig sonstige Aufgaben wahrnimmt, die für den Bestand oder die Entwicklung des Unternehmens oder des Betriebs von Bedeutung sind und deren Erfüllung besondere Erfahrungen und Kenntnisse voraussetzt. Wichtig ist, dass der leitende Angestellte die Entscheidungen im Wesentlichen frei von Ihren Weisungen als Arbeitgeber trifft oder sie maßgeblich beeinflusst.

So können Sie Überstunden anordnen

Die Leistung von Überstunden sollten Sie mit Ihren Arbeitnehmern verbindlich festlegen, denn die Verpflichtung zur Leistung von Überstunden ergibt sich nicht bereits aus der Tatsache, dass Sie mit Ihrem Mitarbeiter einen Arbeitsvertrag abgeschlossen haben.

Überstunden in Notfällen

Vor allem reicht Ihr Weisungsrecht nicht aus, um Überstunden anzuordnen. Nur in Notfällen (Beispiel: Hochwasser, Ausfall von Kühlgeräten im Lebensmittelbereich usw.) ist der Arbeitnehmer zur Leistung von Überstunden verpflichtet, um Schaden vom Betrieb abzuwenden. Einen Anspruch auf die Ableistung von Überstunden außerhalb einer Notsituation haben Sie als Arbeitgeber nur bei entsprechender vertraglicher Grundlage. Ein Recht auf Überstundenanordnung haben Sie nur dann, wenn in Ihren Verträgen die folgende Klausel enthalten ist:

Musterformulierung: Überstunden

„Der Mitarbeiter erklärt sich bereit, über die vertraglich vereinbarte Arbeitszeit hinaus Überstunden zu leisten. Diese Überstunden müssen angeordnet und gesetzlich zulässig sein."

Immer dann, wenn es um Überstunden geht und Sie einen Betriebsrat im Unternehmen haben, wird er auf die Einhaltung der Mitbestimmungsrechte drängen. Die Anordnung von Überstunden ist nämlich der häufigste Fall der Verlängerung der betriebsüblichen Arbeitszeit und jede dieser Maßnahmen unterliegt dem Mitbestimmungsrecht. Das Mitbestimmungsrecht des Betriebsrats erstreckt sich nicht nur auf Beginn und Ende, also auf die zeitliche Lage der Überstunden, sondern auch auf die Frage,

Betriebsrat nicht vergessen

- ob überhaupt und, wenn ja,
- in welchem Umfang und
- von welchen Mitarbeitern

Überstunden geleistet werden sollen.

Achtung

Sie als Arbeitgeber sind verpflichtet, einen Abdruck des ArbZG an geeigneter Stelle im Betrieb zur Einsichtnahme auszulegen oder auszuhängen (§ 16 Abs. 1 ArbZG). Außerdem müssen Sie die über die werktägliche Arbeitszeit von acht Stunden hinausgehende Arbeitszeit Ihrer Arbeitnehmer aufzeichnen und ein Verzeichnis der Arbeitnehmer führen, die in eine Verlängerung der Arbeitszeit nach § 7 Abs. 7 ArbZG eingewilligt haben. Diese Nachweise müssen Sie mindestens zwei Jahre aufbewahren.

So sind Überstunden zu vergüten

Ob, wann und wie viele Überstunden Ihr Mitarbeiter zu leisten hat, sollten Sie im Arbeitsvertrag regeln. So haben Sie für alle Beteiligten eine klare Grundlage und vermeiden späteren Streit. Empfehlenswert ist es, eine pauschalierte Vereinbarung in die Arbeitsverträge aufzunehmen, nach der innerhalb eines Monats geleistete Überstunden bis zu einem gewissen Maß bereits mit dem monatlichen Gehalt oder einer Pauschale abgegolten sind.

Achtung

Die oft verwendete Klausel „Mit dem o. g. Gehalt sind alle anfallenden Überstunden abgegolten" ist unwirksam. Diese Klausel ist nicht hinreichend transparent, birgt Überraschungen für den Arbeitnehmer und benachteiligt ihn womöglich.

Bezahlung oder Freizeitausgleich

Am besten legen Sie in Ihren Arbeitsverträgen eindeutig die Höchstzahl der Überstunden und den genauen Erfassungszeitraum fest und definieren eine genaue Pauschale oder die Abgeltung in Freizeit für die zu leistenden Überstunden. Um nicht in Personalnot zu gelangen, weil ein Großauftrag mit Überstunden bewältigt wurde, können Sie als Arbeitgeber die Überstunden wahlweise durch Bezahlung oder Freizeitausgleich abgelten.

Musterformulierung: Überstundenvergütung

§ … Überstundenvergütung

(1) Der Arbeitnehmer erhält ein Grundgehalt in Höhe von … EUR zuzüglich einer Pauschale in Höhe von … EUR, mit der bis zu 15 eventuell geleistete Überstunden pro Monat abgegolten sind.

(2) Die Abgeltung geleisteter Überstunden kann nach Wahl des Arbeitgebers sowohl durch Vergütung als auch durch Freizeitausgleich erfolgen.

(3) Das Wahlrecht ist vom Arbeitgeber innerhalb von zwei Monaten nach Leistung der Überstunden/Mehrarbeit auszuüben. Wird das Wahlrecht nicht ausgeübt, ist die Mehrarbeit zu vergüten.

Zuschläge nur in Ausnahmefällen

Für geleistete Überstunden gibt es in den gesetzlichen Vorschriften keine Vergütungsregelungen. Eine Überstunde ist grundsätzlich wie jede andere Arbeitsstunde zu bezahlen. Zuschläge zur Grundvergütung müssen nur dann geleistet werden, wenn sich dies beispielsweise aus einem Tarifvertrag ergibt.

Praxistipp

Wenn Sie den Weg der pauschalen Vergütung von Überstunden für Ihre Verträge nutzen, sollten Sie eines beachten: Bei der Pauschalvergütung sollten Sie die Grenze von zehn Prozent der üblichen Arbeitszeit nicht überschreiten. In unserer Musterformulierung oben (15 Überstunden pro Monat) sollte also der Arbeitnehmer eine monatliche Arbeitszeit von mindestens 150 Stunden schulden.

Das gilt für Überstunden von Teilzeitkräften

Ihre teilzeitbeschäftigten Arbeitnehmer haben nur dann einen Anspruch auf Überstundenzuschläge, wenn sie die tarifliche Arbeitszeit für Vollzeitbeschäftigte überschreiten (BAG, Urteil vom 20.6.1995, Aktenzeichen: 3 AZR 539/93) und der Anspruch arbeitsvertraglich, per Betriebsvereinbarung oder per Tarifvertrag ausdrücklich begründet ist.

Überstunden bei Teilzeitbeschäftigung

Tanja Müller arbeitet als Werbetexterin in Teilzeit (20 Stunden pro Woche) in der Agentur König. Die Vollzeitkräfte von Herrn König arbeiten alle 40 Stunden pro Woche. An den letzten beiden Wochenenden ist Tanja Müller jeweils samstags für sieben Stunden in der Agentur gewesen, da die Agentur an einem eiligen Auftrag eines Großkunden arbeitet. In allen Arbeitsverträgen der Agentur König ist geregelt, dass Überstundenzuschläge erst bei Überschreiten der regelmäßigen betrieblichen Arbeitszeit gezahlt werden. Tanja Müller kann also nur die übliche Bezahlung ihrer 14 Arbeitsstunden verlangen. Die Zuschläge werden nur an die Arbeitnehmer gezahlt, die über die 40-Stunden-Woche hinaus gearbeitet haben.

Praxistipp

Achten Sie darauf, dass auch in den Arbeitsverträgen von Teilzeitkräften festgehalten wird, dass sie zur Leistung von Überstunden verpflichtet sind. Andernfalls können Sie von den Teilzeitkräften keine Überstunden verlangen.

Musterformulierung: Teilzeit und Überstunden

Der Mitarbeiter erklärt sich bereit, auf Anordnung des Arbeitgebers bis zu … Überstunden pro Woche zu leisten. Angeordnete und gesetzlich zulässige Überstunden werden mit einem Zuschlag von … Prozent vergütet. Für Teilzeitkräfte erfolgt eine Vergütung mit Zuschlag erst ab Überschreiten der Regelarbeitszeit eines vollzeitbeschäftigten Mitarbeiters.

Alles Wichtige auf einen Blick

- Die werktägliche Arbeitszeit darf acht Stunden, die wöchentliche 48 Stunden nicht überschreiten. Die tägliche Arbeitszeit kann aber auf bis zu zehn Stunden verlängert werden. Dann muss jedoch sichergestellt sein, dass innerhalb von sechs Kalendermonaten (oder 24 Wochen) im Durchschnitt acht Stunden werktäglich nicht überschritten werden.
- Ruhepausen sind Pflicht. Sie betragen bei einer Arbeitszeit von mehr als sechs Stunden 30 Minuten und bei einer Arbeitszeit von mehr als neun Stunden 45 Minuten. Ruhepausen können auch aufgeteilt werden, müssen dabei aber jeweils mindestens 15 Minuten betragen.
- Überstunden leistet ein Arbeitnehmer dann, wenn er über die für sein Beschäftigungsverhältnis geltende Arbeitszeit hinaus arbeitet.

- Unter „Mehrarbeit“ versteht man die Überschreitung der gesetzlich festgelegten – nicht der individuellen – Arbeitszeit.
- Überstunden dürfen vom Arbeitgeber angeordnet werden, wenn
  1. ein unvorhergesehenes Ereignis wie ein Notfall oder ein sonst drohender Schaden auftritt, der anders nicht abgewendet werden kann, oder
  2. die Befugnis, Überstunden anzuordnen, ausdrücklich im Arbeitsvertrag geregelt ist und
  3. keine wichtigen oder vorrangigen Interessen des Mitarbeiters (dringende familiäre Verpflichtungen, gesundheitliche Gründe, unaufschiebbare Termine usw.) entgegenstehen.
- In den Arbeitsverträgen von Teilzeitkräften sollte festgehalten werden, dass sie zur Leistung von Überstunden verpflichtet sind. Andernfalls kann der Arbeitgeber von Teilzeitkräften keine Überstunden verlangen.

Diese Regeln gelten für den Dienstwagen

Viele Arbeitgeber schaffen mit dem Dienstwagen einen Anreiz für neue Mitarbeiter oder steigern die Motivation der bereits vorhandenen. Das gilt mittlerweile nicht mehr nur für Außendienstmitarbeiter und leitende Angestellte. Wenn Sie Ihren Arbeitnehmern einen Dienstwagen zur Verfügung stellen wollen, müssen Sie einiges beachten, damit beide Seiten davon profitieren.

Praxistipp

Wenn Sie Dienstwagen leasen, müssen Sie darauf achten, dass Sie die Kontrolle über die Laufleistung der Fahrzeuge behalten, da es in den Leasingverträgen meistens Kilometerbegrenzungen gibt. Diese sollten Sie in der Vereinbarung mit Ihrem Arbeitnehmer weitergeben.

Die Vor- und Nachteile der Privatnutzung

Private Nutzung erlauben?

Sie als Arbeitgeber können Ihren Arbeitnehmern einen Dienstwagen entweder zur rein dienstlichen Nutzung oder aber zur dienstlichen und privaten Nutzung überlassen. Beide Möglichkeiten haben Vor- und Nachteile, die Sie gegeneinander abwägen müssen.

Ein Dienstwagen wirkt zwar motivierend und belohnend, allerdings können Sie einen zur privaten Nutzung überlassenen

Wagen nicht so ohne Weiteres zurückfordern. Haben Sie keine Regelung zur Privatnutzung getroffen, darf das Fahrzeug durch Ihren Mitarbeiter ausschließlich dienstlich verwendet werden. Trotzdem sollten Sie bei rein dienstlicher Nutzung ein ausdrückliches Verbot in den Arbeitsvertrag oder den Dienstwagenüberlassungsvertrag aufnehmen. Das sorgt für Klarheit. Wie umfassend Sie Ihrem Mitarbeiter die Privatnutzung gestatten wollen, ist Ihre Sache. Sie können beispielsweise ein monatliches Limit für die private Nutzung festlegen oder sie auf einen bestimmten Bereich beschränken.

Praxistipp

Soll es auch den erwachsenen Kindern Ihres Arbeitnehmers erlaubt sein, das Fahrzeug zu nutzen, müssen Sie aufpassen, dass hierdurch keine Vorgaben der Kfz-Versicherung verletzt werden. Viele Versicherer schließen bei Firmenwagen Personen unter 21 Jahren als Fahrer aus.

Sie müssen sich außerdem überlegen, ob Sie im Dienstwagenüberlassungsvertrag gestatten wollen, dass auch andere Personen den Wagen steuern, z. B. enge Familienangehörige, Ehepartner, Lebensgefährten usw.

Achtung

Besondere Risiken ergeben sich bei Auslandsfahrten. Dieses Thema sollte im Dienstwagenvertrag geregelt sein. Sie können Auslandsfahrten ausschließen oder die Nutzung im Ausland vom Abschluss besonderer Versicherungen abhängig machen.

Wann Sie den Dienstwagen zurückfordern dürfen

Bei einem Dienstwagen, der nur betrieblich genutzt werden darf, haben Sie keine Probleme bei der Rückgabe. Es steht Ihnen als Arbeitgeber frei, das Fahrzeug jederzeit zurückzuverlangen. Das ist beispielsweise dann sinnvoll, wenn ein Arbeitnehmer längere Zeit erkrankt ist oder in den Urlaub geht. Haben Sie die Privatnutzung des Dienstwagens erlaubt, stellt sie einen Teil Ihrer Vergütungspflicht dar. Schon aus diesem Grund ist es schwieriger, das Fahrzeug zurückzuverlangen.

Private Nutzung ist Teil der Vergütung

Entziehen Sie dem Arbeitnehmer das Fahrzeug, das er privat nutzen darf, kommt das einer Gehaltskürzung gleich. Für bestimmte Situationen, wenn z. B. ein Mitarbeiter vom Außenin den Innendienst wechselt, bei wirtschaflichen Gründen, bei Entzug der Fahrerlaubnis oder bei Ruhen des Arbeitsverhältnisses (Elternzeit), können Sie sich aber trotzdem vorbehalten, die private Überlassung zu widerrufen. Eine solche Widerrufsklausel muss aber klar, deutlich und unzweifelhaft formuliert sein. Außerdem müssen dabei auch die Interessen des Arbeitnehmers angemessen berücksichtigt werden.

Achtung

Klauseln, die den Arbeitgeber zum jederzeitigen Widerruf der Privatnutzung berechtigen, sind unangemessen und damit unwirksam. Widerrufsklauseln müssen im Dienstwagenüberlassungsvertrag so gefasst werden, dass Ihr Arbeitnehmer weiß, in welchen Fällen er mit der Ausübung des Widerrufs rechnen muss. Sie dürfen sich den Widerruf außerdem nur für solche Fälle vorbehalten, in denen Ihr Interesse, wieder über den Wagen verfügen zu können, das Interesse Ihres Arbeitnehmers, den Wagen zu behalten, überwiegt.

Das gilt für Urlaub, Krankheit, Mutterschutz usw.

Ein zu privaten Zwecken überlassener Dienstwagen darf auch während der Dauer eines Urlaubs privat genutzt werden.

Bei Entzug Ausgleichszahlung

Als Arbeitgeber können Sie sich aber das Recht vorbehalten, die Möglichkeit der Privatnutzung während des Urlaubs zu untersagen, wenn Sie das Fahrzeug anderweitig benötigen. Aber: Ihrem Arbeitnehmer müssen Sie dann eine angemessene Ausgleichszahlung zukommen lassen, denn die Nutzung des Autos stellt einen Teil seines Verdienstes dar. Auch während eines Krankheitsfalls haben Ihre Arbeitnehmer einen Anspruch auf die Privatnutzung. Allerdings springt nach sechs Wochen die Krankenkasse ein und Sie schulden keinen Lohn mehr. Damit entfällt auch der Anspruch auf die private Überlassung des Pkw. Eine Entschädigung müssen Sie dafür nicht zahlen. Auch während der Zeit eines Beschäftigungsverbots einer Arbeitnehmerin oder während der Mutterschutzfristen muss die private Nutzung weiter ermöglicht werden.

Praxistipp

Sie können vertraglich vereinbaren, dass während dieser Zeiten und bei betrieblichem Bedarf das Auto gegen finanziellen Ersatz herauszugeben ist. Damit bleiben Sie flexibel und können entscheiden, ob Sie den Ersatz zahlen wollen und das Auto nehmen oder ob Sie das Auto weiter der Arbeitnehmerin zur Verfügung stellen. Wichtig: Für die Dauer der Elternzeit müssen Sie den Dienstwagen nicht zur Verfügung stellen. Vereinbaren Sie im Überlassungsvertrag, dass das Fahrzeug in diesen Fällen zurückzugeben ist. Das Gleiche gilt auch für andere Zeiten, in denen das Arbeitsverhältnis ruht, z. B. bei unbezahltem Urlaub usw.

Wenn der Job kein Auto mehr erfordert

Der Aufgabenbereich eines Arbeitnehmers kann sich ändern, wenn beispielsweise ein Wechsel vom Außenin den Innendienst erfolgt und keine Reisetätigkeiten mehr anfallen.

Beruflicher Bedarf entfällt

Der Dienstwagen wird dann beruflich nicht mehr benötigt. Damit Sie in diesen Fällen auch die private Nutzung widerrufen können, müssen Sie eine entsprechende Klausel in den Dienstwagenüberlassungsvertrag aufnehmen.

> **Achtung**
>
> Sie dürfen mit einem solchen Widerrufsrecht nicht den Kündigungsschutz umgehen, also mit dem Entzug des Privatwagens sozusagen nicht den Kern des Arbeitsverhältnisses beeinträchtigen. Damit man Ihnen diesen Vorwurf nicht machen kann, sollten Sie darauf achten, dass der durch den Widerruf entzogene geldwerte Vorteil nicht mehr als 25 % des regelmäßigen Verdienstes des Mitarbeiters beträgt.

Entzug des Dienstwagens

Herr König hat Tanja Müller im Außendienst eingesetzt. Sie ist ausschließlich unterwegs, um die Kunden vor Ort zu betreuen und die Entwürfe der Agentur zu präsentieren. Für ihre Fahrten hat sie einen Dienstwagen, den sie auch privat nutzen darf. Tanja Müller verdient monatlich 2.500 EUR brutto. Der geldwerte Vorteil des Kfz macht monatlich 250 EUR aus. Herr König stellt sein Team neu auf, holt Tanja Müller in den Innendienst und verlangt das Auto zurück. Der geldwerte Vorteil der Privatnutzung macht nur zehn Prozent der Gesamtvergütung aus. Da Herr König mit Tanja Müller auch den Widerruf für diesen Fall vereinbart hatte, hat er jetzt keine Probleme, ihr den Wagen zu entziehen.

Wer haftet für die Schäden?

Wird der Dienstwagen beschädigt oder zerstört, kommt es für die Frage, ob der Arbeitnehmer dafür haftet, auf den Grad seines Verschuldens an und darauf, ob sich der Unfall auf einer dienstlichen oder privaten Fahrt ereignet hat.

> **Achtung**
>
> Fahrten zwischen Wohnort und Arbeitsstätte gelten immer als Privatfahrten.

Dienstfahrt

Kommt es während einer Dienstfahrt zu einem Verkehrsunfall, wird die Haftungsfrage nach den Grundsätzen des innerbetrieblichen Schadensausgleichs entschieden. Es kommt also auf den Grad des Verschuldens des Arbeitnehmers an:

- Ereignet sich der Unfall, ohne dass den Arbeitnehmer eine Schuld trifft, muss er nicht für die Schäden am Dienstwagen haften.
- Das Gleiche gilt auch, wenn Ihrem Mitarbeiter nur leichte Fahrlässigkeit zur Last gelegt werden kann, zum Beispiel bei einer geringfügigen Überschreitung der Geschwindigkeitsgrenze.
- Trifft den Arbeitnehmer hinsichtlich des Unfalls mittlere Fahrlässigkeit, etwa bei einem Auffahrunfall oder bei einer „normalen" Vorfahrtsverletzung, ist der Schaden zwischen Ihnen und dem Arbeitnehmer zu teilen.
- Bei grober Fahrlässigkeit, so zum Beispiel bei Unfällen unter Alkoholeinfluss, haftet der Arbeitnehmer voll. Etwas anderes gilt nur dann, wenn zwischen dem Verdienst und der Schadenshöhe ein krasses Missverhältnis besteht und bei voller Haftung die Existenz des Arbeitnehmers bedroht wäre.

Besser: Vollkaskoversicherung

Wichtig: Wenn der Schaden geteilt werden soll, muss die Quote ermittelt werden. Die Gerichte lassen in diese Abwägung mit einfließen, ob es Ihnen als Arbeitgeber aufgrund Ihrer Fürsorgepflicht zumutbar war, eine Vollkaskoversicherung abzuschließen.

Das ist meistens der Fall, sodass der Arbeitnehmer regelmäßig nur bis zur Höhe der üblichen Selbstbeteiligung haftet.

Bsp.

Unfall mit dem Dienstwagen

Tanja Müller fährt während einer Dienstfahrt auf ein vor ihr fahrendes Auto auf. Am Dienstwagen entsteht ein Schaden in Höhe von 300 EUR. Obwohl die Geschäfte gut laufen, wollte Herr König sparen und hat deshalb auf eine Vollkaskoversicherung verzichtet. Herrn König wäre es zuzumuten gewesen, eine solche Versicherung abzuschließen. Deshalb haftet Tanja Müller nur bis zur Höhe einer entsprechenden Selbstbeteiligung.

Privatfahrten

Wenn der Arbeitnehmer auf einer Privatfahrt unterwegs ist, gelten diese Grundsätze nicht. In diesen Fällen haftet der Arbeitnehmer in vollem Umfang für die verursachten Schäden. Soweit es Ihnen als Arbeitgeber jedoch zumutbar war, eine Vollkaskoversicherung abzuschließen, kann es auch hier passieren, dass Ihr Arbeitnehmer nur bis zur Höhe der üblichen Selbstbeteiligung haftet – gleichgültig, ob Sie eine solche Versicherung abgeschlossen haben oder nicht.

Praxistipp

Gehen Sie kein Risiko ein und schließen Sie für Ihre Dienstwagen immer Vollkaskoversicherungen ab. Die Kosten hierfür sind steuerlich relevante Betriebsausgaben.

Zum Download finden Sie einen ausführlichen Dienstwagenüberlassungsvertrag, der die hier genannten Aspekte berücksichtigt.

Alles Wichtige auf einen Blick

- Wägen Sie Vor- und Nachteile der Privatnutzung ab.
- Bei Leasingfahrzeugen müssen Sie unbedingt die Laufleistung im Auge behalten und diese vertraglich mit dem Arbeitnehmer regeln.
- Die Erlaubnis zur privaten Nutzung stellt einen Teil der Vergütungspflicht dar.
- Wer die Erlaubnis der privaten Nutzung widerruft, muss dafür einen finanziellen Ausgleich an den Arbeitnehmer zahlen.
- Der Abschluss einer Vollkaskoversicherung ist in aller Regel für den Arbeitgeber zumutbar. Deshalb haftet der Arbeitnehmer für einen Schaden meistens nur bis zur Höhe der üblichen Selbstbeteiligung.

Das gilt in Sachen Dienstreise

Dienstreisen und die damit verbundenen Reisekosten sorgen immer für bürokratischen Aufwand im Betrieb.

Definition: Dienstreise

Eine Dienstreise oder Geschäftsreise ist eine Unterart der beruflich veranlassten „Auswärtstätigkeit" und hat keine eigenständige Bedeutung; sie liegt vor, wenn der Arbeitnehmer aus betrieblichen Gründen vorübergehend außerhalb seiner ersten Tätigkeitsstätte und auch außerhalb seiner Wohnung tätig wird.

Steuerrechtlicher Begriff

Dienstreisen sind beispielsweise:

- Fahrten zu Kunden oder Lieferanten
- Anreise und Teilnahme an fachlichen Tagungen, Kongressen, Seminaren
- Fahrten zu Dienstbesprechungen in einen anderen Betrieb des Unternehmens

- Besuch auswärtiger Veranstaltungen zur beruflichen Weiterbildung
- Fahrten zum Besuch von Messen und Ausstellungen im Interesse der Firma

Es gibt keine Höchstdauer oder sonstige Grenzen für Dienstreisen. Eine Dienstreise liegt deshalb auch dann vor, wenn ein Arbeitnehmer regelmäßig Fahrten vornimmt, wie z. B. ein Außendienstmitarbeiter zu seinen Kunden oder ein Montagearbeiter zu den Einsatzorten (BAG, Beschluss vom 10.10.2006, 1 ABR 59/05).

Arbeitsvertragliche Regelung

Eine ausdrückliche Vereinbarung im Arbeitsvertrag ist keine Voraussetzung dafür, dass Ihre Mitarbeiter zu Dienstreisen verpflichtet sind. Auf der sicheren Seite sind Sie aber als Arbeitgeber, wenn Sie eine entsprechende Pflicht zur Durchführung von Dienstreisen gleich mit im Arbeitsvertrag niederlegen. Hierzu können Sie folgende Formulierung verwenden:

> **Musterformulierung: Dienstreise**
>
> „Der Arbeitnehmer ist verpflichtet, entsprechend den betrieblichen Erfordernissen Dienstreisen durchzuführen, soweit ihm dies unter Berücksichtigung der Umstände des Einzelfalls zuzumuten ist."

Was zur Arbeitszeit gehört

Reisezeit kann Arbeitszeit sein

Auch bei Dienstreisen gelten die Arbeitszeitgrenzen des ArbZG. Das gilt vor allem für die 10-Stunden-Höchstarbeitszeitgrenze nach § 3 S. 2 ArbZG. Soweit der Arbeitnehmer – am Reiseziel angekommen – seine Arbeit erledigt, erfüllt er damit die von ihm geschuldete Arbeitspflicht und dies zählt zur Arbeitszeit. Eine gesetzliche Regelung, nach der Reisezeiten (Wegezeiten) wie vergütungspflichtige Arbeitszeit zu bewerten ist, gibt es nicht.

Ob die Wegezeiten einer Dienstreise als Arbeitszeit im Sinne des ArbZG gelten, hängt von den Regelungen ab, die Sie als Arbeitgeber treffen.

Das Fahren zur auswärtigen Arbeitsstelle gehört zu den vertraglichen Hauptleistungspflichten, weil die Anreise zwingend zu den Aufgaben gehört, die an der auswärtigen Arbeitsstelle zu erbringen sind. Hat der Arbeitnehmer seine Tätigkeit an einer auswärtigen Arbeitsstelle zu erbringen, leistet er mit den Fahrten z. B. zum Kunden und zurück vergütungspflichtige Arbeit.

Durch Arbeits- oder Tarifvertrag kann eine gesonderte Vergütungsregelung für eine andere als die eigentliche Tätigkeit und damit auch für Fahrten zur auswärtigen Arbeitsstelle getroffen werden. Gibt es eine solche Regelung nicht, sind Reisezeiten grundsätzlich zu vergüten.

Schaffen Sie klare Regeln

Reiserichtlinien

In den meisten Betrieben existieren Reiserichtlinien, in denen beispielsweise oft festgehalten ist, dass die Reisezeit vergütungsrechtlich wie erbrachte Arbeitszeit zu werten ist.

> **Praxistipp**
>
> Legen Sie in Ihrer Reiserichtlinie fest, dass die Arbeitnehmer verpflichtet sind, die tatsächlich geleisteten Arbeitsstunden und den Reiseaufwand innerhalb und außerhalb der sonst üblichen Dienstzeiten zu dokumentieren.

> **Musterformulierung: Arbeitsstunden und Reisezeiten**
>
> Der Arbeitnehmer ist verpflichtet, die tatsächlich geleisteten Arbeitsstunden und Reisezeiten innerhalb und außerhalb der sonst üblichen Dienstzeiten auf dem dafür bereitgestellten Vordruck (Zeiterfassung auf Dienstreisen) zu dokumentieren.

Was vergütet wird

Reisezeit

Es kommt auf den Einzelfall an

Ob und in welchem Umfang Reisezeiten für die Hin- und Rückreise zu bezahlen sind, richtet sich nach anderen Kriterien als die arbeitszeitrechtliche Einordnung. In erster Linie liegt es am Arbeitgeber selbst, für diese Frage vertragliche Regelungen zu schaffen. Wenn Sie keine Regelungen für Ihren Betrieb haben ist diejenige Reisezeit zu vergüten, die in die reguläre werktägliche Arbeitszeit fällt. Reisezeiten, die ein Arbeitnehmer über die regelmäßige Arbeitszeit hinaus im Interesse des Arbeitgebers aufwendet, müssen Sie als Arbeitszeit bezahlen, wenn das so vereinbart oder eine Vergütung „den Umständen nach" zu erwarten ist (§612 Abs.1 BGB). Eine Vorschrift gibt es dafür nicht.

> **Achtung**
>
> Regelungen in Arbeitsverträgen, nach denen Reisezeiten innerhalb der üblichen Arbeitszeit nicht bezahlt werden, sind unwirksam. Sie benachteiligen den Arbeitnehmer unangemessen.

Reisekosten

Der Arbeitgeber ist verpflichtet, dem Arbeitnehmer gem. §§670, 675 BGB diejenigen Reisekosten als Auslagenersatz zu erstatten, die dem Arbeitnehmer bei der Ausführung der ihm übertragenen Arbeit entstanden sind und die er den Umständen nach für erforderlich halten durfte (BAG, Beschluss vom 27.10.1998, 1 ABR 3/98). Auch dazu sind die Einzelheiten meistens in Reiserichtlinien enthalten. Dienstreisen sollen dabei weder Vor- noch Nachteile für den Arbeitnehmer bringen.

Vom Grundsatz, dass erforderliche Reisezeiten zu vergüten sind, können individuelle Ausnahmen geregelt werden. Beispielsweise kann die Vergütung von Reisezeit, die außerhalb der regelmäßig geschuldeten Arbeitszeit stattfindet, geringer vergütet werden, als die reguläre Arbeit. Allerdings muss dies angemessen sein. Eine Regelung, die besagt, dass Reisezeit nicht vergütet werden muss, wird den Mitarbeiter unangemessen benachteiligen. Eine vertragliche Regelung oder eine entsprechende Regelung in einer Reiserichtlinie könnte wie folgt lauten:

> **Musterformulierung: Reisekostenabrechnung**
>
> Überschreiten nicht anrechenbare Reisezeiten insgesamt 15 Stunden im Monat, werden diese überschrittenen Zeiten in Höhe von 25 Prozent wie Arbeitszeit vergütet, jedoch ohne Zuschläge, oder als Freizeitausgleich gewährt.

Die Reisekosten sind zu erstatten

Reisekostenerstattung

Die Kosten, die durch eine Dienstreise entstehen und die erforderlich sind, trägt immer der Arbeitgeber. Sie müssen dem Arbeitnehmer diejenigen Reisekosten ersetzen, die bei der Ausführung der Dienstreise entstanden sind und die er den Umständen nach für erforderlich halten durfte (BAG, Beschluss vom 27.10.1998, Aktenzeichen: 1 ABR 3/98).

Kosten, die Sie als Arbeitgeber tragen müssen, sind

- Fahrtkosten,
- Unterkunftskosten und
- Kosten für Verpflegungsmehraufwendungen.

Keine Erstattung

Nicht ersatzfähige Aufwendungen sind dagegen

- Fahrtkosten zwischen Privatwohnung und erster Arbeitsstätte,
- Geldstrafen und Bußgelder sowie
- Kosten der privaten Lebensführung (Beispiel: Zigarettenkauf während einer Dienstreise an der Tankstelle).

Praxistipp

Ohne Quittung kein Geld. Tatsächlich angefallene Reisekosten brauchen Sie nur gegen Vorlage der entsprechenden Abrechnungen oder Originalquittungen zu erstatten. Weisen Sie deshalb Ihren Mitarbeiter bereits vor Antritt der Reise darauf hin, dass Sie immer die Belege beziehungsweise Rechnungen verlangen. Nur durch die Vorlage der Belege können Sie als Unternehmer einen möglichen Vorsteuerabzug geltend machen.

Das gilt steuerrechtlich in Sachen Dienstreise

Steuerlich relevant sind Fahrtkosten, Verpflegungsmehraufwendungen, Übernachtungskosten und Reisenebenkosten. Reisekostenvergütungen sind steuerfrei, wobei der steuerfreie Ersatz von Verpflegungsmehraufwendungen auf bestimmte Pauschbeträge und zeitlich begrenzt ist (§3 Nr.13 EStG).

Achtung

Entscheidend kommt es darauf an, ob eine „beruflich veranlasste Auswärtstätigkeit" vorliegt. Das ist der Fall, wenn der Arbeitnehmer vorübergehend außerhalb seiner Wohnung und nicht an seiner ersten Arbeitsstätte beruflich tätig wird.

Arbeitsstätte darf nicht die „erste Arbeitsstätte" sein

Regelmäßige Arbeitsstätte

Reisekosten werden für berufliche Auswärtstätigkeiten erstattet, die außerhalb der Wohnung des Arbeitnehmers und der ersten Tätigkeitsstätte stattfinden. Der Begriff der ersten Tätigkeitsstätte ist damit gekennzeichnet durch:

- das Vorhandensein einer ortsfesten betrieblichen Einrichtung und
- die dauerhafte Zuordnung zu diesem Tätigkeitsort.

Fahrtkosten

Als Fahrt- und Flugkosten können die tatsächlichen Aufwendungen des Arbeitnehmers für folgende Fahrten angesetzt werden:

- Fahrten zwischen Wohnung oder erster Arbeitsstätte und auswärtiger Tätigkeitsstätte oder Unterkunft einschließlich sämtlicher Zwischenheimfahrten,
- innerhalb desselben Dienstverhältnisses Fahrten zwischen mehreren auswärtigen Tätigkeitsstätten oder innerhalb eines weiträumigen Arbeitsgebiets,

- Fahrten zwischen einer Unterkunft am Ort der auswärtigen Tätigkeitsstätte oder in ihrem Einzugsbereich und auswärtiger Tätigkeitsstätte,
- Fahrten zwischen Wohnung und ständig wechselnden Tätigkeitsstätten.

Pauschale/anteilige Kostenbeteiligung

Bei öffentlichen Verkehrsmitteln und dem Flugzeug ist der entrichtete Fahrpreis anzusetzen. Benutzt der Arbeitnehmer sein eigenes Fahrzeug, kann zwischen Pauschalen und den anteiligen jährlichen Gesamtkosten dieses Fahrzeugs gewählt werden.

Zu den Gesamtkosten eines Fahrzeugs gehören die Betriebsstoffkosten, Wartungs- und Reparaturkosten, Garagenkosten am Wohnort, die Kraftfahrzeugsteuer, Beiträge zu Halterhaftpflicht- und Fahrzeugversicherungen, Absetzungen für Abnutzung, Zinsen für ein Anschaffungsdarlehen, bei einem geleasten Fahrzeug die Leasingsonderzahlung sowie Aufwendungen infolge von Verkehrsunfällen. Nicht dazu gehören z. B. Park- und Straßenbenutzungsgebühren sowie Aufwendungen für Insassen- und Unfallversicherungen; diese Aufwendungen sind als Reisenebenkosten abziehbar.

> **Praxistipp**
>
> Verwarnungs-, Ordnungs- und Bußgelder sind nicht berücksichtigungsfähig.

Alternativ können Sie die Fahrtkosten auch mit pauschalen Kilometersätzen ansetzen. Bei Benutzung eines privaten Fahrzeugs können folgende Pauschalen angesetzt werden:

- bei einem Kraftwagen 0,30 EUR je Fahrtkilometer
- bei einem Motorrad, Motorroller, Moped oder Mofa 0,20 EUR je Fahrtkilometer

> **Praxistipp**
>
> Aufwendungen für die Mitnahme von Gepäck sind durch die Kilometersätze abgegolten. Sie können dem Arbeitnehmer die Fahrtkosten bis zu den zuvor genannten Beträgen steuerfrei erstatten; andernfalls kann Ihr Arbeitnehmer sie als Werbungskosten ansetzen.

Verpflegungsmehraufwendungen

Verpflegungspauschalen

Verpflegungsmehraufwendungen bei einer Auswärtstätigkeit des Arbeitnehmers im In- oder Ausland können Sie pauschal steuerfrei zahlen. Für jeden Kalendertag der Auswärtstätigkeit im Inland gelten folgende Verpflegungspauschalen:

- Abwesenheitsdauer 24 Stunden: 24 EUR
- Abwesenheitsdauer mehr als 8 Stunden: 12 EUR
- An- und Abreisetag bei Übernachtung: 12 EUR
- Bei mehrtägigen Auswärtstätigkeiten, die eine Übernachtung beinhalten, kann sowohl für den Anals auch für den Abreisetag eine Verpflegungspauschale von 12 EUR angesetzt werden. Auf die Dauer der Abwesenheit kommt es an diesen Tagen nicht an. Wesentlich ist nur, dass der Arbeitnehmer auswärtig übernachtet.

Bei Auswärtstätigkeiten im Ausland gelten je nach Staat unterschiedliche Pauschbeträge (Auslandstagegelder), die vom Bundesministerium der Finanzen bekannt gegeben werden.

Die Auslandstagegelder gelten sowohl für mehrtägige als auch für eintägige Auslandsreisen.

Praxistipp

Die Auslandstagegelder finden Sie im Internet unter: https://www.bundesfinanzministerium.de/Content/DE/Downloads/BMF_Schreiben/Steuerarten/Lohnsteuer/2018-11-28-steuerliche-behandlung-reisekosten-reisekostenverguetungen-2019.pdf?__blob=publicationFile&v=2 Schreiben/041,property=publicationFile.pdf

Für eine beruflich veranlasste Auswärtstätigkeit können Sie als Arbeitgeber zeitlich unbeschränkt Fahrt- und Übernachtungskosten übernehmen, die Tagesspesen sind aber nach wie vor auf die ersten drei Monate begrenzt.

Übernachtungskosten

Als Übernachtungskosten können Sie die tatsächlichen Aufwendungen Ihres Arbeitnehmers für die persönliche Inanspruchnahme einer Unterkunft zur Übernachtung steuerfrei zahlen. Sie können aber auch anstelle der tatsächlichen Übernachtungskosten für jede Übernachtung im Inland bis zu 20 EUR pauschal steuerfrei erstatten. Bei Übernachtungen im Ausland gelten festgelegte Pauschbeträge, deren Höhe vom Reiseland abhängig ist (s. o. Auslandstagegelder).

Die Pauschbeträge dürfen nicht steuerfrei erstattet werden, wenn

- dem Arbeitnehmer die Unterkunft vom Arbeitgeber oder aufgrund seines Dienstverhältnisses von einem Dritten unentgeltlich oder teilweise unentgeltlich zur Verfügung gestellt wurde;
- der Arbeitnehmer in einem Fahrzeug übernachtet;

- der Arbeitnehmer einen Schlafwagen oder eine Schiffskabine benutzt, es sei denn, dass die Übernachtung in einer anderen Unterkunft begonnen oder beendet worden ist.

Enthält die Rechnung von z. B. einer Hotelübernachtung nur einen Gesamtpreis für Unterkunft und Verpflegung und lässt sich der Preis für die Verpflegung nicht feststellen (z. B. bei Tagungspauschalen), ist für das In- und Ausland der Rechnungsbetrag wie folgt zu kürzen:

- für Frühstück um 20 %,
- für Mittag- und Abendessen um jeweils 40 %.

Praxistipp

Reisenebenkosten (z. B. für Gepäckbeförderung, Telefongespräche mit dem Arbeitgeber oder dessen Geschäftspartner) können in der nachgewiesenen oder glaubhaft gemachten Höhe steuerfrei ersetzt oder als Werbungskosten angesetzt werden.

Das gilt für „gemischte Reisen"

Reisen, bei denen beruflich veranlasste Ausgaben mit privaten gemischt werden, können von der Steuer abgesetzt werden.

Aufteilungsverbot wurde gekippt

Aufwendungen für die Hin- und Rückreise bei gemischt beruflich und privat veranlassten Reisen können grundsätzlich in abziehbare Werbungskosten und nicht abziehbare Aufwendungen für die private Lebensführung aufgeteilt werden – nach Maßgabe der beruflich und privat veranlassten Zeitanteile der Reise. Voraussetzung ist, dass die beruflich veranlassten Zeitanteile feststehen und mindestens 10 % betragen.

Beruflich und privat veranlasste Reise

Petra Schmidt fährt für die Agentur zur Messe nach München. Donnerstagabend kommt sie dort an, Freitag ist sie den ganzen Tag auf der Messe unterwegs und abends nimmt sie an einer Abendveranstaltung eines Werbemittelherstellers teil. Gegen Mitternacht trifft Petra Schmidt bei ihrer Schwester ein und bleibt dort bis Sonntagmittag. Petra Schmidts Reise kann zeitanteilig in beruflich und privat veranlasst aufgeteilt werden. Der berufliche Teil nimmt ca. ein Drittel der Reise ein, so dass Herr König ein Drittel der Reisekosten steuerfrei ersetzen kann.

Zum Download finden Sie ein Beispiel für eine Reisekostenrichtlinie und ein Formular, das Ihre Mitarbeiter für die Abrechnung von Reisekosten einsetzen können.

Alles Wichtige auf einen Blick

- Eine Dienstreise oder Geschäftsreise ist eine Unterart der beruflich veranlassten „Auswärtstätigkeit" und liegt vor, wenn der Arbeitnehmer aus betrieblichen Gründen vorübergehend außerhalb seiner ersten Tätigkeitsstätte und auch außerhalb seiner Wohnung tätig wird.

  Reisezeit ist grundsätzlich Arbeitszeit und als solche auch zu vergüten. Etwas anderes kann sich aber aus Tarif- oder Arbeitsvertrag ergeben.
- Es empfiehlt sich, Reiserichtlinien festzulegen, da es keine gesetzlichen Regelungen gibt, die festlegen, welche Reisezeit vergütungspflichtige Arbeitszeit ist und welche nicht.
- Die erforderlichen Reisekosten sind zu erstatten. Erforderlich sind alle Kosten, die durch eine Dienstreise entstehen und die der Arbeitnehmer den Umständen nach für erforderlich halten durfte.
- Steuerlich relevant sind Fahrtkosten, Verpflegungsmehraufwendungen, Übernachtungskosten und Reisenebenkosten.
- Reisekostenvergütungen sind steuerfrei.

So wird Urlaub gewährt

Jeder Arbeitnehmer hat in jedem Kalenderjahr Anspruch auf bezahlten Erholungsurlaub. Die gesetzliche Mindesturlaubsdauer beträgt für Erwachsene ohne Rücksicht auf das Lebensalter bundeseinheitlich 24 Werktage (Samstag inklusive) im Kalenderjahr.

Minimum: vier Wochen Urlaub/Jahr

Das entspricht vier Wochen Urlaub, wenn in einer Sechstagewoche gearbeitet wird. In einer Fünftagewoche sind es 20 Werktage Mindesturlaub. Allerdings beträgt die durchschnittliche tarifvertragliche Urlaubsdauer heute bereits etwa sechs Wochen.

Definition: Erholungsurlaub

Unter „Erholungsurlaub" versteht man die Freistellung des Arbeitnehmers von der Arbeit zum Zwecke der Erholung unter Fortzahlung des Arbeitsentgelts.

Urlaubsanspruch und -dauer

Anspruch auf Urlaub haben

- alle Arbeitnehmer einschließlich Aushilfskräften, Minijobbern, Praktikanten usw.,
- die Auszubildenden,
- Schüler und Studenten, die während ihrer Ferien arbeiten,
- arbeitnehmerähnliche Personen,
- Heimarbeiter (Sonderreglung in § 12 BUrlG).

Bundesurlaubsgesetz (BUrlG)

Nach § 3 Abs. 1 BUrlG beträgt der Erholungsurlaub für Arbeitnehmer mindestens 24 Werktage. Der Samstag ist ein Werktag. Gesetzliche Feiertage bleiben ebenso wie Sonntage bei der Berechnung des Urlaubs außer Betracht. Das heißt: Fällt ein Wochenfeiertag in den Urlaub, dann ist dieser Feiertag kein Urlaubstag. Die Dauer des Urlaubs nach dem BurlG kann durch Tarifvertrag, Betriebsvereinbarung und Einzelarbeitsvertrag zwar verlängert, aber nicht verkürzt werden.

Daneben gibt es Sonderregelungen für einzelne Arbeitnehmergruppen, z. B. für Jugendliche und Schwerbehinderte, die Ansprüche auf zusätzliche Urlaubstage haben. Schwerbehinderte erhalten z. B. fünf Arbeitstage bezahlten Urlaub pro Jahr zusätzlich.

Die Berechnung der Urlaubsdauer

Werden weniger als sechs Tage in der Woche gearbeitet, werden die im Gesetz angegebenen Werktage in Arbeitstage umgerechnet: Die Anzahl der Werktage wird durch 6 geteilt und mit der Anzahl der Tage, die der Arbeitnehmer innerhalb der Woche arbeitet, multipliziert. Arbeitstage und Werktage sind rechnerisch in Beziehung zu setzen. 24 Werktage gesetzlicher Mindesturlaub ergeben bei einer Fünftagearbeitswoche 20 Arbeitstage Urlaub (24 : 6 = 4 und 4 × 5 = 20).

Berechnung des Urlaubsanspruchs

Tanja Müller arbeitet in der Agentur König nur an drei Tagen, die anderen Kollegen arbeiten fünf Tage in der Woche. Wie ist ihr Urlaubsanspruch zu berechnen? 20 (Arbeitstage gesetzlicher Mindesturlaub) : 5 (Arbeitstage pro Woche) = 4; 4 × 3 (Arbeitstage von Tanja Müller) = 12 Arbeitstage Urlaubsanspruch. Würde Tanja Müller nur an zwei Tagen in der Woche arbeiten, hätte sie Anspruch auf acht Arbeitstage Urlaub (20 : 5 = 4 und 4 × 2 = 8). Im Ergebnis benötigt Tanja Müller zwei Urlaubstage für eine Urlaubswoche, sodass sie im Schnitt auch auf vier Wochen Jahresurlaub kommt.

Wartezeit muss erfüllt werden

Eine Wartezeit von sechs Monaten nach Beginn des Arbeitsverhältnisses ist Voraussetzung für den vollen Urlaubsanspruch. Erst nach dieser Wartezeit kann der Arbeitnehmer den vollen bzw. anteiligen Urlaub beanspruchen. Wer also ein halbes Jahr dabei ist und Anspruch auf 30 Tage Urlaub hat, der kann 30 Tage oder auch weniger nach Ablauf der sechs Monate verlangen. Aber: Als Arbeitgeber dürfen Sie selbstverständlich den vollen Urlaub auch schon vor Ablauf der Wartezeit gewähren.

Das gilt für die Betriebsferien

Betriebsferien

Betriebsferien dürfen Sie zumindest für einen Teil des Urlaubs Ihrer Mitarbeiter festlegen. „Betriebsferien" heißt nichts anderes als die vorübergehende Schließung Ihres Betriebs oder einer Betriebsabteilung.

Diese Zeiten werden Ihren Mitarbeitern vom Jahresurlaub abgezogen. Es handelt sich also um einen einheitlichen Urlaub für alle betroffenen Mitarbeiter. Nach §7 Abs. 1 BUrlG haben Sie als Arbeitgeber den Zeitraum für den Urlaub festzulegen.

Wollen Sie einen Teil davon als Betriebsferien festlegen, müssen Sie unbedingt den Betriebsrat beteiligen.

> **Achtung**
>
> Sie dürfen bei den Betriebsferien Ihrer Mitarbeiter nicht den gesamten Urlaubsanspruch der Arbeitnehmer verplanen, sondern maximal drei Fünftel. Dem Mitarbeiter müssen mindestens zwei Fünftel zur eigenen Urlaubsplanung verbleiben (BAG, Beschluss vom 28.7.1981; Az.: 1 ABR 79/79).

Urlaub sollte zusammenhängend gewährt werden

Der Urlaub ist zusammenhängend zu gewähren. Nur dann, wenn dringende betriebliche Erfordernisse oder in der Person des Arbeitnehmers liegende Gründe es erforderlich machen, kann der Urlaub geteilt werden.

Zwölf Tage Minimum

Kann der Urlaub nicht zusammenhängend gewährt werden und hat der Arbeitnehmer Anspruch auf Urlaub von mehr als zwölf Werktagen, muss einer der Urlaubsteile mindestens zwölf aufeinanderfolgende Werktage umfassen.

> **Achtung**
>
> Verstoßen Sie als Arbeitgeber gegen diesen Grundsatz, bleibt der Anspruch Ihres Arbeitnehmers auf Erholungsurlaub bestehen. Etwas anderes gilt nur dann, wenn der Arbeitnehmer selbst die Teilung des Urlaubs verlangt hat.

Problem: Arbeit während des Urlaubs

Zweck des Urlaubs ist die Erholung. Der Arbeitnehmer darf während des Urlaubs keine dem Urlaubszweck widersprechende Erwerbstätigkeit ausüben, d.h. der Arbeitnehmer darf während des Urlaubs grundsätzlich nicht gegen Entgelt für einen anderen Arbeitgeber tätig werden.

Arbeit vs. Erholung

Herr König ist verärgert: Sein Webetexter Karsten Kunkel hat drei Wochen Urlaub in Anspruch genommen. In den ersten beiden Wochen hat er an seinem eigenen Neubau das Dach gedeckt, die letzte Woche hat er damit zugebracht, auf der Baustelle seines Freundes beim Einbau der Heizung zu helfen. Herr König meint, dass Karsten Kunkel so nicht erholt nach seinem Urlaub zurückkommt und mit seinem Verhalten gegen die Urlaubsgrundsätze verstoßen hat. Herr König mahnt Karsten Kunkel deshalb ab.

Hier handelt es sich nicht um einen abmahnungsfähigen Tatbestand, da Karsten Kunkel nicht gegen Geld bei einem anderen Arbeitgeber gearbeitet hat. Arbeiten auf dem Bau können für einen „Schreibtischtäter" auch erholend wirken. Karsten Kunkel hat schon aus diesem Grund nicht gegen den Erholungszweck des Urlaubs verstoßen. Ist ein Arbeitnehmer z.B. dabei, ein Haus zu bauen, darf er selbstverständlich auch während des Urlaubs daran arbeiten. Das Gleiche gilt, wenn er während des Urlaubs aus Gefälligkeit einem anderen hilft.

Urlaubsentgelt: So wird die Bezahlung ermittelt

Wesentliches Merkmal des Erholungsurlaubs ist seine Bezahlung. Der Arbeitnehmer hat grundsätzlich Anspruch darauf, so gestellt zu werden, als beziehe er während des Urlaubs den bisherigen Verdienst weiter. Von diesem Grundsatz darf nicht abgewichen werden.

> **Praxistipp**
>
> Unterscheiden Sie vom Urlaubsentgelt das Urlaubsgeld. Das Urlaubsgeld ist eine freiwillige Leistung, die viele Arbeitnehmer erhalten, weil es eine entsprechende vertragliche Vereinbarung gibt. Einen gesetzlichen Anspruch auf Urlaubsgeld gibt es aber nicht.

Bei der Berechnung des Urlaubsentgelts geht man von den 13 letzten abgerechneten Wochen vor Urlaubsbeginn aus. Wird monatlich abgerechnet, geht man von den letzten drei Monaten aus. Das Gehalt bzw. der Lohn wird weitergezahlt. Der zu berücksichtigende Arbeitsverdienst umfasst alles, was dem Arbeitnehmer als Gegenleistung für die erbrachte Arbeit bezahlt wird. In Ansatz zu bringen ist demnach die gesamte Vergütung ausschließlich vermögenswirksamer Leistungen, einschließlich aller Zulagen (Erschwernis-, Gefahren-, Schicht-, Nacht- und Auslandszulagen). Geleistete Überstunden sind nicht zu berücksichtigen.

Berechnung des Urlaubsentgelts

Petra Schmidt arbeitet in der Agentur König in der Fünftagewoche und erhält ein Bruttomonatsgehalt von 3.000 EUR. Im September nimmt sie ihren vollen Urlaubsanspruch von 20 Arbeitstagen, also vier Wochen, in Anspruch. Herr König überweist ihr für die Dauer des Urlaubs ein Urlaubsentgelt von 2.727,27 EUR: Monatsgehalt : 22 Arbeitstage/pro Monat × 20 Urlaubstage = 2.727,27 EUR Urlaubsentgelt.

Praxistipp

In der Praxis geht man bei der Urlaubsentgeltberechnung bei einer Fünftagewoche pauschaliert von 22 Arbeitstagen pro Monat aus.

Krankheit während des Urlaubs

Urlaubsanspruch bleibt

Erkrankt der Arbeitnehmer vor Antritt eines bereits festgelegten Urlaubs, kann der Arbeitgeber nicht auf Einhaltung der Urlaubstage bestehen, sondern der Arbeitnehmer hat Anspruch darauf, dass der Urlaub neu festgelegt wird. Erkrankt der Arbeitnehmer während des Urlaubs, werden die Krankheitstage nicht auf den Urlaub angerechnet, wenn ein ärztliches Attest über die Arbeitsunfähigkeit vorgelegt wird (§9 BUrlG).

Zum Download finden Sie einen Aushang, den Sie an geeigneter Stelle in Ihrem Betrieb aushängen können, um Ihre Mitarbeiter über deren Pflichten bei Erkrankung während des Urlaubs bzw. eines Auslandsaufenthalts zu informieren.

Achtung

Der Arbeitnehmer darf seinen Urlaub aufgrund der Erkrankung nicht eigenmächtig um die Krankheitstage verlängern und diese an seinen Urlaub „anhängen". Auch in dieser Situation sind Sie als Arbeitgeber derjenige, der über die Vergabe von Urlaubstagen zu entscheiden hat. Eine automatische Verlängerung des vom Arbeitgeber gewährten Urlaubs tritt nicht ein. Der Arbeitnehmer hat nur gegen Sie als Arbeitgeber einen Anspruch auf Nachgewährung der durch die Erkrankung ausgefallenen Urlaubstage.

Der Arbeitnehmer muss – wie bei jeder anderen Arbeitsunfähigkeit auch – dem Arbeitgeber die Arbeitsunfähigkeit, die während eines Urlaubs eintritt, und deren voraussichtliche Dauer unverzüglich anzeigen. „Unverzüglich" bedeutet ohne schuldhaftes Zögern, d. h. im Normalfall am gleichen Tag. Bei einem Auslandsaufenthalt ist der Arbeitnehmer verpflichtet, Ihnen

- die Arbeitsunfähigkeit,
- deren voraussichtliche Dauer sowie
- die Adresse des Aufenthaltsortes

in der schnellstmöglichen Art der Übermittlung mitzuteilen (Telefon, Telefax, E-Mail, Telegramm usw.). Die durch die Mitteilung entstehenden Kosten müssen Sie als Arbeitgeber tragen.

Achtung

Eine ausländische Arbeitsunfähigkeitsbescheinigung muss die gleichen Anforderungen erfüllen wie eine deutsche. Sie muss bescheinigen, dass der Arbeitsnehmer arbeitsunfähig erkrankt ist und wie lange die Arbeitsunfähigkeit dauern wird. Eine Arbeitsunfähigkeitsbescheinigung, die von einem ausländischen Arzt ausgestellt wird, hat grundsätzlich den gleichen Beweiswert wie eine von einem deutschen Arzt ausgestellte.

Kehrt der erkrankte Arbeitnehmer aus dem Ausland zurück, muss er seine Rückkehr sowohl seinem Arbeitgeber als auch seiner (gesetzlichen) Krankenkasse unverzüglich anzeigen.

Der Urlaubsanspruch kann verfallen

Spätestens bis zum 31. März müssen Arbeitnehmer ihren Resturlaub in Anspruch nehmen. Der Jahresurlaub muss im laufenden Kalenderjahr genommen werden (§ 7 Abs. 3 BUrlG) – ansonsten verfällt er. Aufgrund der Rechtsprechung des EuGH und mittlerweile auch des BAG verfällt dieser Urlaub aber nicht mehr automatisch. Arbeitgeber müssen auf den drohenden Urlaubsverfall hinweisen.

Tipp

Als Arbeitgeber haben Sie den Arbeitnehmer aufzufordern, den Jahresurlaub zu nehmen. Sie müssen dabei klar und rechtzeitig darauf hinweisen, dass der Urlaub am Ende des Bezugszeitraums oder eines Übertragungszeitraums verfallen wird, wenn er nicht genommen wird. Achten Sie darauf, dass der Hinweis mit ausreichend Vorlauf erteilt wird. Der restliche Urlaub muss noch in die Zeit nach dem Hinweis bis zum Verfallszeitpunkt „passen". Sinnvoll ist beispielsweise ein entsprechender Hinweis auf den Lohnabrechnungen in der zweiten Jahreshälfte. Wichtig ist, dass Sie nachweisen können, diesen Hinweis gegeben zu haben.

Eine Übertragung von am Jahresende nicht genommenen Urlaubstagen in das Folgejahr bis zum 31.3. kommt weiterhin nur unter bestimmten Voraussetzungen in Betracht. Der Arbeitgeber ist verpflichtet, den Urlaub im Urlaubsjahr zu gewähren, der Arbeitnehmer ist verpflichtet, den Urlaub im Urlaubsjahr zu nehmen. Der Urlaubsanspruch erlischt mit dem Jahresende oder dem Ende des Übertragungszeitraums am 31.3. des folgenden Kalenderjahres. Eine Übertragung des Urlaubs auf diesen Übertragungszeitraum ist möglich, wenn dringende betriebliche oder in der Person des Arbeitnehmers liegende Gründe dies rechtfertigen. Dringende betriebliche Gründe liegen z. B. vor, wenn

- der Arbeitnehmer dringend benötigt wird, weil Arbeitskollegen durch Krankheit ausfallen,
- überraschend starker Arbeitsanfall eingetreten ist,
- Waren zu verderben drohen oder
- Terminarbeiten wegen widriger Umstände nicht rechtzeitig fertig werden usw.

Ein persönlicher Grund des Arbeitnehmers, der zur Übertragung des Urlaubs berechtigt, liegt z. B. vor, wenn der Arbeitnehmer krank war und daher den Urlaub nicht rechtzeitig nehmen konnte.

Wird der Urlaub bis zum 31. März des darauf folgenden Jahres nicht genommen, so verfällt er künftig nur noch endgültig und ersatzlos, wenn der Arbeitgeber seiner Hinweispflicht ordnungsgemäß nachgekommen ist.

Urlaubsverfall bei Krankheit

Probleme hinsichtlich der Übertragung von Urlaub ergeben sich auch dann, wenn ein Arbeitnehmer dauerhaft erkrankt. Auch hier entspricht die Rechtsprechung des BAG mittlerweile den Vorgaben des EuGH. Das BAG vertrat immer die Ansicht, dass ein Urlaubsanspruch spätestens dann verfällt, wenn ein Arbeitnehmer bis zum 31. März des Folgejahrs krank war. Der EuGH sieht das anders und urteilte, dass das BAG damit gegen die europäische Arbeitszeitrichtlinie verstößt.

Deshalb gilt jetzt: Kann der Arbeitnehmer seinen Urlaub aufgrund einer Arbeitsunfähigkeit bis zum Ende des Übertragungszeitraumes nicht in Anspruch nehmen, bleibt der Urlaubsanspruch als Freizeitanspruch zunächst erhalten. Damit könnten Langzeitkranke jedes Jahr Urlaubsansprüche ansammeln bis ins Unermessliche. Um das zu vermeiden, haben EuGH und BAG entschieden, dass es zulässig ist, dass der gesetzliche Urlaubsanspruch spätestens 15 Monate nach Ablauf des entsprechenden Urlaubsjahrs verfällt. Dies gilt auch, wenn die Arbeitsunfähigkeit des Arbeitnehmers über diesen Zeitraum hinaus ununterbrochen andauert (BAG v. 18.09.2012, 9 AZR 623/10).

Tipp

Ganz unabhängig von dieser Rechtsprechung dürfen Arbeits- und Tarifvertragsparteien die Urlaubsansprüche und Urlaubsabgeltungsansprüche, die über den gesetzlichen Mindesturlaubsanspruch hinausgehen, frei regeln.

Hinweis

Teil der neuen Rechtsprechung des EuGH zum Urlaubsrecht ist auch die Entscheidung, dass die Erben eines verstorbenen Arbeitnehmers von dessen ehemaligem Arbeitgeber eine Abgeltung für den von dem Arbeitnehmer nicht genommenen Jahresurlaub verlangen dürfen.

Ausbezahlen ist verboten

Erholung steht im Vordergrund

Im Arbeitsverhältnis besteht grundsätzlich ein Urlaubsabgeltungsverbot. Nur wenn der Urlaub wegen der Beendigung des Arbeitsverhältnisses ganz oder teilweise nicht mehr genommen wird, kann er in Geld abgegolten werden. Eine Abgeltung kommt ausnahmslos nur in diesem Fall in Betracht.

Achtung

Wenn Sie sich mit Ihrem Mitarbeiter darauf einigen, dass dieser eine bestimmte Geldsumme statt einer bestimmten Anzahl von Urlaubstagen erhält, ist diese Vereinbarung nichtig. Zum einen hat der Mitarbeiter seinen Anspruch auf die Urlaubstage immer noch und kann diese trotz Zahlung weiter von Ihnen verlangen und zum anderen wird die Prüfung der Lohnunterlagen durch die Krankenkasse hierüber stolpern. Den gezahlten Abgeltungsbetrag können Sie nicht zurückfordern.

Urlaubsplanung: Darauf sollten Sie achten!

Jeder Mitarbeiter hofft, dass seine Urlaubswünsche auch tatsächlich berücksichtigt werden. Sie als Arbeitgeber stehen dabei vor der nicht leichten Aufgabe der Urlaubsplanung. Nicht selten kommt es auch noch unter den Mitarbeitern zu widerstreitenden Interessen, die aus der Welt geschafft werden müssen. Außerdem müssen die betrieblichen Belange berücksichtigt werden, da es z. B. keine Personalengpässe in der Urlaubszeit geben soll.

Beginnen Sie mit der Planung spätestens im Dezember

Beginn Urlaubsplanung

Spätestens im Dezember des Vorjahres sollten Sie mit der Urlaubsplanung beginnen. Wenn Sie die Mitarbeiter erst im März auffordern, sich in eine unverbindliche Urlaubsliste einzutragen, ist der Streit vorprogrammiert. Sicher haben einige dann bereits die Ferienplanung mit den berufstätigen Partnern abgestimmt. Hinzu kommt, dass nur eine frühzeitige Urlaubsplanung die notwendige personelle Besetzung für das laufende Jahr sicherstellt.

Legen Sie eine Urlaubsliste aus

Urlaubsliste

Sorgen Sie dafür, dass sich Ihre Mitarbeiter frühzeitig bis zu einem bestimmten, frühen Zeitpunkt in die Urlaubsliste eintragen. Vermerken Sie in der Liste anschließend, wer schulpflichtige Kinder hat, sodass Sie auf einen Blick sehen können, wer auf die Ferienzeiten angewiesen ist und deshalb zu bestimmten Terminen bevorzugt zu behandeln ist. Eine solche Urlaubsliste ist unverbindlich, aber der Vorläufer des Urlaubsantrags.

Zum Download finden Sie ein Muster für einen Urlaubsantrag.

In einem Rundschreiben an alle fordern Sie die Mitarbeiter auf, sich in die Urlaubsliste einzutragen. Weisen Sie darauf hin, dass diese Liste zunächst unverbindlich, aber ein wichtiges Instrument für die Planung der Geschäftsleitung ist. Wichtig ist auch, dass Sie in dem Schreiben klarstellen, dass Verbindlichkeit erst eintritt, wenn der Mitarbeiter seinen Urlaub beantragt und eine Bewilligung vom Vorgesetzten oder von der Geschäftsleitung erhalten hat. Um eine konsequente Urlaubsplanung im Betrieb durchzuführen, kann die Urlaubsliste bei widerstreitenden Interessen der Mitarbeiter untereinander hinzugezogen werden: Wer sich eingetragen hat, hat zu dem gewünschten Zeitpunkt den Vorrang.

Zum Download finden Sie ein Musterrundschreiben, mit dem Sie Ihre Mitarbeiter bzgl. der Urlaubsliste informieren können.

So wird der Urlaub festgelegt

Der Urlaub muss im laufenden Urlaubsjahr – das ist in der Regel das Kalenderjahr – gewährt, aber auch genommen werden. Nur in Ausnahmefällen kann der Urlaub auf das nächste Jahr übertragen werden.

Urlaubswünsche berücksichtigen

Innerhalb des Urlaubsjahres bestimmt grundsätzlich der Arbeitgeber den Zeitpunkt des Urlaubs. Der Arbeitnehmer, der seinen Urlaub ohne Einverständnis des Arbeitgebers nimmt, muss mit seiner fristlosen Kündigung rechnen. Der Arbeitgeber hat aber bei der Urlaubsplanung die Wünsche des Arbeitnehmers zu berücksichtigen. Dringende betriebliche Bedürfnisse oder die Urlaubswünsche anderer Arbeitnehmer können unter sozialen Gesichtspunkten entgegenstehen. Bei der Abwägung, wer den Vorrang erhält, sind folgende Umstände zu berücksichtigen:

- Schulferien schulpflichtiger Kinder
- Urlaub anderer Familienangehöriger
- Doppelarbeitsverhältnis des Arbeitnehmers
- Alter und Betriebszugehörigkeit
- Erholungsbedürfnis
- Urlaubsregelungen der vorangegangenen Jahre (Es sollen nicht immer dieselben Arbeitnehmer verzichten müssen.)

In aller Regel geht z. B. der Urlaubswunsch eines Arbeitnehmers mit schulpflichtigen Kindern, der nur in den Schulferien in den Urlaub fahren kann, dem eines ledigen und/oder kinderlosen Arbeitnehmers vor. Ist die Urlaubszeit einmal zwischen Arbeitgeber und Arbeitnehmer festgelegt, ist auch der Arbeitgeber an die Vereinbarung gebunden. Nur in Notfällen (z. B. bei Erkrankungen im Betrieb, plötzlichem Ausscheiden anderer Arbeitnehmer u. Ä.) können Sie ausnahmsweise von der festgelegten Urlaubszeit abweichen. Dann müssen Sie aber Ihrem Arbeitnehmer die durch die Änderung der Urlaubszeit entstandenen Kosten ersetzen.

Alles Wichtige auf einen Blick

- Urlaub wird gewährt, nicht genommen.
- Urlaub ist die zeitweilige Freistellung des Arbeitnehmers von seiner Pflicht zur Arbeit, damit er sich erholt. Dabei wird ihm die Vergütung (Urlaubsentgelt) weitergezahlt.
- Jeder Arbeitnehmer hat in jedem Kalenderjahr Anspruch auf bezahlten Urlaub von 24 Werktagen. Dabei handelt es sich um einen Mindeststandard, den man nicht ver-

- kürzen darf und auf den man auch nicht verzichten kann.
- Bei der Festlegung des Urlaubs hinsichtlich der zeitlichen Lage und der Dauer haben Sie als Arbeitgeber Folgendes zu beachten:
  - Sie legen den Urlaub fest.
  - Sie müssen die Urlaubswünsche Ihres Arbeitnehmers berücksichtigen.
  - Urlaub ist zusammenhängend zu gewähren.
  - Der Erholungsurlaub muss im laufenden Kalenderjahr gewährt und genommen werden. Eine Übertragung des Urlaubs auf das nächste Jahr ist ausnahmsweise zulässig, wenn dringende betriebliche oder in der Person des Arbeitnehmers liegende Gründe dies rechtfertigen.
  - Der übertragenen Urlaub verfällt nicht automatisch, sondern nur, wenn der Arbeitgeber den Arbeitnehmer auf die Gefahr des Verfalls rechtzeitig hingewiesen hat.
- Ein Arbeitnehmer darf während der Zeit des Urlaubs keine Erwerbstätigkeit leisten, die dem Erholungszweck zuwiderliefe.
- Es gibt keinen gesetzlichen Anspruch auf Urlaubsgeld.
- Der gesetzliche Urlaubsanspruch von Langzeiterkrankten verfällt spätestens 15 Monate nach Ablauf des entsprechenden Urlaubsjahrs. Er kann nicht über Jahre hinweg aufaddiert werden.

Weiterbildung kostet Zeit und Geld …

… und muss schon aus diesem Grund gut geplant sein. Zum einen müssen Sie die Möglichkeit haben, auf einen Mitarbeiter für eine bestimmte Zeit zu verzichten, und zum anderen fallen in der Regel auch Kosten für Weiterbildungsveranstaltungen an. Diese beiden Punkte müssen Sie im Vorfeld prüfen und in einer entsprechenden Vereinbarung mit dem Mitarbeiter klären.

Musterformulierung: Fortbildung

§ (…) Fortbildung

1. Der Arbeitnehmer nimmt in der Zeit von … bis … an der folgenden Fortbildungsmaßnahme teil: ….

2. Für die Dauer dieser Fortbildung stellt der Arbeitgeber den Arbeitnehmer von der Pflicht zur Arbeitsleistung unter Fortzahlung des Gehalts frei.

Alternativen:

- Der Arbeitgeber stellt den Arbeitnehmer für die Dauer der Fortbildung ohne Fortzahlung der Bezüge von der Arbeit frei.
- Der Arbeitgeber gewährt dem Arbeitnehmer für die Dauer der Fortbildung Erholungsurlaub.

Können Sie eine Rückzahlung verlangen?

Da manche Fortbildungen nicht ganz preisgünstig sind, gibt es häufig einzelvertragliche Regelungen, mit denen Sie den Arbeitnehmer zur Rückzahlung verpflichten, wenn er vor Ablauf bestimmter Fristen aus dem Arbeitsverhältnis ausscheidet.

Eine Beteiligung des Arbeitnehmers an den Kosten ist unter den folgenden Voraussetzungen von Haus aus ausgeschlossen:

- Die Fortbildung ist nur innerbetrieblich von Nutzen.
- Sie dient nur der Auffrischung vorhandener Kenntnisse.
- Sie umfasst nur kurze, wenige Wochen dauernde Lehrgänge, die dazu dienen, den Arbeitnehmer in ein neues Arbeitsgebiet einzuweisen.
- Sie sorgt nur für die Anpassung an neue betriebliche Gegebenheiten, die vom Arbeitgeber veranlasst wurden.

Angemessene Bindungsdauer

Für die Zulässigkeit von Rückzahlungsklauseln ist entscheidend, dass sowohl die Dauer der Fortbildung als auch die Bindungsdauer für den Arbeitnehmer angemessen sind.

Zum Download finden Sie einen ausführlichen Fortbildungsvertrag mit Rückzahlungsklausel.

Fortbildungsdauer	Bindungsdauer
bis zu zwei Monaten	bis zu einem Jahr
bis zu vier Monaten	bis zu zwei Jahren
bis zu einem Jahr	bis zu drei Jahren
mehr als zwei Jahre	bis zu fünf Jahreng

Im Einzelfall kann die Bindung auch bei kürzerer Fortbildungsdauer länger bestehen, wenn zum Beispiel erhebliche Mittel aufgewendet wurden. In Ihren Verträgen muss klar geregelt sein, wann der Arbeitnehmer zur Rückzahlung verpflichtet ist. Rückzahlungsklauseln sind nur in den folgenden Fällen statthaft:

- Der Arbeitnehmer kündigt selbst.
- Der Arbeitgeber kündigt fristgerecht verhaltensbedingt oder fristlos aus wichtigem Grund.
- Der Arbeitnehmer veranlasst, dass ein Aufhebungsvertrag mit ihm abgeschlossen wird.

Gestaffelte Rückzahlung

Ist der Arbeitnehmer nach Abschluss der Fortbildung noch für einige Zeit im Unternehmen tätig, können Sie vom ihm nicht verlangen, dass er die Fortbildungskosten in voller Höhe übernimmt. Die Rückzahlungsklausel muss deshalb gestaffelt werden. Je länger der Arbeitnehmer nach Abschluss der Fortbildung im Unternehmen beschäftigt bleibt, desto geringer fällt seine Beteiligung an den Fortbildungskosten aus. Die Zahlungsverpflichtung des Arbeitnehmers verringert sich bei einer Bindungsdauer

- von einem Jahr um 1/12,
- von zwei Jahren um 1/24 und
- von drei Jahren um 1/36 pro Beschäftigungsmonat.

Bildungsurlaub gibt es nicht überall

Bildungsurlaub ist Ländersache

Nur für einige Arbeitnehmergruppen (Betriebsratsmitglieder, Jugendvertretung, Bordvertretung und Seebetriebsrat) sind bundesweit Schulungsveranstaltungen vorgesehen. Einige Sonderregelungen gibt es für den öffentlichen Dienst. Außerdem sieht §§2 Abs. 3, 5 Abs. 3 ASiG vor, dass Betriebsärzte und Fachkräfte für Arbeitssicherheit zum Zweck der Fortbildung freigestellt werden. Dabei geht es immer um die Vermittlung spezifischer Kenntnisse, die im Zusammenhang mit den besonderen Aufgaben der Arbeitnehmer stehen. Darüber hinaus gibt es einen Bildungsurlaubsanspruch für alle Arbeitnehmer in 14 von 16 Bundesländern. Dieser besondere Anspruch dient der beruflichen oder politischen Weiterbildung und ist je nach Bundesland wie folgt geregelt:

Bildungsurlaub	
Baden-Württemberg	5 Arbeitstage pro Kalenderjahr
Bayern	kein Bildungsurlaub
Berlin	10 Tage innerhalb von zwei Kalenderjahren
Brandenburg	10 Tage innerhalb von zwei Kalenderjahren

Bildungsurlaub	
Bremen	10 Tage innerhalb von zwei Kalenderjahren
Hamburg	10 Tage innerhalb von zwei Kalenderjahren
Hessen	10 Tage innerhalb von zwei Kalenderjahren
Mecklenburg-Vorpommern	5 Arbeitstage pro Kalenderjahr
Niedersachsen	10 Tage innerhalb von zwei Kalenderjahren
Nordrhein-Westfalen	10 Tage innerhalb von zwei Kalenderjahren
Rheinland-Pfalz	10 Tage innerhalb von zwei Kalenderjahren
Saarland	6 Arbeitstage pro Kalenderjahr (davon 3 Tage von der eigenen arbeitsfreien Zeit)
Sachsen	kein Bildungsurlaub
Sachsen-Anhalt	10 Tage innerhalb von zwei Kalenderjahren
Schleswig-Holstein	10 Tage innerhalb von zwei Kalenderjahren
Thüringen	5 Arbeitstage pro Kalenderjahr

Im Downloadbereich finden Sie eine Übersicht, der Sie entnehmen können, in welchem Bundesland der Arbeitgeber unter welchen Voraussetzungen den Bildungsurlaub ablehnen kann.

Alles Wichtige auf einen Blick

- Rückzahlungsklauseln, die die Fortbildung betreffen, können unter bestimmten Voraussetzungen vertraglich vereinbart werden.
- Die Bindungsdauer für den Arbeitnehmer muss angemessen sein.
- Nur gestaffelte Rückzahlungsvereinbarungen sind wirksam.
- Bildungsurlaub ist Ländersache und damit von Bundesland zu Bundesland unterschiedlich geregelt. In Bayern und Sachsen gibt es beispielsweise keinen Anspruch auf Bildungsurlaub.

Sicherheit und Gesundheit am Arbeitsplatz

Sicherheit und Gesundheitsschutz

Als Arbeitgeber müssen Sie aktiv werden, wenn es um Prävention und Arbeits- und Gesundheitsschutz im Betrieb geht. Aufgrund der Fürsorgepflicht müssen Sie für die Sicherheit und den Gesundheitsschutz an den Arbeitsplätzen Ihrer Mitarbeiter sorgen (§618 BGB). Der Schutz vor Gefahren im Arbeitsleben ist in zahlreichen weiteren Rechtsvorschriften festgelegt. Außerdem müssen Sie dafür sorgen, dass die Arbeitsbedingungen so sind, dass eine Gefährdung von Leben und Gesundheit vermieden wird.

Zentrale Vorschrift: das Arbeitsschutzgesetz

Arbeitsschutzgesetz (ArbSchG)

Zentrales Gesetz für den Arbeitsschutz ist das Arbeitsschutzgesetz (ArbSchG). Nach dem ArbSchG sind Sie als Arbeitgeber zum vorbeugenden Gesundheitsschutz verpflichtet und müssen für eine menschengerechte Gestaltung der Arbeit sorgen. Dabei reicht es nicht aus, dass z. B. eine neue technische Anlage einmal erläutert wird. Ihre Pflichten als Arbeitgeber beim Arbeitsschutz dauern an. Sie müssen sich am jeweiligen Stand der Technik, der Arbeitsmedizin, der Hygiene und der sonstigen gesicherten arbeitswissenschaftlichen Erkenntnissen orientieren und immer wieder das Einhalten der Sicherheitsvorschriften überprüfen. Damit Sie eventuelle Gefahren beurteilen können, müssen Sie eine Gefährdungsbeurteilung durchführen. Sie müssen also die Arbeitsplatzbedingungen analysieren. Eine Gefährdung kann in folgenden Bereichen gegeben sein:

- Gestaltung und Einrichtung des Arbeitsplatzes beziehungsweise der Arbeitsstätte
- physikalische, chemische und biologische Einwirkungen
- Gestaltung, Auswahl und Einsatz von Arbeitsmitteln
- Gestaltung von Arbeitsverfahren, Arbeitsabläufen und Arbeitszeit
- unzureichende Qualifikation und Unterweisung von Mitarbeitern
- psychische Belastungen bei der Arbeit.

Praxistipp

Dokumentieren Sie Ihre Gefährdungsbeurteilung. Eine Dokumentation ist gesetzlich vorgeschrieben (§ 6 ArbSchG). Ihre Dokumentation muss das Ergebnis der Gefährdungsbeurteilung sowie die von Ihnen festgelegten Maßnahmen zum Arbeitsschutz enthalten.

Folgende Grundsätze müssen Sie in jedem Fall beachten:

- Die Arbeit ist so zu gestalten, dass eine Gefährdung für Leben und Gesundheit möglichst vermieden und die verbleibende Gefährdung möglichst gering gehalten wird.
- Gefahren sind an ihrer Quelle zu bekämpfen.
- Bei den Maßnahmen sind der Stand der Technik, der Arbeitsmedizin und der Hygiene sowie sonstige gesicherte arbeitswissenschaftliche Erkenntnisse zu beachten.
- Spezielle Gefahren für besonders schutzwürdige Beschäftigtengruppen sind zu berücksichtigen.
- Den Beschäftigten sind geeignete Anweisungen zu erteilen.

Achtung

Sie müssen die Arbeitnehmer über Sicherheit und Gesundheitsschutz unterweisen (§ 12 ArbSchG). Diese Unterweisung muss in der Arbeitszeit und vor allem arbeitsplatzbezogen erfolgen. Die Unterweisung muss in den folgenden Fällen jeweils vor Beginn der Tätigkeit erfolgen:

- bei der Einstellung
- bei Veränderungen im Aufgabenbereich
- bei der Einführung neuer Arbeitsmittel
- im Fall einer neuen Technologie

So dokumentieren Sie Ihre Analyse

Gefährdungsanalyse

Über das Ergebnis der Gefährdungsbeurteilung sowie über die von Ihnen festgelegten Maßnahmen des Arbeitsschutzes müssen Sie eine Dokumentation anfertigen. Diese Dokumentation muss schriftlich erfolgen.

Am besten gehen Sie bei der Gefährdungsanalyse wie folgt vor:

Checkliste: Gefährdungsanalyse	
Schritt 1: Legen Sie den Analyseauftrag fest, stellen Sie also die Fragen: Wer? Wie? Wo? Was?	
Schritt 2: Analysieren Sie die mit der Arbeit verbundenen möglichen Gefahren.	
Schritt 3: Ermitteln Sie, was erforderlich ist, also den Sollzustand.	
Schritt 4: Ermitteln Sie die tatsächliche Arbeitsschutzsituation, also den Istzustand.	
Schritt 5: Vergleichen Sie den Istzustand mit dem Sollzustand. Wo liegen die Defizite?	

Checkliste: Gefährdungsanalyse	
Schritt 6: Führen Sie die ermittelten Arbeitsschutzmaßnahmen durch und überprüfen Sie diese regelmäßig.	
Schritt 7: Dokumentieren Sie das Ergebnis der Gefährdungsbeurteilung, die von Ihnen festgelegten Maßnahmen des Arbeitsschutzes und das Ergebnis der Überprüfung der Maßnahmen.	

Praxistipp

Im Einzelfall kann es sinnvoll sein, wenn Sie externe Experten für die Gefährdungsanalyse ins Boot holen.

Die folgenden Gefährdungen sollten Sie immer im Blick haben:

- mangelhafte Beleuchtung
- schlechtes Raumklima
- Gefährdungen, die von zur Verfügung gestellten Arbeitsmitteln (Maschinen, Geräte, Ausrüstungen usw.) ausgehen
- Gefährdungen, die vom Arbeitsplatz und der dort ausgeübten Tätigkeit ausgehen
- spezielle Einzelgefährdungen

So sollte Ihre Dokumentation aussehen

Wichtig ist, dass Sie Ihre Dokumentation schriftlich erfassen. Achten Sie besonders auf die folgenden Inhalte:

Checkliste: Dokumentation der Gefährdungsbeurteilung	
Ergebnis der Gefährdungsbeurteilung	
festgelegte Maßnahmen des Arbeitsschutzes	
Ergebnisse der späteren Überprüfungen	
Name und Funktion der Personen, die die Gefährdungsbeurteilung durchgeführt haben	
Zeit und Ort der Durchführung	
Angaben zur Arbeitsstätte, zum Tätigkeitsbereich und zum konkreten Arbeitsplatz	
festgestellte Gefährdungen	
verwendete Methoden	
festgelegte Ziele	
festgelegte Schutzmaßnahmen	

Das ArbSchG allein regelt den Gesundheitsschutz am Arbeitsplatz nicht. Es wird durch eine Vielzahl von Vorschriften ergänzt, deren Einhaltung z. B. von den Gewerbeaufsichtsämtern oder den Ämtern für Arbeitssicherheit und Berufsgenossenschaften überwacht wird. Das Arbeitssicherheitsgesetz (ASiG) regelt z. B., wann Sie

- einen Betriebsarzt und/oder
- Fachkräfte für Arbeitssicherheit

bestellen müssen.

Praxistipp

Erkundigen Sie sich bei Ihrer Berufsgenossenschaft. Sie teilt Ihnen mit, ob Sie einen Betriebsarzt bestimmen und eine Fachkraft für Arbeitssicherheit bestellen müssen.

Arbeitsstättenverordnung

Besondere Auswirkungen auf die betriebliche Praxis hat die Arbeitsstättenverordnung (ArbStättV). Vor allem regelt die ArbStättV

- das Einrichten und Betreiben von Arbeitsstätten (§ 3 ArbStättV),
- den Nichtraucherschutz (§ 5 ArbStättV),
- die Bereitstellung von Arbeitsräumen, Sanitärräumen, Pausen- und Bereitschaftsräumen, Erste-Hilfe-Räumen usw.

Gefahrstoffverordnung

Arbeiten Sie in Ihrem Betrieb mit besonders gefährlichen Stoffen, sogenannten Gefahrstoffen, gilt für Sie die Gefahrstoffverordnung (GefStoffV). Als besonders gefährlich gelten vor allem

- giftige,
- entzündbare,
- krebserzeugende oder
- ähnlich gefährliche

Materialien.

Die Anforderungen an Bildschirmarbeitsplätze werden durch den Anhang der Arbeitsstättenverordnung, Abschnitt 6 „Maßnahmen zur Gestaltung von Bildschirmarbeitsplätzen" geregelt.

Wenn doch mal was passiert: der Arbeitsunfall

Eine wesentliche Aufgabe der Unfallversicherungsträger ist es, nach Eintritt von Arbeitsunfällen oder Berufskrankheiten die Gesundheit und die Leistungsfähigkeit der Arbeitnehmer wiederherzustellen. Außerdem entschädigt die Unfallversicherung Hinterbliebene mit Geldleistungen. Den Beitrag zur Unfallversicherung zahlen Sie als Arbeitgeber allein.

So verhalten Sie sich nach einem Unfall

Arbeits- und Wegeunfall

Zunächst müssen Sie prüfen, ob ein Unfall überhaupt ein Arbeits- oder Wegeunfall ist, der für Sie als Arbeitgeber und für die Unfallversicherung von Bedeutung ist.

Arbeitsunfälle sind Unfälle, die Arbeitnehmer bei der Ausübung ihrer Arbeit erleiden.

Wenn im Unternehmen etwas passiert, müssen Sie als Erstes prüfen, ob es sich überhaupt um einen Unfall handelt. Unter einem Unfall versteht man

- ein zeitlich begrenztes,
- von außen auf den Körper einwirkendes Ereignis,
- das zu einem Gesundheitsschaden oder zum Tod führt.

Definition: Arbeits- und Wegeunfall

Ein „Arbeitsunfall" im Sinne der gesetzlichen Unfallversicherung ist ein Unfall eines Versicherten, der rechtlich wesentlich durch eine versicherte Tätigkeit verursacht und nicht absichtlich herbeigeführt ist.

Als „Wegeunfall" werden versicherte Unfälle auf dem unmittelbaren Weg zwischen Wohnung und Ort der versicherten Tätigkeit (meist Arbeitsstätte, aber auch Schule, Kindergarten usw.) bezeichnet.

Ein klassischer Arbeitsunfall

Petra Schmidt will einen Ordner ganz oben aus dem Regal herausziehen. Sie unterschätzt das Gewicht des Ordners. Er fällt ihr auf die Fußzehe. Petra Schmidt erleidet eine Platzwunde. Hierbei handelt es sich um einen klassischen Arbeitsunfall.

Checkliste: Meldepflichtiger Arbeitsunfall		
Sachverhalt	Erläuterung	Ja/Nein
Liegt ein Unfall vor?	Ob ein Unfall vorliegt, richtet sich nach § 8 SGB VII. Es muss sich um ein zeitlich begrenztes (keine dauernde Krankheit), von außen auf den Körper wirkendes Ereignis handeln.	

Checkliste: Meldepflichtiger Arbeitsunfall		
Sachverhalt	Erläuterung	Ja/Nein
Ist dadurch ein körperlicher Schaden bei einem Mitarbeiter aufgetreten?	Durch den Unfall muss der Arbeitnehmer einen körperlichen Schaden erlitten haben (Verletzungen wie z. B. Verbrennungen, Verätzungen, Brüche usw.).	
War der Geschädigte für Ihren Betrieb tätig?	Pflichtversichert sind alle Arbeitnehmer und Auszubildenden.	
Trat die Verletzung während einer betrieblichen Tätigkeit auf?	Zur betrieblichen Tätigkeit gehört nicht nur die Arbeitsleistung. Ein Arbeitsunfall kann sich auch z. B. beim Betriebsausflug oder beim Betriebssport ereignen. Es kommt darauf an, dass ein Zusammenhang mit dem Betrieb besteht. Versicherungsschutz besteht deshalb auch, wenn der Arbeitnehmer auf dem direkten Arbeitsweg verunfallt.	
Trat die Verletzung wegen einer betrieblichen Tätigkeit auf?	Ausreichend ist eine wesentliche Mitverursachung der Verletzung durch den Unfall.	
War der Verletzte deshalb mehr als drei Tage arbeitsunfähig?	Um einen meldepflichtigen Arbeitsunfall handelt es sich, wenn der Verletzte mehr als drei Tage arbeitsunfähig war.	

Um einen meldepflichtigen Arbeitsunfall handelt es sich, wenn Sie alle Fragen mit Ja beantwortet haben.

Praxistipp

Es ist nicht selbstverständlich, dass der Unternehmer selbst unfallversichert ist. Prüfen Sie deshalb nach, ob Sie sich bei der Berufsgenossenschaft freiwillig versichern lassen wollen.

Drei-Tage-Frist beachten

Liegt ein Arbeitsunfall vor und der Verunfallte bleibt mehr als drei Tage arbeitsunfähig, dann müssen Sie binnen dieser drei Tage dem Unfallversicherungsträger eine Anzeige erstatten.

Bei der Berechnung der Dauer der voraussichtlichen Arbeitsunfähigkeit zählen Sie den Unfalltag nicht mit. Samstage sowie Sonn- und Feiertage zählen aber schon. In Ihrer Anzeige müssen Sie Angaben zum Verletzten, zur Verletzung und zum Unfall machen.

Die meisten Berufsgenossenschaften und Unfallkassen bieten auf ihren Internetseiten die Möglichkeit zur Online-Unfallanzeige. Ihre Meldung an die Berufsgenossenschaft müssen Sie auch Ihrer Sicherheitsfachkraft und Ihrem Betriebsarzt zukommen lassen. Kopieren Sie die Unfallanzeige für den verunfallten Kollegen gleich mit. Er hat einen Anspruch auf eine Kopie der Anzeige.

Achtung

Falls Sie einen Betriebsrat haben: Vergessen Sie nicht, dass er die Unfallanzeige mit unterschreiben muss.

Wenn der Mitarbeiter nach einem leichten Arbeitsunfall seine Arbeit sofort oder spätestens am übernächsten Tag wieder aufnehmen kann, nehmen Sie keine Meldung bei der Berufsgenossenschaft vor.

Durchgangsarzt nicht vergessen

Durchgangsarzt

Ein Durchgangsarzt ist ein Arzt mit speziellen unfallmedizinischen Kenntnissen. Er hat eine besondere Zulassung von der Unfallversicherung und soll das Heilverfahren nach einem Arbeitsunfall steuern – von der Erstversorgung über die Rehabilitation bis hin zur Festlegung von Entschädigungsleistungen. Klären Sie, welcher Durchgangsarzt für Ihren Betrieb zuständig ist. Die Kontaktdaten des Durchgangsarztes sollten Sie ans Schwarze Brett hängen.

Sollte sich ein Unfall ereignen, steht immer die Versorgung des Verunfallten im Vordergrund. Dieser muss sich auf jeden Fall an den zuständigen Durchgangsarzt wenden. Das kann aber auch jederzeit nach einer Behandlung durch einen anderen Arzt, der vielleicht leichter zu erreichen ist, oder einem Krankenhausaufenthalt geschehen.

Diese Personen sind versichert

Versicherte Personen

Vor den Folgen eines Arbeitsunfalls sind alle Arbeitnehmer und Auszubildenden geschützt. Sie sind „automatisch" in der gesetzlichen Unfallversicherung versichert. Das gilt auch für alle Aushilfen und Minijobber. Für Sie heißt das: Nur die Unfälle versicherter Personen werden gemeldet.

Kein Versicherungsschutz für Subunternehmer

Herr König tritt einen Teil eines Großauftrags an einen Subunternehmer, Herrn Graf, ab. Dieser übernimmt öfter Druckaufträge. Als Herr Graf die

Aufträge von Herrn König bearbeitet, verletzt er sich schwer an einer Druckmaschine. Dieser Unfall wird nicht der Unfallversicherung, die für die Agentur König zuständig ist, gemeldet, da ein Subunternehmer nicht über den Arbeitgeber versichert ist. Wer selbst Unternehmer ist, ein Unternehmerrisiko trägt, Rechnungen schreibt, frei über seine Zeit verfügt usw., hat keinen Versicherungsschutz.

Zusammenhang mit der Arbeit

Grundsätzlich gilt: Bei allem, was der Arbeitnehmer im Zusammenhang mit seinem Arbeitsverhältnis macht, ist er versichert. Dieser Grundsatz gilt aber nur bei Tätigkeiten für den Betrieb. Geht der Arbeitnehmer seinem Privatvergnügen nach, handelt es sich nicht um einen Arbeitsunfall.

Unterbrechung des Versicherungsschutzes

Auch ein Unfall, den ein Arbeitnehmer auf dem direkten Weg zwischen seiner Wohnung und dem Arbeitsplatz erleidet, ist ein Arbeitsunfall (Wegeunfall). Wie der Arbeitnehmer unterwegs ist – zu Fuß, mit dem Fahrrad, mit dem Bus usw. – spielt keine Rolle. Entscheidend ist, ob er den Arbeitsweg unterbrochen hat. Unterbricht ein Versicherter die Fahrt zu oder von der Arbeitsstätte für eine private Verrichtung, so wird der Versicherungsschutz bereits mit dem Verlassen des Fahrzeugs unterbrochen und lebt erst mit der Fortsetzung der Fahrt wieder auf. Wenn ein Arbeitnehmer den Nachhauseweg unterbricht, in den Supermarkt geht, dort ausrutscht und sich das Bein bricht, liegt kein Wegeunfall vor.

Wegeunfälle passieren sehr häufig unter Alkoholeinfluss. Ist das der Fall, wird der Unfall nicht als Arbeitsunfall angesehen, wenn er in nüchternem Zustand nicht geschehen wäre.

Verschulden ist nicht maßgeblich

Selbstverschulden

Ereignet sich der Unfall während einer betrieblichen Tätigkeit Ihres Mitarbeiters, liegt regelmäßig ein Arbeitsunfall vor. Daran ändert sich auch nichts, wenn der Arbeitnehmer den Unfall selbst verschuldet hat, weil er z. B. zu schnell gefahren und im Straßengraben gelandet ist. Dabei handelt es sich um einen Arbeitsunfall, da der Mitarbeiter, obwohl er nicht regelgerecht unterwegs war, trotzdem den Schaden nicht vorsätzlich herbeigeführt hat.

Verletzungen aller Art

Die Unfallversicherung tritt nicht nur für die typischen körperlichen Verletzungen ein (Prellung, Bruch, Infektion usw.). Ein Arbeitsunfall kann auch seelische Verletzungen und Erkrankungen verursachen. Zwischen der betrieblichen Tätigkeit und dem Unfall muss immer ein innerer Zusammenhang bestehen. Die betriebliche Tätigkeit muss somit zumindest die Mitursache für den Unfall gewesen sein.

Alles Wichtige auf einen Blick

- Gefahren am Arbeitsplatz müssen vom Arbeitgeber beurteilt werden. Dafür müssen Sie eine Gefährdungsbeurteilung durchführen und dokumentieren.
- Im Falle eines Arbeitsunfalls, infolge dessen der Verunfallte mehr als drei Tage arbeitsunfähig krank bleibt, muss binnen dieser drei Tage dem Unfallversicherungsträger (Berufsgenossenschaft) eine Anzeige bzgl. des Unfalls erstattet werden, was in den meisten Fällen online möglich ist.
- Unter einem „Unfall“ versteht man ein zeitlich begrenztes, von außen auf den Körper einwirkendes Ereignis, das zu einem Gesundheitsschaden oder zum Tod führt.
- Ein Arbeitsunfall im Sinne der gesetzlichen Unfallversicherung ist ein Unfall eines Versicherten, der rechtlich wesentlich durch eine versicherte Tätigkeit verursacht und nicht absichtlich herbeigeführt ist.

Das gilt für die Ausbildungsverhältnisse

Wer einen Auszubildenden einstellen will, muss einige Voraussetzungen erfüllen. In diesem Kapitel erfahren Sie, welche Anforderungen an den Betrieb und an den Ausbildenden gestellt werden, welche Rolle die Ausbildungsordnung dabei spielt und was bei der Gestaltung von Ausbildungsverträgen zu beachten ist.

Das Ausbildungsverhältnis ist kein Arbeitsverhältnis

Kein Arbeitsverhältnis

Ein Ausbildungsverhältnis unterscheidet sich sehr von einem Arbeitsverhältnis.

Wählen Sie diese Art der Beschäftigung nur, wenn Sie auch tatsächlich eine Ausbildung anbieten wollen – nicht weil Sie darauf hoffen, eine „günstige“ Arbeitskraft zu bekommen.

Der große Vorteil: Wenn Sie einen Azubi ausgebildet haben und ihn in ein Arbeitsverhältnis übernehmen, wissen Sie genau, was auf Sie zukommt. Sie haben sich Ihre eigene Fachkraft ausgebildet. Und auch die Ausbildungszeit selbst kann nützlich sein, denn in ihrem Verlauf arbeitet der Azubi immer mehr mit und trägt damit zu Ihrer Entlastung bei. Beachten Sie dabei, dass Sie den Azubi für den Berufsschulunterricht freistellen müssen.

Praxistipp

Informieren Sie sich bei den zuständigen Industrieund Handelskammern (IHKs) beziehungsweise Handwerkskammern (HWKs). Dort gibt es sogenannte Ausbildungsberater. Sie helfen bei allen Fragen rund um die Ausbildung.

Nutzen Sie die Fördermöglichkeiten

Unter bestimmten Voraussetzungen kann die Bundesagentur für Arbeit Ausbildungsbetriebe unterstützen, die förderungsbedürftige junge Menschen betrieblich ausbilden. Erkundigen Sie sich unbedingt vor Abschluss des Ausbildungsvertrags bei der für Sie zuständigen Agentur und lassen Sie sich von einem Berater die entsprechenden Anträge aushändigen. Vor allem für Ausbildungsplätze können alle Arbeitgeber großzügige Zuwendungen erhalten, zum Beispiel folgende:

- Es gibt die Möglichkeit, eine betriebliche Einstiegsqualifizierung (EQ) durchzuführen. Eine Einstiegsqualifizierung ist ein sozialversicherungspflichtiges Praktikum. Sie soll auf eine Ausbildung vorbereiten. Ein solches Praktikum dauert zwischen sechs und zwölf Monaten. Die Teilnehmer erhalten vom Arbeitgeber eine Vergütung, die bezuschusst werden kann.
- Während der Ausbildung oder einer Einstiegsqualifizierung können ausbildungsbegleitende Hilfen (abH) beantragt werden. Dabei werden junge Menschen individuell unterstützt, zum Beispiel mit zusätzlicher Fachtheorie oder Sprachunterricht. Der Förderunterricht findet einzeln oder in Kleingruppen statt. Die Kosten dafür tragen die Arbeitsagentur oder das Jobcenter.
- Mit der assistierten Ausbildung (AsA) bekommen Auszubildende individuell angepassten Förderunterricht und Unterstützung bei persönlichen Problemen. Darüber hinaus wird Ihnen als ausbildendes Unternehmen Entlastung bei der Durchführung und Organisation der Ausbildung angeboten.

Wer darf überhaupt ausbilden?

Auszubildende dürfen nur eingestellt werden, wenn die Ausbildungsstätte nach Art und Einrichtung für die Berufsausbildung geeignet ist. Das heißt, dass es in Ihrem Unternehmen möglich sein muss, Kenntnisse und Fertigkeiten gemäß den Vorgaben der Ausbildungsordnung für den jeweiligen Beruf zu vermitteln. Sind Sie zum Beispiel Einzelunternehmer und daher die einzige Person, die die Fähigkeiten und Kenntnisse an den Azubi weitergeben kann, müssen Sie auch vor Ort sein. Sie dürfen sich dann nicht die meiste Zeit des Jahres im Ausland aufhalten. Die Ausbildungsordnungen bekommen Sie zum Beispiel bei den IHKs, HWKs und Berufsverbänden. Darüber hinaus sollten Sie persönlich und fachlich geeignet sein, einen anderen Menschen auszubilden.

Keine Straftäter

Ungeeignet ist zum Beispiel eine Person, die wegen bestimmter Straftaten verurteilt wurde oder bereits gegen das Berufsbildungsgesetz verstoßen hat, weil sie einen Auszubildenden ausgebeutet oder geschlagen hat. Wenn es um die fachliche Eignung geht, muss unterschieden werden, ob das Unternehmen in einem Handwerk oder einem Wirtschaftszweig außerhalb des Handwerks tätig ist. Lehrlinge in Handwerksberufen darf – mit wenigen Ausnahmen – nur jemand ausbilden, der die Meisterprüfung bestanden hat. Außerhalb des Handwerks gilt als fachlich geeignet, wer die betreffende Ausbildung selbst mit bestandener Abschlussprüfung abgeschlossen und eine gewisse Berufserfahrung hat.

Worauf Sie bei einer Ausbildung achten sollten

Der Berufsausbildungsvertrag enthält die wichtigsten Bestimmungen für beide Vertragspartner und muss schriftlich abgeschlossen werden. Verwenden Sie am besten die Vordrucke für den Berufsausbildungsvertrag, die die zuständigen Stellen (IHKs, HWKs, Berufsverbände) zur Verfügung stellen, denn diese umfassen die gesetzlich verlangten Inhalte.

Sonderregelungen für Minderjährige

Achten Sie darauf, dass bei einem minderjährigen Azubi die gesetzlichen Vertreter den Ausbildungsvertrag unterschreiben. Ist der Vertrag von allen unterzeichnet und liegt er in dreifacher Ausfertigung vor, müssen Sie ein Exemplar an die für Sie zuständige IHK, HWK oder den für Sie zuständigen Berufsverband schicken, wo er im Verzeichnis der Berufsausbildungsverträge registriert wird.

Wenn Sie sich entschieden haben, einen Auszubildenden zu beschäftigen, erledigen Sie die folgenden Aufgaben:

Checkliste: Auszubildende(r)	
Besorgen Sie sich das Vertragsmuster bei der für Sie zuständigen Stelle.	
Füllen Sie es am besten gemeinsam mit Ihrem Azubi beziehungsweise dessen gesetzlichen Vertretern vor Ausbildungsbeginn aus.	
Dann unterschreiben Sie, der Azubi und gegebenenfalls die gesetzlichen Vertreter den Vertrag.	
Händigen Sie dem Azubi und gegebenenfalls dessen gesetzlichen Vertretern je ein Exemplar aus.	
Reichen Sie ein Exemplar bei der für Sie zuständigen Stelle ein, wo der Eintrag ins Verzeichnis der Berufsausbildungsverhältnisse erfolgt.	
Fügen Sie das ärztliche Zeugnis über die Erstuntersuchung bei, falls es sich um einen minderjährigen Azubi handelt.	
Zeigen Sie später vereinbarte, wesentliche Änderungen des Berufsausbildungsvertrags genauso an.	
Wird das Ausbildungsverhältnis frühzeitig beendet, teilen Sie das der zuständigen Stelle mit.	
Besorgen Sie sich bei der zuständigen IHK, HWK oder beim zuständigen Berufsverband die Ausbildungsordnung für den Ausbildungsberuf, für den in Ihrem Unternehmen ausgebildet wird.	
Erstellen Sie den in der Ausbildungsordnung geforderten betrieblichen Ausbildungsplan.	

Einem Auszubildenden dürfen Sie nur solche Arbeiten übertragen, die der Ausbildung dienen und den körperlichen Kräften des Azubis angemessen sind.

Welche Aufgaben gehören zur Ausbildung?

In der Agentur König wird eine Bürokauffrau ausgebildet. Herr König macht die Auszubildende, Hanna Meier, darauf aufmerksam, dass sie ihren Monitor reinigen und auf Dauer sauber halten solle. Die junge Dame meckert und meint, dass dies nicht zu ihrer Ausbildung gehöre und deshalb von ihr auch nicht erledigt werden müsse.

Herr König darf Frau Meier sicher nicht damit beauftragen, private Besorgungen für ihn zu erledigen oder seine Kinder zu betreuen, denn solche Aufgaben haben nichts mit der Ausbildung zu tun. Unzulässig sind auch solche Arbeiten, mit denen nur fehlende Arbeitskräfte – zum Beispiel Putzhilfen, Lagerarbeiter, Boten, Fahrer oder Schreibkräfte ersetzt werden sollen. Aber: Zum einen muss auch der Azubi mal einspringen, solange es nicht zu seiner Daueraufgabe wird, einen fehlenden Mitarbeiter zu ersetzen. Zum anderen sind Aufgaben, die mit der Sauberkeit am Arbeitsplatz und der Pflege von Waren, Maschinen, Geräten und Werkzeugen zusammenhängen, für jeden Azubi zumutbar und sogar in den Ausbildungsordnungen vorgeschrieben.

Was ist bei den Sozialversicherungen zu berücksichtigen?

Beiträge zur Sozialversicherung

Auszubildende unterliegen in der Kranken-, Pflege-, Renten- und Arbeitslosenversicherung ebenso wie Arbeitnehmer der Versicherungspflicht, wenn sie ein Arbeitsentgelt (Ausbildungsvergütung) erhalten. Sie als Arbeitgeber haben für den Auszubildenden die Beiträge in voller Höhe allein zu tragen, soweit die Geringverdienergrenze (325 EUR pro Monat) nicht überschritten wird. Geht das Entgelt darüber hinaus, zahlen Arbeitgeber und Auszubildender die Beiträge je zur Hälfte. Ein Azubi muss bei der Krankenkasse angemeldet werden, die er ausgewählt hat.

Was Sie bei den Jüngsten beachten müssen

Da sich bei der Bildungspolitik einiges getan hat, werden die Auszubildenden zunehmend jünger. Die Schulzeit bis zum Abitur beträgt nur noch zwölf Jahre, sodass selbst ein Abiturient beim Ausbildungsbeginn noch minderjährig sein kann. Gerade für die Jüngsten gelten besondere Regelungen im Hinblick auf Arbeitszeit, Pausen oder Urlaub.

Vertragsabschluss: Die Unterschrift der Eltern darf nicht fehlen

Zustimmung der gesetzlichen Vertreter

Ist Ihr Azubi noch minderjährig, muss zum Vertragsschluss die Zustimmung der gesetzlichen Vertreter eingeholt werden. Vertretungsberechtigt sind grundsätzlich beide Eltern gemeinsam, in Ausnahmefällen ein Elternteil oder ein Vormund. Diese Personen müssen den Vertrag genauso wie der Azubi selbst unterschreiben. Nach der Unterzeichnung – spätestens aber vor Beginn der Ausbildung – händigen Sie dem Azubi und dessen gesetzlichen Vertretern je ein Exemplar aus. Im Vertrag selbst müssen zumindest die folgenden Punkte geregelt sein:

- Art, sachliche und zeitliche Gliederung sowie Ziel der Berufsausbildung
- Beginn und Dauer der Berufsausbildung
- Ausbildungsmaßnahmen außerhalb der Ausbildungsstätte
- Dauer der regelmäßigen täglichen Ausbildungszeit

- Dauer der Probezeit
- Zahlung und Höhe der Ausbildungsvergütung
- Dauer des Urlaubs
- Voraussetzungen, unter denen der Berufsausbildungsvertrag gekündigt werden kann
- Tarifverträge, Betriebsoder Dienstvereinbarungen, die auf das Berufsausbildungsverhältnis anzuwenden sind

Bei Minderjährigen die ärztliche Untersuchung nicht vergessen

Ärztliche Untersuchung Minderjährige dürfen mit der Berufsausbildung nur beginnen, wenn sie innerhalb der letzten 14 Monate von einem Arzt untersucht wurden und darüber eine ärztliche Bescheinigung vorlegen können. Ein Jahr nach Beginn der Ausbildung brauchen Sie als Ausbilder eine weitere ärztliche Bescheinigung darüber, dass der Azubi an einer Nachuntersuchung teilgenommen hat. Die Nachuntersuchung darf nicht länger als drei Monate zurückliegen.

Achtung

Treten Sie Ihren Azubis auf die Füße: Wer die Nachuntersuchungsbescheinigung nicht rechtzeitig beibringt, muss damit rechnen, dass sein Ausbildungsverhältnis aus dem Verzeichnis der Kammern gelöscht wird. Die zuständigen Stellen (IHK, HWK usw.) führen ein Verzeichnis der Berufsausbildungsverhältnisse. Dort geben Sie den Vertrag in Kopie ab. Ist Ihr Azubi minderjährig, müssen Sie die Bescheinigung über die Erstuntersuchung nach § 32 Abs. 1 Jugendarbeitsschutzgesetz (JArbSchG) ebenfalls vorlegen.

Für die Jüngsten gelten besondere Arbeitszeiten

Arbeitszeiten Bei den Arbeitszeiten sind die Grenzen des JArbSchG zu beachten. Auch in Ausbildungsbetrieben, in denen eine gleitende Arbeitszeit eingeführt ist und die Auszubildenden daran teilnehmen, darf die Dauer der Arbeitszeit nicht über die höchstzulässigen Grenzen hinaus ausgedehnt werden: Acht Stunden täglich und 40 Stunden wöchentlich ist das Maximum.

Kurzer Freitag Gibt es in Ihrem Betrieb z. B. einen „kurzen Freitag“ mit weniger als acht Stunden, können die Jugendlichen an den übrigen Werktagen derselben Woche bis zu achteinhalb Stunden beschäftigt werden (§ 8 JArbSchG). Die Ruhepausen müssen bei mehr als viereinhalb und bis zu sechs Stunden Arbeitszeit mindestens 30 Minuten, bei mehr als sechs Stunden Arbeitszeit 60 Minuten betragen. Zwischen 20.00 und 6.00 Uhr dürfen Jugendliche nicht beschäftigt werden. Hiervon gibt es für die über 16-Jährigen Ausnahmen, z. B. für Betriebe, die in mehreren Schichten arbeiten (bis 23.30 Uhr), oder für bestimmte Gewerbezweige, wie z. B. das Gast- und Hotelgewerbe (bis 22.00 Uhr) oder das Backgewerbe (ab 5.00 Uhr).

Auch beim Urlaub ist das Alter entscheidend

Die Dauer des Urlaubs richtet sich u. a. nach dem Alter des Azubis:

- Für unter 16-Jährige beträgt der gesetzliche Jahresurlaub mindestens 30 Werktage (§ 19 JArbSchG),
- für noch nicht 17 Jahre alte Auszubildende mindestens 27 Werktage und
- für unter 18-Jährige mindestens 25 Werktage.

Weisen Sie Ihre Azubis darauf hin, dass der Urlaub nicht zum Aufbessern der Kasse gewährt wird.

Erholung hat Vorrang

Einer Arbeit, die dem Urlaubsbzw. Erholungszweck widerspricht, darf der Azubi während seines Erholungsurlaubs nicht nachgehen. Besucht Ihr Lehrling während des Urlaubs die Berufsschule, müssen Sie ihm für jeden Berufsschultag einen Urlaubstag gewähren. Im ersten und im letzten Ausbildungsjahr werden die Azubis in aller Regel nicht über ein volles Kalenderjahr hinweg beschäftigt. Deshalb sind die Berechnungen zur Ermittlung des gesetzlichen Mindesturlaubs häufig recht umständlich.

Der folgenden Übersicht können Sie auf einen Blick den gesetzlichen Mindesturlaub für Jugendliche gem. § 19 JArbSchG entnehmen.

Übersicht: gesetzlicher Mindesturlaub für Jugendliche gem. § 19 JArbSchG				
Datum des Vertragsbeginns (erstes Kalenderjahr)	JArbSchG – Mindesturlaub in Werktagen bei Lebensalter am 1. des jeweiligen Kalenderjahres			Datum des Vertragsendes (letztes Kalenderjahr)
	Unter 16 Jahren	Unter 17 Jahren	Unter 18 Jahren	
	Voller Jahresurlaub			
1.1.–30.6.	30	27	25	1.7.–31.12.
	Halber Jahresurlaub			
1.7.	15	14	13	30.6.
	Teilurlaub			
2.7.–1.8	13	11	10	31.5.–29.6
2.8.–1.9.	10	9	8	30.4.–30.5.

Übersicht: gesetzlicher Mindesturlaub für Jugendliche gem. § 19 JArbSchG				
2.9.–1.10.	8	7	6	31.3.–29.4.
2.10.–1.11.	5	5	4	28./29.2.–30.3.
2.11.–1.12.	3	2	2	31.1.–27./28.2.
2.12.–31.12.	0	0	0	1.1.–30.1.

Die Tabelle bezieht sich auf den Anfang des Ausbildungsverhältnisses (von links nach rechts) und auf das Ende (von rechts nach links). Bei ganzjähriger Beschäftigung, etwa im zweiten oder dritten Kalenderjahr, ist der gesetzliche Mindesturlaub aus der ersten Tabellenzeile (Vertragsbeginn 1.1.–30.6.) abzulesen.

Alles Wichtige auf einen Blick

- Ein Ausbildungsverhältnis ist kein Arbeitsverhältnis.
- Unter bestimmten Voraussetzungen kann die Bundesagentur für Arbeit Ausbildungsbetriebe unterstützen, die förderungsbedürftige junge Menschen betrieblich ausbilden.
- Auszubildende dürfen nur eingestellt werden, wenn die Ausbildungsstätte nach Art und Einrichtung für die Berufsausbildung geeignet ist. Das Unternehmen muss in der Lage sein, Kenntnisse und Fertigkeiten gemäß den Vorgaben der Ausbildungsordnung für den jeweiligen Beruf zu vermitteln.
- Bei Minderjährigen müssen die Eltern oder der Vormund den Ausbildungsvertrag mit unterschreiben.

Abmahnung: die gelbe Karte im Arbeitsrecht

Da die Abmahnung oft der erste Schritt zur Trennung von einem Mitarbeiter ist, sollten Sie vorsichtig mit diesem Instrument umgehen. Prüfen Sie zunächst, ob es sich um eine Angelegenheit handelt, die tatsächlich mit einer Abmahnung sanktioniert werden soll.

Abmahnung nur bei Fehlverhalten

Eine Abmahnung ist immer dann angebracht, wenn es sich um ein Fehlverhalten des Arbeitnehmers handelt, das dieser selbst steuern und positiv beeinflussen kann. Beispiel: Häufige Erkrankungen fallen nicht darunter, ständiges Zuspätkommen aber sehr wohl.

Ermahnung als Vorstufe

Abmahnung vs. Ermahnung

Die Abmahnung ist ein „starkes" arbeitsrechtliches Instrument und mancher Arbeitnehmer fühlt sich dadurch nicht angespornt, sein Verhalten zu ändern, sondern reagiert beleidigt. Je nach Lage des Einzelfalls sollten Sie deshalb prüfen, ob vielleicht eine Ermahnung zunächst ausreicht. Die Ermahnung ist eine mündlich oder auch schriftlich geäußerte Rüge. Mit der Ermahnung oder Mahnung will der Arbeitgeber den Arbeitnehmer lediglich zur Einhaltung seiner vertraglichen Pflichten anhalten. Rechtsfolgen für die Zukunft werden in einer Ermahnung nicht angedroht.

Beispiel für eine Ermahnung

In der Agentur König wird größten Wert darauf gelegt, dass eine krankheitsbedingte Arbeitsunfähigkeit so schnell wie möglich beim Arbeitgeber angezeigt wird, da täglich im Laufe des Vormittags kreative Teams zusammengestellt werden.

Die Texterin Ute Huber hatte sich eine Grippe eingefangen, sah die Sache aber nicht so eng. Sie ging morgens erst einmal zum Arzt und meldete sich im Laufe des Nachmittags beim Vorgesetzten. Herr König will Frau Huber klarmachen, dass es so nicht funktioniert, und formuliert deshalb eine Ermahnung.

> Ermahnung
>
> Sehr geehrte Frau Huber,
>
> wir mussten zu unserem Bedauern feststellen, dass Sie Ihre arbeitsvertraglichen Pflichten verletzt haben.
>
> Nach Ziffer 11 Ihres Arbeitsvertrags vom 1.1.2018 sind Sie verpflichtet, eine krankheitsbedingte Arbeitsunfähigkeit am ersten Tag des Fehlens bis 10.00 Uhr zu melden. Am 15.3.2019 haben Sie Ihre krankheitsbedingte Arbeitsunfähigkeit erst gegen 15.00 Uhr angezeigt.
>
> Durch Ihre verspätete Anzeige sind bei der täglichen Zusammensetzung der kreativen Teams erhebliche Schwierigkeiten entstanden. Ursache für diese betrieblichen Störungen war Ihre verspätete Anzeige wegen Arbeitsunfähigkeit.
>
> Wir können Ihr Verhalten nicht unbeanstandet hinnehmen. Wegen Ihres Verhaltens sprechen wir heute eine Ermahnung aus und fordern Sie gleichzeitig auf, in Zukunft Ihre arbeitsvertraglichen Pflichten ordnungsgemäß zu erfüllen. Jedes Fehlen muss bis spätestens 10.00 Uhr gemeldet werden.
>
> Eine Kopie dieser Ermahnung legen wir in Ihrer Personalakte ab.

Ort, Datum

____
(Unterschrift Arbeitgeber)

____

Diese Ermahnung habe ich am _______________ erhalten.

____
(Unterschrift Mitarbeiter)

Diese vier Fallgruppen einer Abmahnung gibt es

Vier Fallgruppen

Führt die Ermahnung nicht zum gewünschten Ergebnis, bleibt nur die Abmahnung, mit der Sie eine Veränderung erwirken können. Hier unterscheidet man vier Fallgruppen:

- Störungen im Leistungsbereich
- Störungen im betrieblichen Bereich
- Störungen im Vertrauensbereich
- Störungen aufgrund des außerdienstlichen Verhaltens

Leistungsbereich

Liegen Mängel im Leistungsbereich vor, muss einer Kündigung immer eine Abmahnung vorausgehen. Der Leistungsbereich ist vor allem dann betroffen, wenn die zu erfüllende Arbeitspflicht zu wünschen übrig lässt.

Beispiele: beharrliche Arbeitsverweigerung, Schlechtleistungen, häufige Unpünktlichkeit, verspätete Vorlage von Arbeitsunfähigkeitsbescheinigungen usw.

Betrieblicher Bereich

Hierzu gehören vor allem die Missachtung der betrieblichen Ordnung und die Störung des Betriebsfriedens. Es sollte eine Abmahnung erteilt werden, bevor die Kündigung ausgesprochen wird. Beispiele: parteipolitische Betätigung im Betrieb, rechtsextremistische, ausländer- oder frauenfeindliche Äußerungen im Betrieb, Missachtung eines betrieblichen Rauch- oder Alkoholverbots usw.

Vertrauensbereich

In dieser Fallgruppe geht es nicht um die Leistung des Mitarbeiters, sondern um dessen Verbundenheit zum Arbeitgeber. Regelmäßig sind die Pflichtverletzungen in diesem Bereich so schwerwiegend, dass der Arbeitgeber gar nicht verpflichtet ist, zunächst eine Abmahnung auszusprechen. Aber Vorsicht: Mit einer ordnungsgemäßen Abmahnung sind Sie vor Gericht auf der sicheren Seite und müssen sich nicht vorwerfen lassen, dass eine Abmahnung zunächst genügt hätte. Beispiele: Spesenbetrug, falsche Reisekostenabrechnungen, Diebstahl, Unterschlagung usw.

Außerdienstliches Verhalten

Ein außerdienstliches Verhalten kann nur dann abgemahnt werden, wenn es sich konkret auf das Arbeitsverhältnis auswirkt und damit den Betrieb beeinträchtigt. Beispiele: Nebentätigkeiten in einem Zeitraum der Arbeitsunfähigkeit, Verletzungen der Geheimhaltungspflicht, öffentliches Bekenntnis zu einer rechtsradikalen Gruppe usw.

In neun Schritten zur wirksamen Abmahnung

Jede Abmahnung muss drei Funktionen erfüllen:

- Dokumentationsfunktion
- Warnfunktion
- Ankündigungsfunktion

Immer schriftlich abmahnen

In der Abmahnung muss das Fehlverhalten des Mitarbeiters schriftlich festgehalten, genau beschrieben und deutlich gerügt werden.

Die Abmahnung soll das richtige Verhalten aufzeigen und dem Mitarbeiter unmissverständlich ankündigen, dass bei einem wiederholten Verstoß das Arbeitsverhältnis beendet wird.

Schritt 1

Der Mitarbeiter ist zunächst anzuhören. Das ist zwar gesetzlich nicht vorgeschrieben, kann aber Ärger vermeiden.

Schritt 2

Warten Sie nicht zu lange. Eine Abmahnung sollte möglichst bald nach einem Pflichtverstoß erteilt werden, auch wenn es dafür keine gesetzliche Frist gibt.

Schritt 3

Fehlverhalten genau schildern

Erläutern und kritisieren Sie das Fehlverhalten genau. Das Verhalten des Mitarbeiters, das ihm zur Last gelegt wird, muss in der Abmahnung genau geschildert werden:

- Datum
- Uhrzeit
- Ort
- genaue Beschreibung der Pflichtverletzung
- davon betroffene Personen
- dadurch eingetretene Schäden oder verursachte Störungen des Betriebsablaufs
- zur Verfügung stehende Zeugen

Achtung

Auf keinen Fall dürfen Sie allgemeine Ausführungen wie z. B. „aufgrund der allseits bekannten Geschehnisse …" verwenden. Erforderlich ist auch, dass Sie die Pflichtverletzung ausdrücklich als solche nennen, z. B.: „Aufgrund Ihrer Verspätung am … um … haben Sie Ihre Pflichten aus dem Arbeitsvertrag verletzt.", und nicht: „Sie kommen ständig zu spät und verletzen damit Ihre Pflichten aus dem Arbeitsvertrag."

Schritt 4

Fordern Sie zu ordnungsgemäßem Verhalten auf. Beispiel: „Wir fordern Sie ausdrücklich auf, das vorgenannte Verhalten zu unterlassen und zukünftig Ihren arbeitsvertraglichen Verpflichtungen nachzukommen."

Schritt 5

Hinweis: Kündigung

Weisen Sie immer auf die arbeitsrechtlichen Konsequenzen hin. Eine Abmahnung, die nicht auf eine Kündigung im Wiederholungsfall hinweist, ist unwirksam. Beispiel: „Bei einem erneuten, gleichartigen Pflichtverstoß müssen Sie damit rechnen, dass wir Ihnen eine Kündigung aussprechen werden."

Schritt 6

Mahnen Sie immer schriftlich ab. Zwar schreibt das Gesetz eine Schriftform nicht vor, aber schon aus Beweisgründen sollte eine Abmahnung immer schriftlich erfolgen.

Schritt 7

Abmahnungsberechtigte

Nur wer dazu berechtigt ist, darf abmahnen. Das sind neben dem Arbeitgeber die Mitarbeiter im Unternehmen, die kündigungsbefugt sind. Das können z. B. Prokuristen, Personal-

oder Betriebsleiter, Abteilungsleiter, Filialleiter, Fachvorgesetzte usw. sein.

Praxistipp

Halten Sie den Kreis der Abmahnungsberechtigten möglichst klein. Hier können viele Fehler gemacht werden und die erforderliche Dokumentation ist aufwendig. Wenn es tatsächlich einmal zu einer Kündigung kommt, sollte diese nicht an einer unwirksamen Abmahnung oder an Beweisproblemen scheitern.

Schritt 8

Übermittlung der Abmahnung

Stellen Sie den Zugang sicher. In der Praxis haben sich zwei Wege bewährt, mit denen der Zugang einer Abmahnung bewiesen werden kann.

- Übergabe im Betrieb
- Übergabe per Boten

Die Abmahnung, die Sie im Betrieb aushändigen, hat den Vorteil, dass Sie sich den Empfang auf einer vorbereiteten Quittung bestätigen lassen können.

Muster: Empfangsbestätigung

Die Abmahnung vom wurde mir am __________ von Herrn/Frau __________ im Betrieb ausgehändigt.

____

Ort, Datum, Unterschrift Arbeitnehmer

Ebenso ist die Übermittlung per Boten sicher. In einem Arbeitsgerichtsprozess kann der Bote als Zeuge auftreten und den Zugang der Abmahnung beweisen. Dabei müssen Sie auf Folgendes achten:

- Ihr Bote muss mit dem Inhalt des Abmahnungsschreibens vertraut sein.
- Er hat das Abmahnungsschreiben gelesen und in den Briefumschlag gesteckt.
- Er hat sich die Umstände der Übermittlung eingeprägt.
- Er hat die Abmahnung an den abzumahnenden Mitarbeiter oder an eine in seiner Wohnung befindliche Person ausgehändigt oder das Schreiben in den Briefkasten des Mitarbeiters geworfen.
- Er hat über die genauen Umstände der Zustellung ein Protokoll erstellt und Ihnen unterschrieben ausgehändigt.

Praxistipp

Als Geschäftsführer oder Inhaber eines Unternehmens sollten Sie diesen Botengang nicht selbst erledigen. Sie sind der Arbeitgeber und damit in einem möglichen späteren Prozess die gegnerische Partei des Arbeitnehmers. Sie können dann nicht als Zeuge aussagen und belegen, dass die Abmahnung zugegangen ist.

Schritt 9

Personalakte

Zu den Formalitäten einer Abmahnung gehört auch, dass die Kopie der Abmahnung in der Personalakte des Mitarbeiters aufbewahrt wird.

Prüfen Sie die folgenden Fragen vorab und formulieren Sie die Abmahnung anhand Ihrer Antworten.

Checkliste: Abmahnung	
Wer?	Abmahnungsberechtigt sind: der Arbeitgeber, Disziplinarvorgesetzte, Fachvorgesetzte
Wen?	Name, Vorname des Mitarbeiters, Personalnummer, Beschäftigung in Abteilung … als …
Wann?	Tag und Uhrzeit des Fehlverhaltens
Wo?	Genaue Angabe des Ortes des Fehlverhaltens: z. B. Abteilung, Stockwerk, Büroraum u. Ä.
Was?	Genaue Beschreibung des Fehlverhaltens, Nennung der betroffenen Personen, Nennung von Zeugen
Wie?	Aus Beweiszwecken immer schriftlich. Vom Mitarbeiter schriftlich bestätigen lassen, dass er die Abmahnung erhalten hat.
Warum?	Hat der Mitarbeiter einen Entschuldigungsgrund für sein Verhalten? War er zu seinem Verhalten gezwungen?
Wiederholung?	Wurde der Mitarbeiter in jüngerer Vergangenheit wegen eines gleichartigen Fehlverhaltens abgemahnt? Handelt es sich um ein gravierendes Fehlverhalten, das den Betriebsfrieden und/oder den Betriebsablauf stört (keine Bagatelle)?
Folgen?	Das Fehlverhalten des Mitarbeiters wird ausdrücklich gerügt und nicht geduldet. Im Wiederholungsfall muss der Mitarbeiter mit der Auflösung des Arbeitsverhältnisses rechnen.

Im Downloadbereich finden Sie zwei Musterabmahnungen.

So kann Ihr Arbeitnehmer auf eine Abmahnung reagieren

Der Vorgesetzte hat den Mitarbeiter abgemahnt, Sie haben für die Zustellung der Abmahnung gesorgt und die Kopie ordnungsgemäß in der Personalakte abgeheftet. Damit ist der Fall oft noch nicht erledigt, denn ein Arbeitnehmer muss eine Abmahnung nicht so ohne Weiteres hinnehmen, wenn die Abmahnung zu Unrecht erteilt wurde.

Reaktionen des Arbeitnehmers

Der Arbeitnehmer kann unterschiedlich auf eine Abmahnung reagieren. Er kann

- den Arbeitgeber auffordern, die Abmahnung aus der Personalakte zu entfernen,
- Einsicht in die Personalakte nehmen,
- eine Gegendarstellung zur Personalakte reichen,
- Beschwerde beim Betriebsrat oder auch beim Arbeitgeber wegen ungerechter Behandlung einlegen,
- zunächst nichts tun, aber später bei einem eventuellen Kündigungsschutzprozess vortragen, dass die Abmahnung von damals zu Unrecht erfolgt sei, oder
- eine Klage auf Entfernung der Abmahnung aus der Personalakte erheben.

Einsichtsrecht in die Personalakte

Der Arbeitnehmer kann zunächst zu Ihnen kommen und in seine Personalakte Einblick nehmen wollen. Das wird er vor allem dann machen, wenn er nicht sicher ist, ob und mit welchem Inhalt eine Abmahnung in die Personalakte gelangt ist. Wenn die Personalakten elektronisch geführt werden, kann er eine Auskunft über die zu seiner Person gespeicherten Daten verlangen. Zur Einsichtnahme kann der Arbeitnehmer ein Betriebsratsmitglied mitbringen. Das Einsichtsrecht ist ein Arbeitnehmerschutzrecht, das dem Arbeitnehmer nicht verweigert werden kann.

Gegendarstellung

Gegendarstellung

Jeder Arbeitnehmer hat das Recht, Erklärungen zum Inhalt der Personalakte abzugeben. Er kann also z. B. den Sachverhalt einer Abmahnung aus seiner Sicht schildern und diese Gegendarstellung bei Ihnen abgeben, damit sie in die Personalakte gelangt. Das gilt für jede Abmahnung, ganz gleich ob sie zu Recht oder zu Unrecht erteilt wurde.

Dem Arbeitnehmer darf dieses Recht vor allem nicht mit dem Argument, die Gegendarstellung sei falsch oder unwahr, verweigert werden.

Beschwerde beim Arbeitgeber

Beschwerde prüfen

Jeder Arbeitnehmer hat das Recht, sich zu beschweren, wenn er sich z. B. ungerecht behandelt fühlt. Kommt also nach einer Abmahnung eine Beschwerde bei Ihnen an, muss der Abmahnende die Beschwerde prüfen und entscheiden, ob er an der Abmahnung festhalten will. Die Entscheidung muss dem Arbeitnehmer mitgeteilt werden.

Praxistipp

Für die Mitteilung an den Arbeitnehmer ist keine besondere Form vorgeschrieben. Aus Beweisgründen sollte sie aber immer schriftlich erfolgen.

Beschwerde beim Betriebsrat

Betriebsrat prüft Beschwerde

Wer mit einer Abmahnung nicht einverstanden ist, kann sich auch beim Betriebsrat beschweren. Der Betriebsrat muss die Beschwerde prüfen und dem Arbeitnehmer mitteilen, zu welchem Ergebnis er gekommen ist. Erachtet er die Beschwerde für berechtigt, muss der Betriebsrat sich an den Arbeitgeber wenden und darauf hinwirken, dass dieser der Beschwerde abhilft.

Keine Reaktion zeigen

Schweigen ist kein Einverständnis

Der Arbeitnehmer kann auch einfach nichts unternehmen. Sein Schweigen wird aber nicht als Einverständnis mit der Abmahnung gewertet. Kommt es beispielsweise später zu einer Kündigung und zu einem Kündigungsschutzprozess, kann der Arbeitnehmer immer noch vortragen, dass die Abmahnung von damals zu Unrecht erteilt worden sei. Dafür muss er weder eine Gegendarstellung noch sonst eine Beschwerde zeitnah abgegeben haben.

Klage auf Entfernung der Abmahnung

Klage auf Entfernung

Kommt der Arbeitnehmer mit den hier beschriebenen außergerichtlichen Möglichkeiten nicht weiter, kann er beim Arbeitsgericht eine Klage auf Entfernung der Abmahnung aus der Personalakte erheben. Wenn die Abmahnung nicht gerechtfertigt war, muss sie aus der Personalakte verschwinden. Um das herauszufinden, prüft das Gericht die folgenden Punkte:

- Handelt es sich überhaupt um eine Abmahnung im arbeitsrechtlichen Sinn? Beispiel: Die vermeintliche Abmahnung muss aus der Personalakte entfernt werden, wenn sie gar keine Abmahnung ist. Das ist beispielsweise der Fall, wenn übersehen wurde, Sanktionen für den Fall der Wiederholung anzudrohen.
- Trifft einer von mehreren Vorwürfen in der Abmahnung nicht zu? Werden in einer Abmahnung mehrere Vorwürfe genannt, ist die gesamte Abmahnung unwirksam, wenn nur einer dieser Vorwürfe nicht zutrifft oder nicht bewiesen werden kann. Formulieren Sie deshalb in einer Abmahnung nur einen Vorwurf bzw. nur solche Vorwürfe, die zu einem Lebenssachverhalt gehören (z. B. mehrere Verspätungen in Folge).
- Ist der konkrete Vorwurf in der Abmahnung gerechtfertigt? Kommt das Gericht zur Überzeugung, dass der Vorwurf berechtigt ist, spielen Entschuldigungen des Arbeitnehmers keine Rolle mehr.

„Erledigt sich durch Liegenlassen"

Anspruch auf Entfernung

Angenommen, es kommt nicht zu einem Streit, und der Arbeitnehmer lässt die Abmahnung einfach Abmahnung sein. Auch dann dürfen Sie den Vorgang nicht aus den Augen verlieren, denn hat sich der Arbeitnehmer längere Zeit nichts weiter zuschulden kommen lassen, hat er einen Anspruch auf Entfernung der Abmahnung aus der Personalakte. Er hat dann gezeigt, dass er sich vertragsgerecht verhält und sich die Abmahnung zu Herzen genommen hat.

Eine gesetzlich geregelte Frist gibt es dafür nicht, da Abmahnungen aus ganz unterschiedlichen Gründen erteilt werden und deshalb auch unterschiedlich lang von Bedeutung sind. Eine Abmahnung wegen einer Tätlichkeit hat eine längere Verweildauer in der Personalakte als eine Abmahnung wegen dreifacher Verspätung. Im Normalfall sollten Sie nach zwei bis drei Jahren die Abmahnung in der Wiedervorlage haben, damit Sie dann klären können, ob sie aus der Personalakte entfernt wird. Hat sich in der Zwischenzeit kein ähnlich gelagerter Fall ereignet, wird dies in den meisten Fällen erforderlich sein.

Praxistipp

Informieren Sie den Arbeitnehmer darüber, dass Sie die Abmahnung aus der Personalakte entfernt haben. Das kann ein Ansporn für ihn sein. Warten Sie mit dem Entfernen der Abmahnung nicht, bis der Arbeitnehmer Sie hierzu auffordert.

Alles Wichtige auf einen Blick

- Prüfen Sie immer zuerst, ob eine Ermahnung ausreicht.
- Eine ordnungsgemäße Abmahnung muss immer drei Funktionen erfüllen:
  - Dokumentationsfunktion
  - Warnfunktion
  - Ankündigungsfunktion
- Mahnen Sie aus Beweisgründen immer schriftlich ab.
- Übergeben Sie die Abmahnung persönlich oder stellen Sie den Zugang durch einen Boten sicher.
- Eine Gegendarstellung zu einer Abmahnung müssen Sie in die Personalakte aufnehmen. Darauf hat der Arbeitnehmer Anspruch.
- Legen Sie Abmahnungen in die Wiedervorlage: Nach zwei bis drei Jahren, je nach Schwere des Vorfalls, hat der Arbeitnehmer Anspruch darauf, dass Sie die Abmahnung aus der Personalakte entfernen – wenn sich das Verhalten positiv geändert hat.

Mutterschutz und Elternzeit

Wenn eine Mitarbeiterin eine Schwangerschaft anzeigt, kommen einige Aufgaben auf Sie als Arbeitnehmer zu, die man nicht alle Tage erledigt: Fristen berechnen, Behörden informieren, Dokumentationen erstellen usw. Das folgende Kapitel zeigt Ihnen, wie Sie schnell und effektiv alles erledigen können.

Die Mutterschutzzeit

Mutterschutzgesetz

Zweck des Mutterschutzgesetzes (MuSchG) ist, den durch die Schwangerschaft bei der Arbeitnehmerin entstehenden Widerstreit zwischen ihrer Stellung im Berufsleben und ihrer Mutterrolle auszugleichen.

Sie als Arbeitgeber haben zugunsten werdender, niederkommender und stillender Mütter bestimmte Gebote zu entsprechender Gestaltung des Arbeitsplatzes zu beachten. Voraussetzung hierfür ist, dass die Schwangere Sie zuvor von ihrem Zustand unterrichtet hat. Allerdings ist sie dazu nicht verpflichtet.

Achtung

Teilt Ihnen Ihre Mitarbeiterin eine Schwangerschaft nicht mit, kann sie Ihnen später keine Verletzung des Mutterschutzes vorwerfen.

Hat Ihnen Ihre Arbeitnehmerin ihre Schwangerschaft mitgeteilt, dann müssen Sie die zuständige Aufsichtsbehörde entsprechend benachrichtigen. Je nach Bundesland können das Gewerbeaufsichtsamt, die Arbeitsschutzbehörde o.ä. Behörden zuständig sein.

Betriebsrat informieren

Der Betriebsrat muss ebenfalls informiert werden, um die Einhaltung der Mutterschutzvorschriften kontrollieren zu können.

Übersicht: Liste der zuständigen Aufsichtsbehörden	
Soweit nicht anders vermerkt, handelt es sich um die jeweils örtlich allgemein zuständige Behörde.	
Baden-Württemberg	Regierungspräsidien
Bayern	Gewerbeaufsichtsämter
Berlin	Landesamt für Arbeitsschutz, Gesundheitsschutz und technische Sicherheit
Brandenburg	Landesamt für Arbeitsschutz, Verbraucherschutz und Gesundheit
Bremen	Gewerbeaufsichtsamt
Hamburg	Behörde für Gesundheit und Verbraucherschutz
Hessen	Regierungspräsidien
Mecklenburg-Vorpommern	Landesamt für Gesundheit und Soziales – LAGuS
Niedersachsen	Gewerbeaufsichtsamt
Nordrhein-Westfalen	Bezirksregierungen
Rheinland-Pfalz	Struktur und Genehmigungsdirektion
Saarland	Landesamt für Umwelt- und Arbeitsschutz
Sachsen	Landesdirektion
Sachsen-Anhalt	Landesamt für Verbraucherschutz
Schleswig-Holstein	Staatliche Arbeitsschutzbehörde bei der Unfallkasse
Thüringen	Landesamt für Verbraucherschutz

Mit dem folgenden Schreiben, das Sie auch zum Download finden, erfüllen Sie die Pflicht des Arbeitgebers zur Information der Aufsichtsbehörde bzgl. einer Schwangerschaft. Viele Behörden bieten auch online die Anzeige einer Schwangerschaft an.

Muster: Schwangerschaftsmeldung

Betrieb

... An die

Aufsichtsbehörde ...

Benachrichtigung nach § 15 MuSchG

Sehr geehrte Damen und Herren,

die Arbeitnehmerin ..., geb. am ..., wohnhaft in ..., krankenversichert bei ...,

bei uns beschäftigt als ...

in unserer Niederlassung in ...

hat uns ihre Schwangerschaft und den mutmaßlichen Tag der Entbindung am ... mitgeteilt. Das ärztliche Zeugnis finden Sie in Kopie anbei. Die Arbeitnehmerin war vor Bekanntwerden der Schwangerschaft wie folgt tätig:

❑ im Zeitlohn. ❑ im Akkordlohn. ❑ in der Prämienarbeit.

❑ am Fließband. ❑ als Gehaltsempfängerin.

Die Arbeitnehmerin ist nach Bekanntwerden der Schwangerschaft wie folgt tätig:

❑ im Zeitlohn ❑ im Akkordlohn ❑ in der Prämienarbeit

❑ am Fließband ❑ als Gehaltsempfängerin

❑ ganztags ❑ halbtags ❑ in Teilzeit

❑ in der Schichtarbeit ❑ als Heimarbeiterin,

überwiegend im ❑ Stehen. ❑ Sitzen. ❑ Gehen.

Die tägliche Arbeitszeit beträgt ... Stunden an ... Wochentagen. Pausen sind von ... bis ... Uhr und von ... bis ... Uhr.

____

Ort, Datum, Unterschrift

Diese Mutterschutzfristen gelten

Mindestschutzfrist: 14 Wochen

Schwangere Mitarbeiterinnen dürfen in den letzten sechs Wochen vor dem ausgerechneten Entbindungstermin nicht beschäftigt werden. Dasselbe gilt für einen Zeitraum von acht Wochen nach der Entbindung, bei Früh- und Mehrlingsgeburten beträgt dieser Zeitraum zwölf Wochen. Diese verlängerte Schutzfrist gilt gem. §3 Abs.2 S.2 Nr.3 MuSchG auch bei der Geburt eines behinderten Kindes, wenn die Behinderung innerhalb von 8 Wochen nach der Geburt ärztlich festgestellt wird und die Frau die Verlängerung der Schutzfrist beantragt. Kommt das Kind vor dem berechneten Termin zur Welt, wird die Mutterschutzfrist nach der Geburt um die Anzahl der Tage verlängert, die vor der Geburt nicht zum Tragen kamen. Somit gelten also in jedem Fall Mutterschutzfristen von insgesamt 14 Wochen. Die Mutterschutzfrist beginnt mit dem Tag, der sechs Wochen vor dem errechneten Entbindungstermin liegt. Dabei ist der Tag der Entbindung nicht mitzuzählen.

Beginn der Mutterschutzfrist

Tanja Müller soll nach den Berechnungen ihres Arztes am Freitag, dem 16.7. entbinden. Da der Tag der Entbindung nicht mitgezählt wird, ist der erste Tag der Mutterschutzfrist vor der Geburt damit Donnerstag, der 3.6.

Freiwillige Weiterarbeit

Die Schwangere hat auch die Möglichkeit, während der letzten sechs Wochen vor der Entbindung weiterzuarbeiten. Dazu muss sie sich aber freiwillig bereit erklären, was unbedingt schriftlich fixiert werden sollte.

Für die freiwillige Weiterarbeit können Sie folgende Musterformulierung verwenden:

Musterformulierung: Freiwillige Weiterarbeit

Ich erkläre mich bereit, auch während der letzten sechs Wochen vor meiner voraussichtlichen Entbindung weiterzuarbeiten. Mir ist bekannt, dass

- ich diese Erklärung jederzeit widerrufen kann,
- mein Arbeitsentgelt während der Weiterarbeit auf das Mutterschaftsgeld angerechnet wird und
- ich auch ohne Weiterarbeit während dieser Zeit Anspruch auf Mutterschaftsgeld in Höhe des Durchschnittsverdiensts der letzten drei Monate vor Beginn dieser Zeit und auf den Arbeitgeberzuschuss zum Mutterschaftsgeld habe.

____

Ort, Datum Unterschrift Arbeitnehmerin

Achtung

Während der Schutzfrist nach der Entbindung ist eine Weiterarbeit der Schwangeren auch auf freiwilliger Basis verboten.

So müssen Sie den Arbeitsplatz gestalten

Der Arbeitgeber hat bei Einrichtung und Unterhaltung des Arbeitsplatzes und bei Regelung der Beschäftigung die erforderlichen Maßnahmen zum Schutz von Leben und Gesundheit der werdenden und stillenden Mütter zu treffen. Unter Arbeitsplatz in diesem Sinne versteht man die Beschäftigungsstelle einschließlich des betrieblichen Umfelds und der technischen Einrichtung. Sie müssen also auch dafür sorgen, dass solche Dinge wie z. B. Beleuchtung, Belüftung, Bodenbelag, Zugänge, Maschinen, Werkzeuge, Geräte usw. dem Mutterschutz gerecht werden und damit Schwangere und Stillende vor Gefahren für Leben und Gesundheit ausreichend geschützt sind. Für werdende und stillende Mütter müssen Sie eine Liegegelegenheit bereithalten. Die Arbeitsplatzgestaltung ist in den §§ 9 ff. MuSchG geregelt und umfasst auch die Organisation der Arbeitszeit, der Pausen und das Arbeitstempo.

Tipp

Gem. § 5 ArbSchG müssen Sie eine sog. schwangerschaftsspezifische Gefährdungsbeurteilung durchführen und dabei jede Tätigkeit unter Berücksichtigung möglicher Gefährdungen für Schwangere oder Stillende beurteilen. Sie müssen die ggf. erforderlichen Schutzmaßnahmen für jede Tätigkeit und jeden Arbeitsplatz, der von einer Schwangeren besetzt ist, ermitteln. Kommen Sie dabei zu dem Ergebnis, dass Maßnahmen ergriffen werden müssen, müssen diese nach Mitteilung der Schwangerschaft unverzüglich umgesetzt werden. Solange Sie das nicht der Fall ist, besteht ein betriebliches Beschäftigungsverbot.

Diese Beschäftigungsverbote müssen Sie beachten

Generelle Beschäftigungsverbote

Zunächst sind die **generellen Beschäftigungsverbote** zu beachten. Werdende Mütter dürfen nicht mit schweren körperlichen Arbeiten und nicht mit Tätigkeiten beschäftigt werden, bei denen sie schädlichen Einwirkungen von gesundheitsgefährdenden Stoffen oder Strahlen, Staub, Gasen oder Dämpfen, Hitze, Kälte oder Nässe, Erschütterungen oder Lärm ausgesetzt sind.

Beim Umgang mit Druckluft, Röntgenstrahlen und radioaktiven Stoffen schützen besondere Vorschriften die werdende und stillende Mutter. Auch chemische und biologische Schadstoffe können eine Gefährdung bedeuten.

Zwischen 20:00 Uhr und 6:00 Uhr darf eine schwangere oder stillende Frau nicht beschäftigt werden. Ausnahmsweise ist eine Beschäftigung bis 22:00 Uhr zulässig, wenn sich die betroffene Frau hierzu ausdrücklich bereit erklärt, eine ärztliche

Unbedenklichkeitsbescheinigung vorliegt und unter Einhaltung des Arbeitsschutzes sowie mit behördlicher Genehmigung gearbeitet wird (§28 MuSchG). Seit 1.1.2018 gilt dies für alle Berufsgruppen und während der gesamten Schwangerschaft.

Für Zeiten nach 22:00 Uhr kann durch die zuständige Behörde in Einzelfällen eine Ausnahme von diesem Verbot nach §29 Abs. 1 Nr. 3 MuSchG bewilligt werden.

Werdende und stillende Mütter dürfen auch nicht an Sonn- und Feiertagen und nicht mit Mehrarbeit beschäftigt werden. Sie dürfen arbeitstäglich nicht mehr als maximal 8,5 Stunden oder 90 Stunden pro Doppelwoche, Frauen unter 18 Jahren arbeitstäglich maximal 8 Stunden oder 80 Stunden in der Doppelwoche arbeiten.

Achtung
Für Auszubildende gelten Sonderregelungen.

Auch Akkord-und Fließbandarbeit mit vorgeschriebenem Arbeitstempo sind verboten. Insbesondere gilt ein generelles Beschäftigungsverbot für werdende Mütter:

- bei Arbeiten, bei denen regelmäßig Lasten von mehr als 5 kg Gewicht oder gelegentlich Lasten von mehr als 10 kg Gewicht ohne mechanische Hilfsmittel von Hand gehoben, bewegt oder befördert werden,
- nach Ablauf des fünften Monats der Schwangerschaft bei Arbeiten, bei denen sie ständig stehen müssen, soweit diese Beschäftigung täglich vier Stunden überschreitet,
- bei Arbeiten, bei denen sie sich häufig erheblich strecken oder beugen oder bei denen sie dauernd hocken oder sich gebückt halten müssen,
- bei der Bedienung von Geräten und Maschinen aller Art mit hoher Fußbeanspruchung,
- die mit dem Schälen von Holz befasst sind,
- bei Arbeiten, bei denen sie infolge ihrer Schwangerschaft in besonderem Maße der Gefahr, an einer Berufskrankheit zu erkranken, ausgesetzt sind oder bei denen durch das Risiko der Entstehung einer Berufskrankheit eine erhöhte Gefährdung für die werdende Mutter oder eine Gefahr für die Leibesfrucht besteht,
- nach Ablauf des dritten Monats der Schwangerschaft auf Beförderungsmitteln,
- bei Arbeiten, bei denen sie erhöhten Unfallgefahren ausgesetzt sind.

Individuelle Beschäftigungsverbote

Neben diesen generellen Beschäftigungsverboten kann es auch zu individuellen Beschäftigungsverboten kommen. Ein individuelles Beschäftigungsverbot wird erteilt, wenn bei Fortsetzung der bisherigen Beschäftigung nach ärztlichen Zeugnis eine Gefahr für Leben oder Gesundheit von Mutter oder Kind besteht. Das entsprechende Attest kann jeder Arzt ausstellen. Durch das Attest des Arztes kann die Beschäftigung ganz oder teilweise untersagt sein.

Praxistipp

Wenn Sie Zweifel haben, können Sie eine Nachuntersuchung verlangen, jedoch nicht den untersuchenden Arzt bestimmen.

Der Verdienst ist gesichert

Mutterschaftsgeld

Die materielle Existenzgrundlage der Arbeitnehmerin soll in Höhe des bisherigen Arbeitsentgelts gesichert werden. Dies geschieht durch Leistungen der Arbeitgeber und der Krankenversicherung. Während der Schutzfristen vor und nach der Entbindung besteht kein Vergütungsanspruch, die Mitarbeiterin erhält aber Mutterschaftsgeld und vom Arbeitgeber den Zuschuss zum Mutterschaftsgeld. Der Zuschuss besteht in Höhe des durchschnittlichen Nettolohns abzüglich eines Betrags von 13 EUR pro Tag. Frauen, die bei Beginn der Schutzfrist

- in einem Arbeitsverhältnis stehen oder
- in Heimarbeit beschäftigt sind oder
- deshalb nicht mehr in einem Arbeitsverhältnis stehen, weil dieses während der Schwangerschaft vom Arbeitgeber zulässig aufgelöst worden ist,

erhalten von der gesetzlichen Krankenkasse das Mutterschaftsgeld in Höhe von maximal 13 EUR je Kalendertag zusätzlich. Der Arbeitgeber zahlt den Unterschiedsbetrag in Höhe der Differenz zwischen dem Mutterschaftsgeld von 13 EUR kalendertäglich und dem Nettoarbeitsentgelt als Arbeitgeberzuschuss.

Um einen Einkommensverlust auszugleichen, erhält eine werdende Mutter, die wegen eines Beschäftigungsverbots außerhalb der Schutzfristen teilweise oder gar nicht beschäftigt werden darf, von ihrem Arbeitgeber Mutterschutzlohn. Als Mutterschutzlohn wird das durchschnittliche Arbeitsentgelt der letzten 13 Wochen vor dem Eintritt der Schwangerschaft gezahlt.

Praxistipp

Die Beträge, die Sie an Mutterschutzlohn leisten, können Sie im Rahmen des Arbeitgeberumlageverfahrens (U2-Umlageverfahren) von den gesetzlichen Krankenkassen ersetzt verlangen. Ebenfalls erstattet werden die Arbeitgeberanteile an Beiträgen zur gesetzlichen Kranken-, Renten- und Arbeitslosenversicherung. Detaillierte Informationen erteilt Ihnen dazu die zuständige Krankenkasse.

Die folgende Checkliste hilft Ihnen, nichts zu übersehen, falls eine Mitarbeiterin eine Schwangerschaft bei Ihnen meldet. Vor allem können Sie so im Auge behalten, ob Sie alle Mitteilungs- und Fürsorgepflichten beachtet haben.

Checkliste: Schwangerschaft	
1. Die zuständige Aufsichtsbehörde wurde unverzüglich über die Schwangerschaft informiert.	
2. Der Betriebsrat wurde informiert.	
3. Die Schutzfristen vor und nach der Entbindung wurden berechnet.	
4. Besteht für die Schwangere laut Gesetz ein Beschäftigungsverbot?	
5. Besteht für die Schwangere ein Beschäftigungsverbot nach einem ärztlichen Attest?	
6. Wurde der Gefahrenschutz am Arbeitsplatz der schwangeren Mitarbeiterin sichergestellt?	

Kündigungsverbot

Schwangere Mitarbeiterinnen genießen einen besonderen Kündigungsschutz nach § 17 MuSchG. Dieser gilt auch noch über die Entbindung hinaus für weitere vier Monate. Grundsätzlich dürfen Sie als Arbeitgeber in diesem Zeitraum Ihrer Mitarbeiterin nicht kündigen. Dieser Sonderkündigungsschutz gilt auch nach einer Fehlgeburt nach der zwölften Schwangerschaftswoche.

Praxistipp

Der Sonderkündigungsschutz findet keine Anwendung auf sonstige Möglichkeiten der Beendigung des Arbeitsverhältnisses wie z. B.:

- wirksame Befristung,
- Anfechtung des Arbeitsvertrags,
- Aufhebungsvertrag oder Eigenkündigung durch die werdende Mutter.

In seltenen Ausnahmefällen kann gemäß § 17 Abs. 2 MuSchG die zuständige Aufsichtsbehörde auf Antrag des Arbeitgebers eine Kündigung genehmigen.

Die Elternzeit

Die Elternzeit ermöglicht dem Arbeitnehmer die unbezahlte Freistellung von der Arbeit aus Anlass der Geburt und zum Zweck der Betreuung eines Kindes. Der gesetzliche Elternzeitanspruch steht allen Arbeitnehmern zu, die in einem Arbeitsverhältnis stehen. Die Art des Arbeitsverhältnisses (Teilzeit, Befristung, geringfügige Beschäftigung, Berufsausbildung) spielt dabei keine Rolle. Unerheblich ist auch, ob der Anspruchsberechtigte seinen Wohnsitz oder gewöhnlichen Aufenthalt im Bundesgebiet hat, sofern das bestehende Arbeitsverhältnis deutschem Arbeitsrecht unterliegt.

> **Achtung**
> Personen in Elternzeit unterliegen einem Kündigungsverbot.

Elternzeit und Elterngeld Die Elternzeit hat Auswirkungen auf die betriebliche Praxis, auch wenn Sie als Arbeitgeber nichts direkt mit der Auszahlung des Elterngelds zu tun haben. Der Bestand des Arbeitsverhältnisses wird durch die Inanspruchnahme der Elternzeit nicht berührt. Eine Verpflichtung zur Arbeitsleistung und zur Lohn- und Gehaltszahlung besteht nicht. Das Arbeitsverhältnis ruht.

Der Elternzeitanspruch setzt voraus, dass der Arbeitnehmer – mit dem Kind, für das ihm die Personensorge zusteht, oder mit einem Kind des Ehegatten oder Lebenspartners im eigenen Haushalt lebt und

- es selbst betreut und erzieht sowie
- während der Elternzeit nicht mehr als 30 Wochenstunden arbeitet.

Der Anspruch besteht auch bei der Vollzeitoder Adoptionspflege eines Kindes oder in besonderen Härtefällen sogar für nahe Verwandte und für vor allem für Großeltern.

Das vom Staat gewährte Elterngeld dient in erster Linie dazu, Einkommensverluste eines vor der Geburt des Kindes erwerbstätigen Elternteils bis zur Wiederaufnahme der Tätigkeit auszugleichen. Es soll dabei jene Mütter und Väter bei der Sicherung ihrer Lebensgrundlage unterstützen, die sich selbst um die Betreuung ihres Kindes kümmern. Auch Selbstständige können diese staatliche Unterstützungsleistung beanspruchen. Das Elterngeld wird nur bis zu 12 Monaten gewährt. Jedoch verlängert sich die maximale Bezugsdauer um zwei sogenannte „Partnermonate" auf bis zu 14 Monate, sofern auch der Partner für mindestens zwei Monate zu Hause bleibt bzw. seine Arbeitszeit reduziert und eine Erwerbsminderung eintritt. Alleinerziehende können die Partnermonate zusätzlich für sich beanspruchen und damit ebenfalls 14 Monate Elterngeld erhalten.

Hinweis:

Für die Eltern, die einen Anspruch auf Elterngeld haben, besteht die Möglichkeit, zwischen dem Bezug von dem bisherigen Elterngeld (Basiselterngeld) und dem Bezug von ElterngeldPlus zu wählen oder beides zu kombinieren. Das ElterngeldPlus richtet sich vor allem an Eltern, die während des Elterngeldbezugs einer Teilzeittätigkeit nachgehen. Der Anspruch besteht für beide Elternteile. Das ElterngeldPlus soll der besseren finanziellen Absicherung der Eltern dienen und kann daher doppelt so lange wie das bisherige Elterngeld bezogen werden. Es gilt: Ein Elterngeldmonat sind zwei ElterngeldPlus-Monate. Die Bezugsdauer des ElterngeldPlus-Anspruchs beträgt damit maximal 24 Monate. ElterngeldPlus kann somit auch nach dem 14. Lebensmonat des Kindes bezogen werden. In der Höhe beträgt das ElterngeldPlus monatlich höchstens die Hälfte des Elterngeldes, das dem berechtigten Elternteil ohne Teilzeittätigkeit nach der Geburt des Kindes zustünde.

Dauer der Elternzeit

Der Anspruch auf Elternzeit besteht bis zur Vollendung des 3. Lebensjahres des Kindes. Für Kinder, die ab dem 1. Juli 2015 geboren wurden, kann ein Anteil von bis zu 24 Monaten auf die Zeit bis zur Vollendung des 8. Lebensjahres des Kindes übertragen werden. Einer Zustimmung des Arbeitgebers zum Übertragungswunsch des Arbeitnehmers bedarf es in nicht mehr. Die Elternzeit kann, auch anteilig, von jedem Elternteil allein oder von beiden Elternteilen gemeinsam genommen werden.

Für die Elternzeit gibt es Anmeldefristen

Für die Anmeldung der Elternzeit gilt eine einheitliche Frist von sieben Wochen. Das bedeutet, dass der Mitarbeiter sowohl die Elternzeit als auch eine Teilzeitarbeit während der Elternzeit spätestens sieben Wochen vorher beim Arbeitgeber anmelden muss.

Elternzeit und Elterngeld	
Elterngeld	65 – 67 Prozent des letzten Nettoeinkommens bzw. des ausfallenden Nettoeinkommens für höchstens zwölf, mit Partnermonaten höchstens 14 Monate.

Elternzeit und Elterngeld	
Elterngeld Plus	Für die Eltern von Kindern, die ab dem 1. Juli 2015 geboren wurden und für die ein Anspruch auf Elterngeld besteht, gibt es die Möglichkeit, zwischen dem Bezug von dem bisherigen Elterngeld (Basiselterngeld) und dem Bezug von ElterngeldPlus zu wählen oder beides zu kombinieren.
Elternzeit	Bis das Kind das dritte Lebensjahr vollendet hat, also maximal drei Jahre. Für beide Elternteile möglich. Ein Anteil von 24 Monaten ist bis zur Vollendung des achten Lebensjahres übertragbar. Für eine solche Übertragung ist keine Zustimmung des Arbeitgebers erforderlich.
Teilzeitarbeit	Bis zu 30 Stunden pro Woche während der Elternzeit möglich.
Anmeldefristen	Elternzeit und Teilzeitarbeit während der Elternzeit müssen spätestens sieben Wochen vor Beginn beim Arbeitgeber angemeldet werden.

Formalien beachten

Der Mitarbeiter muss bestimmte Formalien einhalten, wenn er seinen Anspruch auf Elternzeit geltend macht:

- Beginn und Dauer der Elternzeit müssen sieben Wochen vor Beginn der Elternzeit mitgeteilt werden.
- Die Mitarbeiter müssen ebenfalls erklären, für welchen Zeitraum innerhalb von zwei Jahren sie Elternzeit in Anspruch nehmen wollen.
- Die Elternzeit darf dabei insgesamt auf bis zu drei Zeitabschnitte verteilt werden.

Teilzeitarbeit während der Elternzeit

Damit niemand im Berufsleben den Anschluss verliert, hat der Gesetzgeber einen Anspruch auf Teilzeitbeschäftigung während der Elternzeit geschaffen. Bis zu 30 Stunden wöchentlich kann der Elternzeitler in Teilzeit bei Ihnen weiterarbeiten. Der Arbeitnehmer verliert dabei nicht den Anspruch auf das Elterngeld. Dabei kann die Arbeitszeit auf alle Arbeitstage der Woche verteilt oder auf einzelne Arbeitstage konzentriert werden. Über eine Verringerung der Arbeitszeit und ihre Ausgestaltung sollen sich Arbeitnehmer und Arbeitgeber innerhalb von vier Wochen einigen. Ist eine Einigung nicht möglich, hat der Arbeitnehmer während der Elternzeit einen Anspruch auf zweimalige Reduzierung seiner Arbeitszeit auf einen Umfang von 15 bis 30 Wochenstunden für mindestens zwei Monate.

Dieser Teilzeitanspruch setzt voraus, dass:

- der Arbeitgeber ohne Auszubildende mehr als 15 Arbeitnehmer (pro-Kopf-Berechnung) beschäftigt,
- das Arbeitsverhältnis in demselben Betrieb oder Unternehmen ohne Unterbrechung länger als 6 Monate besteht,
- die vertraglich vereinbarte Arbeitszeit für mindestens zwei Monate auf einen Umfang zwischen 15 und 30 Wochenstunden verringert werden soll,
- der Antrag des Arbeitnehmers dem Arbeitgeber mindestens sieben Wochen vor dem gewünschten Termin der Arbeitszeitverringerung zugegangen ist,
- eine Einigung über den Antrag des Arbeitnehmers zur Verringerung und Ausgestaltung der Arbeitszeit während der Elternzeit innerhalb von vier Wochen gescheitert ist und
- dem Anspruch – ggf. gerichtlich überprüft – keine dringenden betrieblichen Gründe entgegenstehen.

Muster: Teilzeitantrag

Teilzeitantrag während der Elternzeit Name ....

Vorname ....

Straße/Hausnr. ....

PLZ/Ort ....

Telefon ....

Beschäftigt als ....

Abteilung: ....

Personal-Nr.: ....

Während meiner Elternzeit vom ... bis zum .... für das Kind ... beantrage ich die Verringerung der wöchentlichen Arbeitszeit auf ... Stunden. Diese Teilzeit soll am ... beginnen und am ... enden. Ich bitte um folgende Verteilung der verringerten Arbeitszeit: ...

Oder:

Innerhalb der Elternzeit von ... bis ... für das Kind ... möchte ich bei einem anderen Arbeitgeber, der Firma ..., eine Teilzeittätigkeit als ... im Umfang von ... Wochenstunden ausüben. Ich bitte um Ihre Zustimmung gemäß § 15 Abs. 4 BEEG.

Oder:

Innerhalb der Elternzeit von ... bis ... für das Kind ... möchte ich eine zulässige Teilzeitarbeit als Selbstständige(r) ausüben. Die Einhaltung der höchstzulässigen Arbeitszeit von 30 Wochenstunden versichere ich und bitte um Ihre Zustimmung gemäß § 15 Abs. 4 BEEG.

Mit freundlichen Grüßen

____

Ort, Datum, Unterschrift

Zum Download finden Sie eine Zusatzvereinbarung für die Teilzeitarbeit während der Elternzeit.

Alles Wichtige auf einen Blick

- Hat eine Arbeitnehmerin ihre Schwangerschaft mitgeteilt, muss die zuständige Aufsichtsbehörde vom Arbeitgeber diesbezüglich benachrichtigt werden. Je nach Bundesland sind unterschiedliche Behörden zuständig.
- Während der Mutterschutzfristen wird der Verdienst der Mutter durch den Mutterschutzlohn, das Mutterschaftsgeld (Krankenkasse) und den Zuschuss zum Mutterschaftsgeld (Arbeitgeber) gesichert.
- Beginn und Dauer der Elternzeit müssen sieben Wochen vor Beginn der Elternzeit mitgeteilt werden.
- Die Mitarbeiter müssen ebenfalls erklären, für welchen Zeitraum innerhalb von zwei Jahren sie Elternzeit in Anspruch nehmen wollen.
- Ein Anspruch auf Teilzeitbeschäftigung während der Elternzeit besteht in Betrieben, in denen in der Regel mehr als 15 Mitarbeiter beschäftigt werden. Die Betriebszugehörigkeit des Mitarbeiters muss länger als sechs Monate bestanden haben. Die Arbeitszeit darf höchstens 30 Stunden pro Woche betragen.

Teilzeit: Das müssen Sie beachten

Teilzeit- und Befristungsgesetz (TzBfG)

Ein Ziel des Gesetzes über Teilzeitarbeit und befristete Arbeitsverträge (Teilzeit- und Befristungsgesetz – TzBfG) ist es, Teilzeitarbeit zu fördern. Dabei hat der Gesetzgeber folgende Kernpunkte gesetzlich geregelt:

- Teilzeitbeschäftigte dürfen wegen der Teilzeitarbeit nicht schlechter behandelt werden als Vollzeitbeschäftigte, es sei denn es gibt dafür einen sachlichen Grund. Das gilt insbesondere für die Bezahlung von Teilzeitbeschäftigten.
- Arbeitnehmer, die es ablehnen, von einem Vollzeit- in ein Teilzeitarbeitsverhältnis oder umgekehrt zu wechseln, sind vor Kündigungen geschützt. Das Recht des Arbeitgebers, das Arbeitsverhältnis aus anderen Gründen (z.B. aus wirtschaftlichen, technischen oder organisatorischen Gründen) zu kündigen, bleibt unberührt.

- Arbeitgeber und Arbeitnehmer sollen Teilzeitarbeit vereinbaren, wenn der Arbeitnehmer eine Reduzierung der Arbeitszeit wünscht.
- Arbeitnehmer können eine Änderung ihrer Arbeitszeit höchstens alle zwei Jahre beantragen.
- Der Anspruch besteht nicht gegenüber Arbeitgebern, die bis zu 15 Arbeitnehmer (ohne Auszubildende) beschäftigen.
- Arbeitgeber werden bei Stellenausschreibungen verpflichtet, die zu besetzenden Arbeitsplätze auch als Teilzeitarbeitsplätze auszuschreiben, wenn sich die Arbeitsplätze hierfür eignen.
- Der Betriebsrat ist über Teilzeitarbeit im Betrieb und Unternehmen zu unterrichten.

Der Anspruch auf Teilzeitarbeit

Verfahren

Nach §8 TzBfG kann ein Arbeitnehmer, dessen Arbeitsverhältnis länger als sechs Monate bestanden hat und dessen Arbeitgeber in der Regel mehr als 15 Arbeitnehmer – Auszubildende nicht mitgerechnet – beschäftigt, verlangen, dass seine vertraglich vereinbarte Arbeitszeit verringert wird.

> **Wichtig**
>
> Seit dem 1.1.2019 gilt gem. §7 Abs. 2 TzBfG die Verpflichtung des Arbeitgebers, mit dem Arbeitnehmer dessen Wunsch nach Veränderung von Dauer und/oder Lage seiner vertraglich vereinbarten Arbeitszeit zu erörtern. Dies gilt unabhängig vom Umfang der Arbeitszeit.

Das Verfahren läuft wie folgt:

Schritt 1

Der Wunsch auf Reduzierung der Arbeitszeit muss spätestens drei Monate vor dem beabsichtigten Beginn der Arbeitszeitreduzierung geltend gemacht werden.

Schritt 2

Der Arbeitgeber hat sich mit der gewünschten Verringerung der Wochenarbeitszeit und ihrer Ausgestaltung auseinanderzusetzen. Hier soll die Problematik mit dem Ziel, zu einer für beide Seiten akzeptablen Vereinbarung zu gelangen, erörtert werden.

Schritt 3

Interessenabwägung durchführen

Der Arbeitgeber kann den Antrag ablehnen, wenn betriebliche Gründe entgegenstehen. Das sind Gründe, die zwingend verlangen, die bestehende Arbeitszeitregelung beizubehalten. Die Interessen des Arbeitnehmers an der Änderung der Arbeitszeit und die Interessen des Arbeitgebers an deren Beibehaltung sind abzuwägen.

Stehen betriebliche Gründe dem Begehren des Arbeitnehmers entgegen, hat er dies hinzunehmen.

Betriebliche Gründe können entgegenstehen

Betriebliche Gründe

Ob betriebliche Gründe vorliegen, wird in mehreren Stufen geprüft:

1. Zunächst muss das vom Arbeitgeber aufgestellte und durchgeführte Organisationskonzept nachvollziehbar sein. Sie müssen ein Konzept haben, das eine betrieblich erforderliche Arbeitszeitregelung beinhaltet und tatsächlich angewandt wird.
2. Dann müssen Sie prüfen, ob Ihr Organisationskonzept und die damit verbundene Arbeitszeitregelung tatsächlich der gewünschten Arbeitszeit entgegenstehen.
3. Abschließend haben Sie zu prüfen, ob das Gewicht der entgegenstehenden betrieblichen Gründe so groß ist, dass die Erfüllung des Arbeitszeitwunsches des Arbeitnehmers zu einer wesentlichen Beeinträchtigung der Arbeitsorganisation, des Arbeitsablaufs, der Sicherheit des Betriebs oder zu einer unverhältnismäßigen wirtschaftlichen Belastung des Betriebs führen würde.

Die Reaktion des Arbeitgebers auf einen Teilzeitantrag

Wer eine einheitliche Vorgehensweise im Betrieb bevorzugt, kann seinen Mitarbeitern ein Formular für die Beantragung von Teilzeitarbeit zur Verfügung stellen. Sie finden das Formular im Downloadbereich.

Für den Anspruch auf Reduzierung der Arbeitszeit ist seit dem 1.1.2019 zwischen dem Anspruch auf unbefristete Teilzeit (§8 TzBfG) und dem Anspruch auf die befristete Teilzeitbeschäftigung (sog. „Brückenteilzeit" gem. §9a TzBfG) zu unterscheiden. Bei der Geltendmachung der Ansprüche gibt es viele Parallelen, aber auch Unterschiede.

Wenn ein Arbeitnehmer einen Teilzeitanspruch geltend macht und eine entsprechende Verteilung der verbleibenden Arbeitszeit einfordert, müssen Sie drei Fälle unterscheiden.

1. Möglichkeit: Sie stimmen dem Antrag zu

Nach drei Monaten: neue Arbeitszeit

Stimmen Sie dem Wunsch des Arbeitnehmers auf Verringerung der Arbeitszeit zu und wird auch hinsichtlich der Arbeitszeitverteilung ein Einvernehmen erzielt, so gilt frühestens drei Monate nach der Antragstellung durch den Arbeitnehmer die neue Arbeitszeit.

Selbstverständlich können Sie sich einvernehmlich mit dem Mitarbeiter auf eine Verkürzung dieser Vorlaufzeit einigen – ein entsprechender Anspruch darauf besteht jedoch nicht.

2. Möglichkeit: Sie haben nicht reagiert

Wunsch des Arbeitnehmers gilt

Angenommen, Sie sind sich über die Verteilung der Arbeitszeit nicht einig geworden und haben es versäumt, spätestens einen Monat vor dem gewünschten Beginn der Arbeitszeitverringerung die gewünschte Verteilung und/oder die Verringerung der Arbeitszeit schriftlich abzulehnen.

In einem solchen Fall treten die Verteilung und/oder die Verringerung der Arbeitszeit wie vom Arbeitnehmer gewünscht in Kraft.

3. Möglichkeit: Sie lehnen ab

Teilweise Ablehnung

Sie können das Teilzeitbegehren und/oder die Arbeitszeitverteilung Ihres Mitarbeiters auch ablehnen. Sind Sie z. B. mit der Verringerung der Arbeitszeit einverstanden, nicht aber mit der gewünschten Verteilung, können Sie die Verteilung „isoliert" ablehnen. Diese Entscheidung haben Sie dem Arbeitnehmer spätestens einen Monat vor Beginn der gewünschten Verringerung der Arbeitszeit schriftlich mitzuteilen.

Geschieht dies nicht, wird die Arbeitszeit dem Wunsch Ihres Arbeitnehmers entsprechend gekürzt bzw. festgelegt.

Arbeitszeitverringerung muss eingeklagt werden

Klage beim Arbeitsgericht

Der Arbeitgeber hat der Verringerung der Arbeitszeit nach §8 Abs. 4 TzBfG zuzustimmen, soweit betriebliche Gründe nicht entgegenstehen. Letztlich geht es darum, dass Sie als Arbeitgeber eine Willenserklärung abgeben. Verweigern Sie die Zustimmung zur beantragten Arbeitszeitverringerung, bleibt dem Arbeitnehmer nur ein Weg: die Zustimmung beim zuständigen Arbeitsgericht einzuklagen.

Praxistipp

Wenn Sie einer Arbeitszeitreduzierung einmal zugestimmt haben oder wenn Sie einmal zu Recht abgelehnt haben, haben Sie automatisch für zwei Jahre Ihre Ruhe: Eine erneute Verringerung der Arbeitszeit kann der Arbeitnehmer frühestens nach Ablauf von zwei Jahren verlangen.

Besonderheiten der Brückenteilzeit

Brückenteilzeit

Für den Anspruch auf den befristeten Teilzeitanspruch gem. § 9a TzBfG sind einige Besonderheiten zu beachten.

- Brückenteilzeit kann nur bei Arbeitgebern beantragt werden, die in der Regel mehr als 45 Arbeitnehmer beschäftigen. Auszubildende sind bei der Anzahl der Arbeitnehmer nicht zu berücksichtigen. Alle anderen Mitarbeiter werden Pro-Kopf berücksichtigt, also unabhängig vom Umfang ihrer Arbeitszeit.
- Der Umfang der reduzierten Arbeitszeit ist von vornherein festzulegen.
- Eine Änderung der Teilzeit während der Brückenteilzeit ist ausgeschlossen.
- Gem. § 9a Abs. 2 S. 2 TzBfG gilt eine Zumutbarkeitsgrenze für Arbeitgeber, die zwischen 46 und 200 Arbeitnehmer beschäftigen. Sie müssen nur einem pro angefangene 15 Arbeitnehmer den Anspruch auf Brückenteilzeit gewähren. Beruft sich der Arbeitgeber auf die Zumutbarkeitsgrenze, ist die Brückenteilzeit ausgeschlossen. Der Arbeitnehmer kann dann frühestens ein Jahr nach der berechtigten Ablehnung einen neuen Antrag stellen.
- Nach der Beendigung der Brückenteilzeit ist ein erneuter Antrag auf befristete Teilzeit erst nach einem Jahr möglich.
- Der Anspruch auf befristete Teilzeit (Brückenteilzeit) ist von vornherein beschränkt auf einen Mindestzeitraum von einem Jahr und eine Höchstdauer von 5 Jahren. Der Arbeitnehmer kehrt nach der Teilzeitphase wieder zu seiner vorherigen Arbeitszeit zurück.

Streitpunkt Teilzeit und Überstunden

Überstunden nur mit Vereinbarung

Teilzeit wird von Mitarbeitern oft mit dem Ziel vereinbart, mehr freie Zeit zu gewinnen. Die so gewonnene freie Zeit nutzen sie meist für die Familie. Sie ist dann für den Job nicht mehr frei verfügbar. Im Regelfall darf der Arbeitgeber deshalb Überstunden außerhalb der fest geplanten Arbeitszeiten nicht einseitig anordnen. Eine solche Befugnis müsste vielmehr ausdrücklich im Arbeitsvertrag festgelegt sein.

Etwas anderes gilt in Notfällen oder wenn dem Betrieb z.B. ein schwerer Schaden droht; dann müssen alle aufgrund ihrer Treuepflicht Überstunden leisten. Soweit der betroffene Arbeitnehmer aber einverstanden ist, kann die Arbeitszeit auch ohne eine solche allgemeine Vertragsbestimmung im Einzelfall vorübergehend heraufgesetzt oder umverteilt werden. Wenn der Arbeitgeber bei der Umverteilung von Arbeitszeit die Wünsche der Arbeitskräfte einbezieht, sind diese im Normalfall auch seinen berechtigten Wünschen gegenüber aufgeschlossen. Die Praxis zeigt, dass dies der richtige Weg zu funktionierender Teilzeit ist.

Alles Wichtige auf einen Blick

- Teilzeitbeschäftigt ist ein Arbeitnehmer, dessen regelmäßige Wochenarbeitszeit kürzer ist als die eines vergleichbaren vollzeitbeschäftigten Arbeitnehmers.
- Bei der Brückenteilzeit handelt es sich um eine zwischen einem und fünf Jahren befristet laufende Teilzeitbeschäftigung.
- Jeder Arbeitnehmer – auch der, der bereits in Teilzeit beschäftigt ist – kann seine Arbeitszeit verringern, wenn
  - sein Arbeitsverhältnis seit mindestens sechs Monaten besteht,
  - betriebliche Gründe nicht entgegenstehen,
  - im Unternehmen mehr als 15 Mitarbeiter arbeiten.
- Teilzeitbeschäftigte dürfen wegen der Teilzeitarbeit nicht schlechter behandelt werden als Vollzeitbeschäftigte, es sei denn es gibt dafür einen sachlichen Grund. Das gilt insbesondere für die Bezahlung von Teilzeitbeschäftigten.
- Im Teilzeitantrag sollen sowohl der gewünschte Umfang der neuen Arbeitszeit als auch ihre Verteilung beschrieben werden.

Pflegezeit und Familienpflegezeit

Wenn es um die Pflege eines Pflegebedürftigen, zum Beispiel eines erkrankten nahen Angehörigen, geht, ist es Ihren Mitarbeitern möglich,

- die kurzzeitige Arbeitsverhinderung, (§2 Pflegezeitgesetz (PflegeZG) in Anspruch zu nehmen: Arbeitnehmer können, nach Anzeigen beim Arbeitgeber, maximal zehn Tage am Stück ihrer Arbeit fern bleiben, um akute sowie weiterführende Pflegemaßnahmen zu gewährleisten.

- die Pflegezeit (§§3, 4 PflegeZG) in Anspruch zu nehmen: Die Pflegezeit ist beim Arbeitgeber zu beantragen. Die maximale Freistellung beträgt sechs Monate. Nach Absprache kann auch eine teilweise Freistellung erfolgen.
- die Familienpflegezeit in Anspruch nehmen: Es ist eine Freistellung von bis zu 24 Monaten möglich, bei der die Arbeitszeit auf bis zu 15 Stunden pro Woche reduziert wird...

Ziel des PflegeZG ist es, den Arbeitnehmern die Möglichkeit zu geben, pflegebedürftige nahe Angehörige in häuslicher Umgebung zu pflegen.

Zehntägige Kurzzeitpflege

Voraussetzungen Kurzzeitpflege

Nach §2 Abs. 1 PflegeZG hat jeder Mitarbeiter bei einem familiären Pflegefall Anspruch auf Freistellung von der Arbeitspflicht. Dieser Anspruch gilt für maximal zehn Arbeitstage. Folgende Voraussetzungen müssen dafür erfüllt sein:

- Es muss sich um einen pflegebedürftigen nahen Angehörigen des Arbeitnehmers handeln.
- Die Pflegesituation muss akut eingetreten sein. Um eine akut aufgetretene Pflegesituation handelt es sich nur dann, wenn der Pflegefall nicht vorhersehbar war.
- Die Freistellung muss erforderlich sein, um den nahen Angehörigen persönlich zu pflegen oder dessen Pflege zu organisieren.
- Der Angehörige muss pflegebedürftig sein. Der Pflegegrad muss noch nicht festgestellt worden sein, jedoch muss eine Pflegebedürftigkeit vorliegen, die mindestens dem Pflegegrad 1 entspricht.
- Diese Regelungen gelten gegenüber allen Arbeitgebern, unabhängig von der Größe des Unternehmens.
- Der Arbeitnehmer muss die kurzzeitige Arbeitsverhinderung und deren voraussichtliche Dauer unverzüglich dem Arbeitgeber anzeigen. Das heißt, sobald er in der Lage ist, die Pflegesituation und deren voraussichtliche Dauer einzuschätzen, müssen Sie informiert werden.
- Die Mitteilung des Arbeitnehmers kann mündlich oder schriftlich erfolgen.
- Es ist nicht erforderlich, dass der Arbeitgeber der Freistellung zustimmt.

Praxistipp

Wenn Sie als Arbeitgeber es wünschen, muss der Arbeitnehmer Ihnen eine ärztliche Bescheinigung über die Pflegebedürftigkeit des Angehörigen vorlegen.

Die Freistellung des Mitarbeiters muss für die Organisation einer bedarfsgerechten Pflege oder Versorgung erforderlich sein und es muss sich um einen nahen Angehörigen handeln.

Nahe Angehörige

Nur bei nahen Angehörigen kann die Freistellung beansprucht werden. Das sind

- Großeltern
- Eltern
- Schwiegereltern
- Ehegatten
- Lebenspartner und Partner einer eheähnlichen Gemeinschaft
- eingetragene Lebenspartner
- Geschwister
- leibliche Kinder, Adoptiv- und Pflegekinder sowie solche des Ehegatten oder Lebenspartners
- Schwieger- und Enkelkinder

Praxistipp

Wenn ein anderer Verwandter für die Übernahme oder Organisation der Pflege zur Verfügung steht, ist der Einsatz des Arbeitnehmers nicht erforderlich.

Eine kurzzeitige Arbeitsfreistellung kommt auch nur in Betracht, wenn der Angehörige in häuslicher Umgebung gepflegt wird. Das kann sowohl im Haus des Pflegebedürftigen als auch im Haus des Arbeitnehmers oder in einer Einrichtung der Fall sein, wo der Angehörige stationär betreut wird.

Achtung

Das Recht auf kurzzeitige Freistellung kann nur einmal je Pflegefall ausgeübt werden.

Anspruch auf Entgeltfortzahlung

Während der kurzen Pflegezeit besteht eigentlich kein Anspruch auf Entgeltfortzahlung, Pflegeunterstützungsgeld kann aber bei der Pflegekasse des Angehörigen beantragt werden. Als Arbeitgeber können Sie aber dennoch verpflichtet sein, Entgeltfortzahlung zu leisten, weil ein solcher Anspruch beispielsweise im Arbeits- oder Tarifvertrag geregelt ist. Außerdem kann ein Anspruch auf Vergütung gemäß §616 Bürgerliches Gesetzbuch (BGB) bestehen. Dort ist ein allgemeiner Anspruch auf Entgeltfortzahlung im Fall einer persönlichen Verhinderung des Arbeitnehmers geregelt. Das ist dann der Fall, wenn der Arbeitnehmer

- für eine verhältnismäßig nicht erhebliche Zeit
- durch einen in seiner Person liegenden Grund
- ohne sein Verschulden
- an der Arbeitsleistung verhindert ist.

Praxistipp

§616 BGB können Sie vertraglich ausschließen. Sie sind dann als Arbeitgeber zwar zur Freistellung, aber nicht zur Entgeltfortzahlung verpflichtet. Für Berufsausbildungsverhältnisse können Sie §616 BGB nicht ausschließen.

Das ist bei der Pflege von nahen Angehörigen meistens gegeben.

Langzeitpflege für sechs Monate

Neben der aufgezeigten kurzzeitigen Arbeitsverhinderung haben Ihre Mitarbeiter bei einem familiären Pflegefall einen weiteren Anspruch auf

- unbezahlte vollständige oder
- teilweise Freistellung, also Arbeitszeitverringerung
- für maximal sechs Monate (§3 Abs. 1 PflegeZG).

Anspruch nur bei nahen Angehörigen

In Betrieben, die mehr als 15 Arbeitnehmer beschäftigen, kann ein Arbeitnehmer also bis zu sechs Monate unbezahlte Pflegezeit in Anspruch nehmen. Diesen Anspruch haben aber nur die Beschäftigten, die den nahen Angehörigen selbst pflegen möchten.

Wer Pflegezeit beanspruchen will, muss das dem Arbeitgeber spätestens zehn Arbeitstage vor dem gewünschten Beginn schriftlich ankündigen und eine Bescheinigung der Pflegebedürftigkeit (mindestens Pflegegrad 1) von der Pflegeoder Krankenkasse vorlegen. Gleichzeitig muss mitgeteilt werden, in welchem Zeitraum und in welchem Umfang (vollständig oder nur teilweise) die Freistellung von der Arbeit in Anspruch genommen werden soll.

Im Downloadbereich finden Sie eine Mustervereinbarung für eine teilweise Reduzierung der Arbeitszeit nach dem Pflegezeitgesetz.

Kündigungsverbot

Der Arbeitgeber darf das Beschäftigungsverhältnis von der Ankündigung bis zur Beendigung der kurzzeitigen Arbeitsbefreiung oder der Pflegezeit nicht kündigen.

Verlangt der Arbeitnehmer eine vollständige Befreiung von der Arbeit, können Sie dies nicht aus betrieblichen Gründen ablehnen. Auf eine vollständige Freistellung von der Arbeit besteht ein Rechtsanspruch, den Beschäftigte in jedem Fall einseitig durchsetzen können. Dies gilt sowohl für die kurzzeitige Arbeitsverhinderung als auch für die bis zu sechsmonatige Pflegezeit.

> **Achtung**
>
> Auch hier gilt: Der Arbeitnehmer braucht für eine vollständige Befreiung von der Arbeitspflicht nicht die Zustimmung des Arbeitgebers einzuholen. Es reicht aus, wenn dem Arbeitgeber rechtzeitig eine schriftliche Erklärung zugeht.

Teilweise Freistellung

Der Arbeitgeber kann eine angekündigte vollständige Pflegezeitfreistellung nicht ablehnen, selbst wenn dringende betriebliche Gründe entgegenstehen. Anders verhält es sich, wenn der Arbeitnehmer nur eine teilweise Freistellung beantragt. In diesem Fall sollen Arbeitnehmer und Arbeitgeber einvernehmlich eine Lösung finden und schriftlich festhalten. Diesen Freistellungsantrag dürfen Sie nur dann ablehnen, wenn dringende betriebliche Gründe entgegenstehen. Die Gründe für Ihre Ablehnung müssen also von besonderem Gewicht sein. Es reicht nicht aus, pauschal mitzuteilen, dass Sie keine Teilzeitbeschäftigungsmöglichkeiten haben.

Da der Gesetzgeber gesteigerten Wert darauf legt, Beruf und familiäre Pflege miteinander in Einklang zu bringen, sind an den Arbeitgeber strenge Anforderungen gestellt. Weitgehende Umorganisationen im Betrieb, um eine Teilfreistellung möglich zu machen, sind dem Arbeitgeber zumutbar. Endet die Pflegebedürftigkeit des Angehörigen oder ist eine häusliche Pflege nicht mehr möglich, dann endet auch die Pflegezeit automatisch vier Wochen nach Eintritt dieser veränderten Umstände. Der Arbeitnehmer muss in diesem Fall unverzüglich den Arbeitgeber informieren.

> **Achtung**
>
> Für die sechsmonatige Pflegezeit gibt es keinen Anspruch auf Fortzahlung der Vergütung, zur Sicherung des Lebensunterhalts während der Pflegezeit besteht aber ein Anspruch auf ein zinsloses Darlehen. Das Darlehen ist beim Bundesamt für Familie und zivilgesellschaftliche Aufgaben (BAFzA) zu beantragen. Es wird in monatlichen Raten ausgezahlt und nach dem Ende der Pflegezeit muss es ebenfalls in

Raten wieder zurückgezahlt werden. Darin enthalten ist auch eine Härtefallregelung.

Familienpflegezeit

Mit der Familienpflegezeit können sich Beschäftigte bis zu 24 Monate teilweise von der Arbeit freistellen lassen, wenn sie einen pflegebedürftigen nahen Angehörigen in häuslicher Umgebung pflegen. Die Familienpflegezeit kann für pflegebedürftige nahe Angehörige mit mindestens Pflegegrad 1 in Anspruch genommen werden, wenn die Pflege in häuslicher Umgebung stattfindet und die Arbeitszeit mindestens 15 Stunden pro Woche beträgt.

Durch die Mindestarbeitszeit von 15 Wochenstunden in der Familienpflegezeit soll vermieden werden, dass Beschäftigte ihre Tätigkeit wegen der Pflege ganz aufgeben. Mit dem so genannten „Blockmodell" der Familienpflegezeit können Beschäftigte ihre Arbeitszeit flexibel aufteilen. Die Mindestarbeitszeit von 15 Stunden gilt im Jahresdurchschnitt. Die konkrete Ausgestaltung und Aufteilung kann an die Bedürfnisse der Beschäftigten und ihrer pflegebedürftigen Angehörigen angepasst werden.

Es besteht kein Rechtsanspruch gegenüber Arbeitgebern mit 25 oder weniger Beschäftigten. Auszubildende werden nicht in die Mitarbeiterzahl mit eingerechnet.

Praxistipp

Ein zinsloses Darlehen des Bundesamts für Familie und zivilgesellschaftliche Aufgaben (BAFzA) soll den Lohnverlust während der Familienpflegezeit mindern. Das Darlehen wird in monatlichen Raten ausgezahlt. Es wird direkt beim Bundesamt für Familie und zivilgesellschaftliche Aufgaben (BAFzA) beantragt. Nach Ende der Familienpflegezeit müssen Sie es ebenfalls in Raten wieder zurückzahlen. Darin enthalten ist auch eine Härtefallregelung.

Alles Wichtige auf einen Blick

- Die Pflegezeiten können nur dann in Anspruch genommen werden, wenn es sich um einen nahen Angehörigen handelt.
- Der Arbeitgeber darf das Beschäftigungsverhältnis von der Ankündigung bis zur Beendigung der kurzzeitigen Arbeitsbefreiung oder der Pflegezeit nicht kündigen.

Für beide Fälle der Pflegezeit besteht grundsätzlich kein Anspruch auf Entgeltfortzahlung gegen den Arbeitgeber.

Kündigung & Co. – so trennen Sie sich richtig von Mitarbeitern

Kündigungsgründe

Ob aus wirtschaftlichen Gründen oder aus Gründen, die mit der Person eines Arbeitnehmers verbunden sind – die Trennung von einem oder mehreren Mitarbeiter(n) ist für viele Unternehmer eine äußerst unangenehme Aufgabe. Bricht ein großer Auftraggeber weg oder ist die Auftragslage ohnehin etwas mau, ohne Aussicht auf Besserung, so ist die Entscheidung in aller Regel eine wirtschaftliche. Das macht die Kommunikation gegenüber den betroffenen Mitarbeitern jedoch nicht einfacher. Viele Mitarbeiter reagieren geschockt auf eine solche Mitteilung. Kein Wunder also, dass viele Unternehmer diese Entscheidung, so lange es geht, hinauszögern – hat man doch unter Umständen schon viele Jahre Seite an Seite gearbeitet und gegenseitiges Vertrauen aufgebaut. Hinzukommt, dass der heutige Arbeitsmarkt besonders ältere Mitarbeiter nicht gerade mit offenen Armen empfängt.

Praxistipp

Besonders in kleinen, inhabergeführten Unternehmen kommt es auf die richtige Kommunikation an. Ohne Worte das Kündigungsschreiben rauszuschicken wäre in den meisten Fällen wohl einfach kein guter Stil. Besser ist es, gleich mit offenen Karten zu spielen. Bitten Sie den Mitarbeiter zum Vieraugengespräch und schildern Sie ihm die Lage mit klaren Worten. Hierzu gehören vor allem der Grund (beispielsweise der Auftragsrückgang oder eine Umstrukturierung) sowie die Kriterien, die zur Auswahl des betreffenden Mitarbeiters geführt haben (Stichwort Sozialauswahl). Zeigen Sie Verständnis und geben Sie ihm vor allem Zeit, mit der Nachricht fertigzuwerden. Unter Umständen vereinbaren Sie einen weiteren Termin, um die Trennungsmodalitäten zu besprechen. Einige Chefs neigen dazu, den gekündigten Mitarbeiter aus einem schlechten Gewissen heraus nach der Kündigung zu meiden. Auch das ist keine gute Idee: Dies kann zum einen ein schlechtes Gefühl beim Mitarbeiter erzeugen und unter Umständen sogar für eine schlechte Stimmung unter den verbleibenden Mitarbeitern sorgen. Achten Sie also stets darauf, offen mit der Angelegenheit umzugehen.

Weitaus schwieriger sind in vielen Fällen jedoch Kündigungen zu handhaben, die aus Gründen, die in der Person des Mitarbeiters liegen, ausgesprochen werden müssen. Hier wäre in erster Linie die Kündigung aus verhaltensbedingten Gründen zu nennen, wenn also ein Mitarbeiter beispielsweise seine arbeitsvertraglichen Pflichten missachtet hat oder ihm eine strafbare Handlung vorgeworfen werden kann. Darüber hinaus ist unter bestimmten Voraussetzungen auch eine Kündigung aus personenbedingten Gründen möglich.

Das folgende Kapitel soll Ihnen einen Überblick über die verschiedenen Kündigungsarten geben. Erläutert werden die formalen Anforderungen an eine Kündigung sowie die einzelnen Gründe, die eine Kündigung rechtfertigen können. Darüber hinaus möchten wir Sie mit weiteren Arbeitgeberpflichten, wie beispielsweise der Hinweispflicht nach §2 Abs. 2 S. 2 Nr. 3 SBG III, sowie mit vielen wichtigen Details bei der Erstellung von Arbeitszeugnissen vertraut machen. Auch für den „Aufhebungsvertrag" und das Thema „Abfindung" haben wir ein Unterkapitel reserviert.

Kündigungen – diese Formalien müssen Sie beachten

Sobald Sie sich dafür entschieden haben, eine Kündigung auszusprechen, gilt es, eine Reihe von Formalien einzuhalten. Der Grund dafür liegt auf der Hand. Der Gesetzgeber will durch die strikten Regelungen vermeiden, dass Sie als Arbeitgeber übereilte Entscheidungen treffen und umsetzen.

Schriftform Nach §623 BGB muss jede Kündigung, ob nun fristlos oder fristgerecht, selbst sogenannte „Änderungskündigungen", schriftlich erfolgen, um wirksam zu sein. Dies betrifft im Übrigen auch Kündigungen, die von einem Mitarbeiter ausgesprochen werden. Um der Schriftform Genüge zu tun, muss das Kündigungsschreiben von einem Kündigungsberechtigten abgefasst und eigenhändig vollständig unterzeichnet werden.

> **Achtung**
>
> Obwohl in heutigen Zeiten viele Aufgaben elektronisch sehr viel schneller und einfacher bewältigt werden können, verstößt eine Kündigung via Telefax, E-Mail oder gar SMS gegen die Formvorschriften. Achten Sie außerdem darauf, dass Sie die Kündigung mit Ihrer vollständigen Unterschrift unterzeichnen, ein bloßes Namenskürzel ist nicht zulässig.

Kündigungsberechtigte Jeder, der vom Arbeitgeber zum Ausspruch von Kündigungen bevollmächtigt wurde, etwa Geschäftsführer, Personalleiter, Prokuristen oder Generalbevollmächtigte, ist berechtigt, eine Kündigung auszusprechen. Hier ist jedoch darauf zu achten, dass die Vollmacht eine entsprechende Erlaubnis beinhaltet. Andernfalls kann der betroffene Mitarbeiter die Kündigung „unverzüglich", d.h. je nach Einzelfall bis zu neun Tage (so das BAG), zurückweisen mit der Folge, dass die Kündigung nichtig wird.

Die richtige Zeit

Die Kündigung kann generell an jedem Ort und zu jeder Zeit ausgehändigt werden, also auch während einer Krankheit oder an Sonn- und Feiertagen. Nur wenn der gewählte Zeitpunkt bewusst gesellschaftliche Grenzen überschreitet, etwa am Tag der Hochzeit oder kurz nach einem Todesfall, läuft der Arbeitgeber Gefahr, dass die Kündigung als unwirksam betrachtet wird. Juristen sprechen hier von einer „Kündigung zur Unzeit". Die „Unzeit" der Kündigung allein führt jedoch nicht grundsätzlich zu deren Unwirksamkeit, sagt das BAG. Es müssen weitere Umstände hinzukommen, etwa wenn der Arbeitgeber absichtlich oder gedankenlos einen Kündigungszeitpunkt wählt, der den Arbeitnehmer besonders belastet (BAG, Urteil vom 5.04.2001, Az.: 4 AZR 185/00).

Zugang der Kündigung

Eine Kündigung ist nur wirksam, wenn sie dem Mitarbeiter auch zugegangen ist. Dieser Punkt ist sehr wichtig, schließlich beginnt die Kündigungsfrist erst mit Zugang der Kündigung. Geht die Kündigung nicht rechtzeitig zu, kann es passieren, dass sich das Austrittsdatum bis zum nächstmöglichen Kündigungstermin hinauszögert.

Kündigung zum Ende des Quartals

Michael König will seinem Mitarbeiter Klaus Resch kündigen. Die Kündigungsfrist beträgt drei Monate zum Ende des Quartals. Übergibt er Herrn Resch die Kündigung persönlich am 30. Juni, so endet das Beschäftigungsverhältnis mit Ende der Kündigungsfrist am 30. September. Wird das Schreiben jedoch erst am 30. Juni in die Post gelegt und geht dem betroffenen Mitarbeiter erst am 2. Juli zu, dann wird Herr Resch der Agentur wohl noch etwas länger erhalten bleiben, nämlich bis zum 31. Dezember des Jahres.

Das Kündigungsschreiben geht noch am selben Tag zu, wenn

- es persönlich übergeben wird,
- der Mitarbeiter die Annahme grundlos verweigert,
- das Schreiben an Empfangsboten (Lebensgefährte, im Haushalt lebende Familienangehörige, Hausangestellte) übergeben wird,
- die Empfangsboten die Annahme grundlos verweigern, falls zuvor Einfluss auf sie genommen wurde,
- das Schreiben innerhalb üblicher Postzustellzeit in den Briefkasten geworfen wurde. Wird das Kündigungsschreiben außerhalb der üblichen Postzustellzeiten in den Hausbriefkasten eingeworfen, geht es erst am nächsten Werktag zu.

Praxistipp

Es ist empfehlenswert, das Kündigungsschreiben entweder vor Zeugen auszuhändigen oder den Mitarbeiter den Erhalt des Kündigungsschreibens mit Unterschrift bestätigen zu lassen.

Diese Kündigungsfristen müssen Sie beachten

Die einzuhaltenden Fristen ergeben sich aus Einzelarbeitsvertrag, Tarifvertrag oder Gesetz. Nach §622 BGB gelten folgende gesetzliche Kündigungsfristen: In den ersten zwei Beschäftigungsjahren gilt eine Grundkündigungsfrist von vier Wochen zum 15. eines Monats oder zum Monatsende. Diese gilt sowohl für Arbeitnehmer als auch für Arbeitgeber.

Im weiteren Verlauf des Arbeitsverhältnisses verlängert sich die Kündigungsfrist für den Arbeitgeber entsprechend der Dauer der Betriebszugehörigkeit.

Gesetzliche Kündigungsfristen

Betriebszugehörigkeit (Jahre)	Kündigungsfrist (Monate zum Monatsende)
2	1
5	2
8	3
10	4
12	5
15	6
20	7

Diese verlängerten Kündigungsfristen gelten zunächst nur für arbeitgeberseitige Kündigungen. Eine vertragliche Regelung, wonach die Kündigungsfrist für den Arbeitnehmer der Frist für den Arbeitgeber entspricht, ist jedoch zulässig. Eine Kündigungsfrist, die länger ist als die für arbeitgeberseitige Kündigungen, ist hingegen nicht möglich.

Muster: Verlängerung der Frist

Für die Kündigung des Arbeitsverhältnisses gelten die gesetzlichen Bestimmungen. Gesetzliche Verlängerungen der Kündigungsfrist für den Arbeitgeber gelten entsprechend auch für Kündigungen durch den Arbeitnehmer.

Probezeit

Während einer vereinbarten Probezeit von längstens sechs Monaten beträgt die gesetzliche Kündigungsfrist zwei Wochen von jedem auf jeden Tag (§622 Abs. 3 BGB).

Zur Betriebszugehörigkeit zählen alle Beschäftigungsjahre, die der Arbeitnehmer in Ihrem Unternehmen abgeleistet hat. Hierbei sind Zeiten, in denen das Arbeitsverhältnis ruht (zum Beispiel bei Elternzeit), hinzuzurechnen.

Betriebszugehörigkeit

Auch ein Berufsausbildungsverhältnis ist grundsätzlich bei der Berechnung der Betriebszugehörigkeit zu berücksichtigen, wenn der Auszubildende nach dessen Beendigung in ein festes Arbeitsverhältnis übernommen wurde.

Achtung

Grundsätzlich gilt: Je länger jemand im Unternehmen ist, desto länger ist die Kündigungsfrist. Wenn jemandem gekündigt werden muss, müssen alle Beschäftigungsjahre mitgerechnet werden.

Eine Verkürzung der Kündigungsfristen im Arbeitsvertrag ist im Gegensatz zur Verlängerung nur in den folgenden Grenzen zulässig:

Vertragliche Verkürzung der Kündigungsfrist	Mindestkündigungsfrist
innerhalb einer Probezeit von längstens sechs Monaten	zwei Wochen
bei vorübergehender Einstellung zur Aushilfe bis längstens drei Monate	keine
im Kleinbetrieb mit weniger als 20 Arbeitnehmern	vier Wochen

Eine kürzere als die Grundkündigungsfrist können Sie im Arbeitsvertrag nur vereinbaren, wenn der Arbeitnehmer als Aushilfe vorübergehend (bis längstens drei Monate) eingestellt wird oder wenn Sie in der Regel nicht mehr als 20 Arbeitnehmer beschäftigen und die Kündigungsfrist vier Wochen nicht unterschreitet (§622 Abs. 5 BGB).

Begründung

Zahlreiche Chefs unterliegen dem Irrtum, dass eine Kündigung nur dann wirksam sei, wenn das Kündigungsschreiben die Gründe für die Kündigung enthalte. Dies ist jedoch nur im Ausnahmefall erforderlich – wenn es beispielsweise im Tarif- oder Arbeitsvertrag geregelt ist.

Auch das Berufsbildungsgesetz sieht eine Ausnahme vor: Nach §22 Abs. 3 BBiG muss das Kündigungsschreiben begründet werden, wenn Sie sich von einem Auszubildenden nach Ablauf der Probezeit trennen wollen.

Achtung

Auch wenn Sie die Gründe nicht schriftlich darlegen müssen, sind Sie zumindest verpflichtet, auf Nachfrage des Mitarbeiters zu erläutern, welche Gründe zu einer außerordentlichen (fristlosen) Kündigung geführt haben. Darüber hinaus müssen Sie bei betriebsbedingten Kündigungen mitteilen, welche Kriterien bei der Sozialauswahl zugrunde gelegt wurden.

Betriebsrat Sollte es in Ihrem Unternehmen einen Betriebsrat geben, sind Sie verpflichtet, diesen vor jeder Kündigung anzuhören. Das bedeutet, Sie müssen die Person des zu kündigenden Arbeitnehmers, die Kündigungsart, die Kündigungsfrist, den Kündigungstermin und die Kündigungsgründe möglichst detailliert mitteilen. Darüber hinaus sind Gründe darzulegen, die nach Ihrer Sicht die Kündigung rechtfertigen sollen und für den gefassten Kündigungsentschluss maßgeblich sind.

Der Betriebsrat kann der ordentlichen Kündigung gemäß § 102 Abs. 3 BetrVG widersprechen, wenn

- bei der Auswahl des zu kündigenden Arbeitnehmers soziale Gesichtspunkte nicht oder nicht ausreichend berücksichtigt wurden,
- die Kündigung gegen eine Auswahlrichtlinie nach § 95 BetrVG verstößt,
- der zu kündigende Arbeitnehmer an einem anderen Arbeitsplatz im selben Betrieb oder in einem Betrieb des Unternehmens weiterbeschäftigt werden kann,
- die Weiterbeschäftigung des Arbeitnehmers nach zumutbaren Umschulungs- oder Fortbildungsmaßnahmen möglich ist oder
- eine Weiterbeschäftigung des Arbeitnehmers unter geänderten Vertragsbedingungen möglich ist und der Arbeitnehmer sein Einverständnis hiermit erklärt hat.

Achtung

Sie sind verpflichtet, eine Abschrift der Stellungnahme des Betriebsrats schnellstmöglich an den zu kündigenden Mitarbeiter weiterzuleiten, beispielsweise im Rahmen des Kündigungsschreibens.

Einstweilige Verfügung Hat der Betriebsrat einer ordentlichen Kündigung binnen einer Woche ab Unterrichtung widersprochen und erhebt der betroffene Arbeitnehmer Kündigungsschutzklage, dann sind Sie verpflichtet, den Arbeitnehmer nach Ablauf der Kündigungsfrist bis zum rechtskräftigen Abschluss des Rechtsstreits bei unveränderten Bedingungen weiterzubeschäftigen. Sie können jedoch beim Arbeitsgericht beantragen, durch einstweilige Verfügung von der Verpflichtung zur Weiterbeschäftigung entbunden zu werden (§102 Abs. 5 BetrVG), wenn

- die Klage des Arbeitnehmers keine hinreichende Aussicht auf Erfolg bietet oder mutwillig erscheint oder
- die Weiterbeschäftigung des Arbeitnehmers zu einer unzumutbaren wirtschaftlichen Belastung des Arbeitgebers führen würde oder
- der Widerspruch des Betriebsrats offensichtlich unbegründet war.

Alles Wichtige auf einen Blick

- Jede Kündigung muss schriftlich erfolgen und von einem Kündigungsberechtigten unterzeichnet sein.
- Mit Zugang der Kündigung beginnt die Kündigungsfrist zu laufen. Diese ergibt sich aus dem Arbeitsvertrag, dem Tarifvertrag oder dem Gesetz.
- Gibt es in Ihrer Firma einen Betriebsrat, ist dieser vor der Kündigung anzuhören.

Was ist mit dem Kündigungsschutz?

Sie kennen nun die formalen Anforderungen, die an eine Kündigung gestellt werden. Bevor wir uns mit den Kündigungsgründen befassen, wollen wir Sie noch auf das wichtige Thema „Kündigungsschutz“ hinweisen.

Bedenken Sie, dass eine Kündigung in aller Regel für alle Beteiligten eine wichtige und folgenreiche Entscheidung ist: Für den Mitarbeiter ist der Arbeitsplatz häufig die einzige Einnahmequelle und damit Existenzgrundlage. Auf der anderen Seite steht der Arbeitgeber, der für ein Unternehmen wirtschaftliche Entscheidungen treffen muss, nicht zuletzt um auch andere Arbeitsplätze zu sichern. Es muss also möglich sein, in einer wirtschaftlichen Schieflage Mitarbeiter zu entlassen. Genauso sollte er sich von Mitarbeitern trennen können, die keine entsprechenden Leistungen erbringen oder dem Unternehmen in einer anderen Art und Weise Schaden zugefügt haben.

Das Kündigungsrecht nimmt hier eine Vermittlerposition ein: Es soll den Mitarbeiter vor willkürlichen Reaktionen des Arbeitgebers schützen, aber auch den Interessen des Arbeitgebers Rechnung tragen.

Kündigungsschutz

Grundsätzlich unterscheidet man den allgemeinen und den besonderen Kündigungsschutz:

- Der allgemeine Kündigungsschutz gilt für alle Arbeitnehmer, die in den Anwendungsbereich des Kündigungsschutzgesetzes (KSchG) fallen.
- Der besondere Kündigungsschutz soll Personengruppen schützen, die als besonders schutzbedürftig gelten. Er besteht neben dem allgemeinen Kündigungsschutz.

Hat der Mitarbeiter besonderen Kündigungsschutz?

Besonderer Kündigungsschutz

Bevor wir uns den Regelungen des Kündigungsschutzgesetzes zuwenden, soll der besondere Kündigungsschutz genauer unter die Lupe genommen werden. Denn hier sind die Regelungen spezieller, da für einige Personengruppen ein absolutes Kündigungsverbot besteht. Zu diesen Personengruppen gehören

- Mitglieder des Betriebsrats (§ 15 KSchG),
- Arbeitnehmer während des freiwilligen Wehrdiensts (§ 2 i. V. m. § 16 Abs. 7 ArbPlSchG),
- Beschäftigte, die wegen häuslicher Pflege eines Angehörigen kurzzeitig an der Arbeitsleistung verhindert sind oder Pflegezeit in Anspruch nehmen (§ 5 PflegeZG), und
- Datenschutzbeauftragte bis zu einem Jahr nach Bestellung (§ 38 Abs. 2 BDSG i. V. m. § 6 Abs. 4 BDSG) in Unternehmen, die personenbezogene Daten automatisiert verarbeiten.

Achtung

Nach Ablauf der Probezeit stehen auch Auszubildende unter besonderem Kündigungsschutz. Nach § 22 Abs. 2 BBiG ist nur eine fristlose, außerordentliche Kündigung möglich.

Kündigung mit Erlaubnisvorbehalt

Darüber hinaus gibt es Gruppen von Arbeitnehmern, die zwar keinen absoluten Kündigungsschutz haben, sich jedoch auf ein öffentlich-rechtliches Verbot der Kündigung mit sogenanntem Erlaubnisvorbehalt berufen können:

- Arbeitnehmerinnen im Mutterschutz (§ 9 MuSchG),
- Arbeitnehmer in Elternzeit (§ 18 BEEG) sowie
- schwerbehinderte Menschen und ihnen Gleichgestellte (§ 85 SGB IX).

Bei den letzteren Personengruppen müssen Sie vor Ausspruch der Kündigung bei der jeweils zuständigen Behörde eine Zustimmung zur Kündigung einholen. Nur wenn die Behörde mit der Kündigung einverstanden ist, darf sie ausgesprochen werden. In diesem Fall muss im Kündigungsschreiben der zulässige Kündigungsgrund angegeben werden.

Ist der Mitarbeiter durch den allgemeinen Kündigungsschutz geschützt?

Sozial gerechtfertigte Kündigung

Das Kündigungsschutzgesetz soll Arbeitnehmer vor sozial nicht gerechtfertigten Kündigungen bewahren (§1 KSchG). Eine Kündigung ist grundsätzlich nur dann sozial gerechtfertigt und damit rechtswirksam, wenn sie durch Gründe, die in der Person oder im Verhalten des Arbeitnehmers liegen oder durch dringende betriebliche Erfordernisse, die einer Weiterbeschäftigung des Arbeitnehmers in diesem Unternehmen entgegenstehen, bedingt ist. Mit anderen Worten: Haben Ihre Mitarbeiter keinen allgemeinen Kündigungsschutz durch das Kündigungsschutzgesetz, können Sie sich von ihnen trennen, ohne einen Grund hierfür zu haben. In allen anderen Fällen kann der Mitarbeiter vor dem Arbeitsgericht im Rahmen einer Kündigungsschutzklage überprüfen lassen, ob die Kündigung sozial gerechtfertigt ist. Dies muss innerhalb von drei Wochen nach Zugang der schriftlichen Kündigung geschehen.

Achtung

Sofern ein bestehender Betriebsrat der Kündigung nach §102 BetrVG widersprochen hat, kann der Mitarbeiter bis zum rechtskräftigen Abschluss des Kündigungsschutzprozesses verlangen, dass er zu unveränderten Arbeitsbedingungen weiterbeschäftigt wird.

Ob das Kündigungsschutzgesetz auf das entsprechende Arbeitsverhältnis Anwendung findet, hängt zunächst von der Größe des Unternehmens und vom Beginn des Arbeitsverhältnisses ab.

Mitarbeiterzahl und Eintrittsdatum

- Hat das Arbeitsverhältnis am 1. Januar 2004 oder danach begonnen, findet das Kündigungsschutzgesetz Anwendung, wenn im Unternehmen regelmäßig mehr als zehn Arbeitnehmer (ohne Auszubildende) beschäftigt sind.
- Hat das Arbeitsverhältnis bereits am 31. Dezember 2003 bestanden, findet das Kündigungsschutzgesetz Anwendung, wenn in dem Betrieb am 31. Dezember 2003 regelmäßig mehr als fünf Arbeitnehmer (ohne Auszubildende) beschäftigt waren, die zum Zeitpunkt der Kündigung des Arbeitsverhältnisses noch im Betrieb beschäftigt sind. Arbeitnehmer, die nach dem 31. Dezember 2003 neu eingestellt wurden, sind hierbei nicht mitzuzählen.

Achtung

Als Arbeitnehmer wird voll gezählt, wer regelmäßig mehr als 30 Stunden in der Woche beschäftigt ist. Arbeitnehmer, die weniger arbeiten, werden nur anteilig berücksichtigt:

- bis einschließlich 20 Stunden: 0,5 Arbeitnehmer
- bis einschließlich 30 Stunden: 0,75 Arbeitnehmer

Wartezeit Neben der Mitarbeiterzahl ist für die Anwendbarkeit des Kündigungsschutzgesetzes relevant, dass das Arbeitsverhältnis des zu kündigenden Mitarbeiters zum Zeitpunkt der Kündigung im Unternehmen ununterbrochen länger als sechs Monate bestanden hat – man spricht hier von der „Wartezeit".

Alles Wichtige auf einen Blick

- Das Kündigungsrecht soll den Mitarbeiter vor willkürlichen Reaktionen des Arbeitgebers schützen, aber auch den Interessen des Arbeitgebers Rechnung tragen.
- Für bestimmte Personengruppen besteht ein absolutes Kündigungsverbot, beispielsweise für Betriebsräte oder für Mitarbeiter, die einen nahen Angehörigen pflegen.
- Bei schwerbehinderten Menschen sowie bei Arbeitnehmern in Mutterschutz und Elternzeit müssen Sie vor Ausspruch der Kündigung die Zustimmung der zuständigen Behörde einholen.
- Ob der allgemeine Schutz des Kündigungsschutzgesetzes greift, hängt zum einen von der Mitarbeiterzahl im Unternehmen, zum anderen von der Dauer der Betriebszugehörigkeit des zu Kündigenden ab (mindestens sechs Monate).

Die Kündigung aus betriebsbedingten Gründen

Wie Sie eben gelesen haben, müssen Sie als Arbeitgeber – sofern das Kündigungsschutzgesetz anwendbar ist – für eine sozial gerechtfertigte Kündigung bestimmte Gründe vorweisen können. Das Gesetz nennt hier sowohl betriebsbedingte Gründe als auch Gründe, die in der Person des Mitarbeiters liegen können. Der Kündigung aus betriebsbedingten Gründen kommt dabei in der Praxis sicherlich ein hoher Stellenwert zu.

Unternehmerentscheidung Als Unternehmer haben Sie das Recht, über die Entwicklung und die Ziele Ihres Unternehmens selbst zu bestimmen. Sie entscheiden, welche Maßnahmen erforderlich sind, um die selbst gesteckten Ziele zu erreichen, aber auch um Schaden von Ihrem Unternehmen abzuwenden. Auch die Entscheidung, sich von Mitarbeitern zu trennen, ist eine solche unternehmerische Entscheidung. Die Gründe hierfür können vielfältig sein. Als außerbetriebliche Ursachen gelten in der Regel Auftrags- bzw. Umsatzrückgang oder Unrentabilität. Aber auch interne Entscheidungen, wie beispielsweise die Um- und Einstellung der Produktion, die Betriebsstilllegung oder bestimmte Rationalisierungsmaßnahmen, können als Ursachen anerkannt werden.

In einem möglichen Kündigungsschutzprozess müssen Sie allerdings genau darlegen, welche betrieblichen Gründe zu Ihrer Unternehmerentscheidung und damit zur Kündigung geführt haben. Handelt es sich um außerbetriebliche Gründe (z. B. bei Umsatzrückgang), können Sie verpflichtet werden, den unmittelbaren Zusammenhang zwischen dem Grund und der mangelnden Weiterbeschäftigungsmöglichkeit darzulegen und gegebenenfalls zu beweisen.

Achtung

Grundsätzlich unterliegt Ihre unternehmerische Entscheidung nicht der Kontrolle des Arbeitsgerichts. Allerdings müssen Sie vor Gericht nachweisen können, dass der Arbeitsplatz des Gekündigten (bzw. ein Arbeitsplatz) durch die unternehmerische Maßnahme weggefallen ist.

Interessenabwägung

Darüber hinaus muss ein dringendes betriebliches Erfordernis bestehen, das bedeutet, die Kündigung muss unvermeidbar sein. Juristen sprechen hier vom „Ultima-Ratio-Prinzip“. Kann der Arbeitnehmer jedoch innerhalb des Unternehmens auf einen anderen freien Arbeitsplatz versetzt oder unter Umständen auch weitergebildet werden, wäre eine Kündigung vermeidbar. Auch eine Änderungskündigung wäre eine Alternative. Schließlich können Sie auch überlegen, ob Ihnen die Anmeldung von Kurzarbeit eine kurze Verschnaufpause bieten könnte.

Achtung

Während Sie verpflichtet sind, andere Alternativen wie eine Versetzung oder Änderungskündigung auf ihre Möglichkeit zu überprüfen, ist die Entscheidung „Kurzarbeit – ja oder nein?“ eine rein unternehmerische. Sie können hierzu nicht gezwungen werden.

Auf den folgenden Seiten zeigen wir Ihnen die verschiedenen Möglichkeiten mit ihren jeweiligenVoraussetzungen auf.

Alternative 1: Versetzung – gleiche Firma, neuer Arbeitsplatz

Soll ein Arbeitnehmer innerhalb des Betriebs oder in einen anderen Betrieb versetzt werden, muss geprüft werden, ob und wie der Arbeitgeber dieses Recht ausüben darf. Der Arbeitgeber kann kraft seines Direktionsrechts die Leistungspflicht des Arbeitnehmers nach Inhalt, Ort und Zeit jederzeit einseitig näher bestimmen. Das ist ihm aber nur im Rahmen dessen möglich, was im Arbeitsvertrag als Tätigkeitsbereich vereinbart wurde.

Achtung

Je genauer Sie die Tätigkeit im Vertrag festgelegen, desto eingeschränkter ist Ihr Direktionsrecht. Wurde zum Beispiel in einer Stellenbeschreibung, die Gegenstand des Arbeitsvertrags ist, jede einzelne Tätigkeit genau aufgezählt, dann kann der Arbeitnehmer die Ausübung einer anderen Arbeit, die dort nicht genannt ist, zu Recht verweigern.

Billiges Ermessen

Das Ihnen als Arbeitgeber zustehende Direktionsrecht dürfen Sie außerdem nur nach billigem Ermessen ausüben. Das heißt, Sie müssen nicht nur eigene, sondern auch berechtigte Interessen des Arbeitnehmers, beispielsweise schutzwürdige familiäre Belange, angemessen berücksichtigen. Deshalb können Familienväter mit Eigenheim in aller Regel nicht per Direktionsrecht in eine Filiale in 200 Kilometer Entfernung versetzt werden. Geht es nur um eine räumliche Umsetzung innerhalb desselben Betriebs und die Arbeit bleibt die gleiche, ist dies vom Direktionsrecht gedeckt.

Versetzung mit Ortsveränderung

Problematischer sind Versetzungen mit Ortsveränderungen, wenn zum Beispiel die neue Beschäftigung in einer anderen Stadt oder einer anderen Filiale stattfinden soll. Die Frage, ob der Arbeitgeber im Einzelfall kraft seines Direktionsrechts eine solche wesentliche Änderung der Arbeitsbedingungen herbeiführen kann oder ob es hierzu einer Änderungskündigung bedarf, kann nicht allgemein beantwortet werden. Maßgeblich sind die Vereinbarungen im Arbeitsvertrag und die konkreten Umstände des Einzelfalls. Sofern nicht eine Versetzungsklausel Ihnen als Arbeitgeber das Recht einräumt, einseitig den Aufgabenbereich des Arbeitnehmers wesentlich zu verändern, muss regelmäßig eine Änderungskündigung erklärt werden. Und das gilt nicht nur für die Fälle, in denen im Arbeitsvertrag der Aufgabenbereich genau beschrieben ist.

Versetzung nicht möglich

Petra Schmidt arbeitet seit zehn Jahren Seite an Seite mit Herrn König. In ihrem Arbeitsvertrag war damals „Sekretärin" allgemein als Tätigkeit angegeben worden. Zwischenzeitlich hat aber tatsächlich eine langjährige Tätigkeit als „Geschäftsführungsassistentin" stattgefunden. Wenn Herr König nun eine Filiale seiner Agentur eröffnet und dort eine Sekretärin gebraucht wird, die die üblichen Sekretariatsaufgaben erledigt, kann er Petra Schmidt nicht mehr dort hin versetzen. Petra Schmidt kann und darf dann nicht mehr jede Sekretariatsstelle zugewiesen werden, die vielleicht nach dem reinen Wortlaut des Arbeitsvertrags noch angemessen wäre. Ihr Arbeitsverhältnis hat sich nämlich bereits auf einer anderen Ebene konkretisiert.

Sie können solche Versetzungen also in der Regel nur dann durchführen, wenn sich der Arbeitnehmer entweder darauf einlässt und einer Vertragsänderung zustimmt oder im Arbeitsvertrag zumindest eine Versetzungsklausel enthalten ist.

Eine Versetzungsklausel kann so oder ähnlich lauten:

Muster: Versetzungsklausel im Arbeitsvertrag

(1) Der Arbeitgeber ist berechtigt, dem Mitarbeiter vorübergehend oder auf Dauer auch andere zumutbare Tätigkeiten zuzuweisen, die seinen Vorkenntnissen entsprechen. Eine Änderung des Entgeltanspruchs ist damit nicht verbunden.

(2) Arbeitsort ist ..., wo der Arbeitnehmer als ... beschäftigt wird. Der Arbeitgeber behält sich vor, den Arbeitnehmer innerhalb des gesamten Unternehmens in Deutschland auch an einen anderen Ort zu versetzen.

Bei der neuen Tätigkeit muss es sich immer um eine zumindest gleichwertige Tätigkeit handeln. Das heißt, der Arbeitnehmer hat einen Anspruch darauf, dass er die gleiche Vergütung bekommt und auch auf „gleichem Niveau" beschäftigt wird.

Zustimmung des Betriebsrats

Bei dem Vorhaben, einen Arbeitnehmer an einen anderen Arbeitsplatz zu versetzen, sollten Sie den Betriebsrat nicht vergessen. Dieser hat ein Mitbestimmungsrecht in Unternehmen, in denen in der Regel mehr als 20 wahlberechtigte Mitarbeiter beschäftigt sind. Eine solche mitbestimmungspflichtige Versetzung liegt vor bei

- der Zuweisung eines anderen Arbeitsbereichs,
- die voraussichtlich die Dauer von einem Monat überschreitet oder
- mit einer erheblichen Änderung der Arbeitsbedingungen verbunden ist.

Sind diese Voraussetzungen erfüllt, muss der Betriebsrat über die geplante Versetzung informiert und dessen Zustimmung eingeholt werden. Vor allem muss der Betriebsrat über die Beteiligten informiert werden. Unter Vorlage der entsprechenden Unterlagen muss der Arbeitgeber Auskunft über die Auswirkungen der geplanten Versetzung auf den zu versetzenden Arbeitnehmer bzw. auf andere Beschäftigte geben.

Achtung

Erfolgt die Versetzung in einen anderen Betrieb des Unternehmens, stellt diese Versetzung im aufnehmenden Betrieb eine Neueinstellung dar. Sofern dort auch ein Betriebsrat vorhanden ist, hat dieser ein Mitbestimmungsrecht.

Für den Fall, dass eine Einigung mit dem Arbeitnehmer bezüglich der neuen Tätigkeit erzielt werden konnte, kann das folgende Musterschreiben als Begleitschreiben zur innerbetrieblichen Versetzung eingesetzt werden:

Muster: Anschreiben Versetzung

Hiermit bestätigen wir die mit Ihnen verabredete Versetzung von der Abteilung … in die Abteilung … am … Die ersten drei Monate an Ihrem neuen Arbeitsplatz gelten als Erprobungsphase. Während dieser Zeit können beide Seiten aus triftigen Gründen die Versetzung rückgängig machen. Sollte das tatsächlich der Fall sein, werden wir Sie an Ihren alten Arbeitsplatz zurückversetzen oder Ihnen einen anderen, angemessenen Arbeitsplatz anbieten. Wir wünschen Ihnen für Ihre Einarbeitungszeit viel Erfolg.

Alternative 2: Änderungskündigung, wenn das Direktionsrecht nicht reicht

Änderungskündigung

Wenn das Direktionsrecht für die gewünschten Änderungen nicht ausreicht, eine Versetzungsklausel im Vertrag nicht vorhanden ist und der Arbeitnehmer der Versetzung nicht zustimmt, kann der Arbeitgeber als letztes Mittel nur noch zur Änderungskündigung greifen, um die angestrebte Versetzung durchzusetzen. Bei einer Änderungskündigung handelt es sich um eine Beendigungskündigung, die mit dem gleichzeitigen Angebot auf Abschluss eines neuen Arbeitsvertrags zu geänderten Bedingungen verbunden ist.

Achtung

Auch die Änderungskündigung ist eine echte Kündigung des Arbeitsverhältnisses. Achten Sie daher darauf, dass das Schreiben alle rechtlichen Anforderungen erfüllt, die auch sonst bei einer Kündigung zu beachten sind. Wichtig: Auch bei einer Änderungskündigung muss der Betriebsrat angehört werden.

Mit einer Änderungskündigung können beispielsweise folgende Vertragsbedingungen geändert werden:

- Änderung des Arbeitsorts,
- Reduzierung des Arbeitsvolumens,
- Einführung von Schichtarbeit,
- Einführung eines neuen Arbeitszeitsystems,
- Befristung eines bislang unbefristeten Arbeitsverhältnisses,
- Kürzung von Zulagen,
- Reduzierung der Vergütung.

Achtung

Besonders an den letzten Punkt werden strenge Anforderungen gestellt: Ein Eingriff in das Lohngefüge soll nur dann möglich sein, wenn bei Aufrechterhaltung der bisherigen Personalkostenstruktur weitere, betrieblich nicht mehr auffangbare Verluste entstehen. Diese müssten absehbar zu einer Reduzierung der Belegschaft oder sogar zu einer Schließung des Betriebs führen. Zudem dürfen einzelne Arbeitnehmer – auch die Arbeitnehmer einer mit Verlust arbeitenden Abteilung – nicht benachteiligt werden, während das Entgelt der überwiegenden Mehrzahl der Belegschaft unangetastet bleibt. Soll eine Kürzung der Vergütung nur mit vorübergehenden wirtschaftlichen Verlusten begründet werden, müssen Ihre Arbeitnehmer die Entgeltsenkung nicht auf Dauer hinnehmen.

Das nachfolgende Muster finden Sie auch zum Download. Bitte beachten Sie jedoch: Da die Rechtsprechung im Hinblick auf das Änderungsangebot sehr streng ist, sollte das Muster nur als Formulierungsvorschlag betrachtet werden. Bei einschneidenden Vertragsänderungen ist es in vielen Fällen besser, einen Arbeitsrechtsexperten hinzuzuziehen.

Muster: Änderungskündigung

Sehr geehrter Herr Meier,

wie Sie wissen, hat sich die wirtschaftliche Lage unseres Unternehmens in den vergangenen drei Jahren verschlechtert. Wir sehen uns daher gezwungen, das mit Ihnen bestehende Arbeitsverhältnis ordentlich unter Einhaltung der Kündigungsfrist zum … zu kündigen.

Gleichzeitig wir bieten Ihnen an, das Arbeitsverhältnis auf Grundlage einer durchschnittlichen wöchentlichen Arbeitszeit von 33 Stunden (bisher: 37,5 Stunden) fortzusetzen.

Sollten Sie mit dieser Vertragsänderung einverstanden sein, bitten wir Sie, uns Ihr Einverständnis binnen einer Überlegungsfrist von drei Wochen nach Zugang dieser Kündigung schriftlich oder per E-Mail mitzuteilen.

> Sollten Sie das Arbeitsverhältnis nicht zu den geänderten Bedingungen fortsetzen wollen, weisen wir Sie darauf hin, dass Sie nach § 38 Abs. 1 SGB III verpflichtet sind, sich spätestens drei Monate vor Beendigung des Arbeitsverhältnisses persönlich bei der Agentur für Arbeit arbeitsuchend zu melden. Eine Verletzung dieser Pflicht kann zum Eintritt einer Sperrzeit führen. Liegen zwischen der Kenntnis des Beendigungszeitpunkts und der Beendigung des Arbeitsverhältnisses weniger als drei Monate, hat die Meldung innerhalb von drei Tagen nach Kenntnis des Beendigungszeitpunkts zu erfolgen.

Zunächst muss jedoch auch bei einer Änderungskündigung geprüft werden, ob für den Arbeitnehmer ein Kündigungsschutz besteht, der einer Änderungskündigung entgegenstehen könnte. Auch die Kündigungsfrist muss eingehalten werden.

Achtung

In vielen Fällen scheitert eine Änderungskündigung, weil das Änderungsangebot einzelne unzulässige Änderungswünsche enthält. Damit ist die gesamte Änderungskündigung unwirksam.

Drei Möglichkeiten für Arbeitnehmer

Der Arbeitnehmer hat nach Erhalt einer Änderungskündigung folgende Möglichkeiten:

- Er kann der vom Arbeitgeber gewünschten Änderung der Arbeitsbedingungen zustimmen. Geschieht dies rechtzeitig, besteht das Arbeitsverhältnis zu den geänderten Arbeitsbedingungen fort und die Kündigung ist gegenstandslos.
- Er kann die vom Arbeitgeber gewünschte Änderung der Arbeitsbedingungen unter dem Vorbehalt annehmen, dass die Änderung der Arbeitsbedingungen nicht sozial ungerechtfertigt ist (§ 2 KSchG). Diesen Vorbehalt muss er innerhalb der Kündigungsfrist, spätestens jedoch innerhalb von drei Wochen nach Zugang der Kündigung erklären (§ 2 Satz 2 KSchG). Anschließend muss er innerhalb von drei Wochen nach Zugang der Kündigung eine Änderungsschutzklage beim Arbeitsgericht erheben. Stellt das Gericht fest, dass die Änderung der Arbeitsbedingungen sozial ungerechtfertigt ist (§ 4 Satz 2 KSchG), besteht das Arbeitsverhältnis zu unveränderten Bedingungen fort. Andernfalls besteht das Arbeitsverhältnis zu den geänderten Arbeitsbedingungen fort.
- Der Arbeitnehmer kann die Änderung der Arbeitsbedingungen ablehnen. Auch hier muss er innerhalb von drei Wochen ab Zugang der Kündigung Kündigungsschutzklage beim Arbeitsgericht erheben. Stellt das Arbeitsgericht

fest, dass die vorgesehene Änderung der Arbeitsbedingungen sozial nicht gerechtfertigt ist (§ 2 KSchG), besteht das Arbeitsverhältnis zu unveränderten Arbeitsbedingungen fort. Andernfalls ist das Arbeitsverhältnis beendet.

Alternative 3: Mit Kurzarbeit Auftragsschwankungen ausgleichen

Kurzarbeit

Unter „Kurzarbeit" versteht man eine vorübergehende Verkürzung der betriebsüblichen Arbeitszeit, um momentane Auslastungsschwankungen zu überbrücken. Sie ist regelmäßig mit einer entsprechenden Minderung des Arbeitsentgelts verbunden.

Achtung

Während Sie vor einer Kündigung aus betriebsbedingten Gründen zwangsläufig überprüfen müssen, ob eine Versetzung und eine Änderungskündigung möglich sind, liegt die Anmeldung von Kurzarbeit in Ihrem unternehmerischen Ermessen. Sie sind nicht verpflichtet, diese Möglichkeit zu nutzen.

Während der Kurzarbeit können die davon betroffenen Mitarbeiter Kurzarbeitergeld (§§ 95 ff. SGB III) beanspruchen – sofern die gesetzlichen Voraussetzungen hierfür vorliegen. Auf diese Weise sparen Sie als Arbeitgeber Personalkosten ein, ohne Ihre Mitarbeiter entlassen zu müssen.

Kurzarbeitergeld

Folgende Voraussetzungen müssen nach § 95 ff. SGB III erfüllt sein:

1. Es muss ein erheblicher Arbeitsausfall mit Entgeltausfall vorliegen. Dieser muss auf wirtschaftlichen Gründen oder auf einem unabwendbaren Ereignis beruhen, vorübergehend und nicht vermeidbar sein. Zudem muss im jeweiligen Kalendermonat (Anspruchszeitraum) mindestens ein Drittel der im Betrieb beschäftigten Arbeitnehmer vom Entgeltausfall mit jeweils mehr als zehn Prozent des monatlichen Bruttoentgelts betroffen sein; Auszubildende sind dabei nicht mitzuzählen.
2. Die betrieblichen Voraussetzungen müssen erfüllt sein, d. h. es muss mindestens ein Mitarbeiter in dem Betrieb (bzw. auch in einer betroffenen Abteilung) beschäftigt sein (§ 97 SGB III).
3. Die persönlichen Voraussetzungen müssen erfüllt sein, d. h. der Mitarbeiter muss nach Beginn des Arbeitsausfalls eine versicherungspflichtige Beschäftigung fortsetzen, das Arbeitsverhältnis darf nicht gekündigt oder durch einen Aufhebungsvertrag aufgelöst sein und der Arbeitnehmer darf nicht vom Kurzarbeitergeldbezug ausgeschlossen

sein – zum Beispiel wegen einer beruflichen Weiterbildungsmaßnahme mit Bezug von Arbeitslosengeld (§98 SGB III).

4. Der Arbeitgeber muss den Arbeitsausfall bei der Agentur für Arbeit angezeigt haben. Ein entsprechendes Formular steht auf der Internetseite der Bundesagentur für Arbeit zur Verfügung (https://www.arbeitsagentur.de/ueber-uns/formulare-a-z). Dort unter der Rubrik K wie Kurzarbeitergeld.

Höhe des Kurzarbeitergeldes Während des Zeitraums, in dem Kurzarbeit angemeldet wurde, sind Sie als Arbeitgeber verpflichtet, die verkürzte Arbeitszeit im gewohnten Umfang zu vergüten. Für den Verdienstausfall erhalten die von der Kurzarbeit betroffenen Mitarbeiter einen Ausgleich in Form von Kurzarbeitergeld. Es beträgt für

- Arbeitnehmer, die mindestens ein Kind haben, sowie für
- Arbeitnehmer, deren Ehegatte mindestens ein Kind hat, wenn beide Ehegatten unbeschränkt einkommensteuerpflichtig sind und nicht dauernd getrennt leben,

67 Prozent (erhöhter Leistungssatz) der Nettoentgeltdifferenz im Anspruchszeitraum.

Alle anderen Arbeitnehmer erhalten 60 Prozent. Die Auszahlung des Kurzarbeitergeldes erfolgt über den Arbeitgeber, er beantragt die Erstattung bei der Agentur für Arbeit.

Achtung

Die Nettoentgeltdifferenz entspricht der Differenz zwischen dem pauschalierten Nettoentgelt aus dem Soll-Entgelt (ohne Arbeitsausfall) und dem pauschalierten Nettoentgelt aus dem Ist-Entgelt (tatsächlich erhaltenes Entgelt). Einmalig gezahltes Arbeitsentgelt und Entgelt für Mehrarbeit sind nicht zu berücksichtigen.

Die Bezugsdauer kann auch unterbrochen werden. Ist beispielweise kurzfristig ein größerer Auftrag zu bearbeiten, können Sie Ihre Mitarbeiter vorübergehend wieder voll beschäftigen. Die Bezugsdauer des anschließend wieder gezahlten Kurzarbeitergeldes verlängert sich um diesen Zeitraum. Wird die Kurzarbeit länger als drei Monate unterbrochen, erneuert sich die Bezugsdauer des Kurzarbeitergeldes. Müssen Sie danach die regelmäßige Arbeitszeit wieder kürzen, haben Ihre Mitarbeiter erneut Anspruch auf maximal 12 Monate Kurzarbeitergeld.

Sozialversicherung Auch während der Kurzarbeit sind Ihre Mitarbeiter in der Sozialversicherung versichert. Als Arbeitgeber müssen Sie daher weiterhin die fälligen Beiträge abführen. Die Beiträge zur Kranken-, Pflege- und Rentenversicherung für die Ausfallstunden bemessen sich nach dem sog. fiktiven Arbeitsentgelt. Dieses beträgt 80 % des Unterschiedsbetrages zwischen dem Soll-Entgelt und dem Ist-Entgelt. Achtung: Das fiktive Arbeitsentgelt wird nur bis zur jeweiligen Beitragsbemessungsgrenze berücksichtigt. Beiträge zur Arbeitslosenversicherung müssen auf das Kurzarbeitergeld nicht gezahlt werden, da es sich hierbei um eine Leistung aus der Arbeitslosenversicherung handelt.

Achtung

Als Arbeitgeber dürfen Sie Kurzarbeit nicht einseitig anordnen. Kurzarbeit ist nur zulässig, sofern Regelungen im Tarifvertrag, in einer Betriebsvereinbarung oder im Arbeitsvertrag bestehen oder die betroffenen Arbeitnehmer einwilligen. Sofern in Ihrem Unternehmen ein Betriebsrat besteht, muss auch dieser zustimmen.

Sozialauswahl

Bei betriebsbedingten Kündigungen trifft Sie als Arbeitgeber eine weitere Einschränkung: Sie können nicht einfach wahllos Mitarbeitern kündigen. Kommen mehrere aufgrund ihrer bisherigen Tätigkeit vergleichbare Arbeitnehmer in Betracht, müssen Sie eine Sozialauswahl durchführen.

Die Sozialauswahl muss sich auf das gesamte Unternehmen erstrecken (also nicht nur auf die Abteilung, in der der Arbeitsplatz weggefallen ist). So gehen Sie vor:

1. Sie bestimmen den Kreis vergleichbarer Arbeitnehmer. Dabei sind alle gegenseitig austauschbaren Mitarbeiter in die Auswahl einzubeziehen, die der gleichen Hierarchieebene angehören. Prüfen Sie, wer aufgrund seines Arbeitsvertrags sowie der Merkmale seiner Tätigkeit/seines Arbeitsplatzes im Rahmen Ihres Weisungsrechts an diesen Arbeitsplatz versetzt werden könnte.
2. Sie können bei der Sozialauswahl auch bestimmte Arbeitnehmer ausgrenzen, und zwar die, deren Weiterbeschäftigung aufgrund ihrer Kenntnisse, Fähigkeiten oder Leistungen im berechtigten betrieblichen Interesse liegt. Das Gleiche gilt auch, wenn Sie an Mitarbeitern festhalten wollen, um eine ausgewogene Personalstruktur zu gewährleisten.
3. Prüfen Sie, welcher Mitarbeiter unter Zugrundelegung
   - der Dauer der Betriebszugehörigkeit,
   - seines Lebensalters,
   - eventuell bestehender Unterhaltspflichten oder
   - einer Schwerbehinderung

von dem Verlust seines Arbeitsplatzes am wenigsten hart betroffen wäre.

Punktesystem Besonders in größeren Firmen wird die Sozialauswahl anhand eines sogenannten Punktesystems durchgeführt – laut Bundesarbeitsgericht eine zulässige und geeignete Vorgehensweise.

So könnte ein Punktesystem aussehen:

Kriterium		Bewertung
Betriebszugehörigkeit	bis 10 Jahre	1 Punkt/Jahr
	ab 11. Jahr	2 Punkte/Jahr
Lebensalter	bis maximal 55	1 Punkt/vollendetes Lebensjahr (max. 70 Punkte)
Unterhaltspflicht	für Ehegatten	8 Punkte
	für jedes Kind	4 Punkte
Behinderung	bis 50 % Erwerbsminderung	5 Punkte
	über 50 % Erwerbsminderung	1 Punkt pro 10 %

Sozialauswahl durch Punktesystem

Noch im vergangenen Jahr lief alles prima: Aufgrund des neuen Großauftrags hatte Michael König einen neuen Texter eingestellt. Doch im Moment sieht die Auftragslage alles andere als rosig aus. So leid es ihm tut, Herr König muss einen Mitarbeiter entlassen. Doch welchen? Mittlerweile liegt die Zahl der Mitarbeiter oberhalb des Schwellenwerts (mehr als zehn Mitarbeiter) und alle Mitarbeiter können Kündigungsschutz beanspruchen.

Aufgrund ihrer Tätigkeit sind drei Mitarbeiter vergleichbar und müssen in die Sozialauswahl einbezogen werden.

Mitarbeiter	Kriterium		Punkte
Mona Weigel	Betriebszugehörigkeit	10 Jahre	10
	Lebensalter	33	33
	Unterhalt	2 Kinder	8
			51

Rudolf Bärbaum	Betriebszugehörigkeit	5 Jahre	5
	Lebensalter	45	45
	Unterhalt	keine Kinder	–
			50
Ralf Meier	Betriebszugehörigkeit	11 Jahre	22
	Lebensalter	43	43
	Unterhalt	keine Kinder	–
			65

Nach diesem Punktesystem wäre Rudolf Bärbaum der Kandidat für die Kündigung.

Achtung

Auf Verlangen des gekündigten Arbeitnehmers müssen Sie die Gründe für die getroffene soziale Auswahl, deren Gewichtung sowie die Namen der in die Sozialauswahl einbezogenen Arbeitnehmer angeben. Es ist allerdings Sache des Arbeitnehmers, darzulegen und zu beweisen, dass die Gründe fehlerhaft bzw. unzutreffend sind. Gleichzeitig muss er die seiner Ansicht nach sozial stärkeren Arbeitnehmer namentlich benennen.

Die Kündigung aus personenbedingten Gründen

Personenbedingte Gründe

Die zweite Art von Kündigung ist die aus personenbedingten Gründen. Hier liegt ein Kündigungsgrund vor, wenn ein Mitarbeiter objektiv nicht (mehr) in der Lage ist, die geschuldete Arbeitsleistung zu erbringen, etwa

- weil ihm die Aufenthalts- oder Arbeitserlaubnis entzogen wurde,
- weil er fachlich oder persönlich nicht (mehr) geeignet ist, zum Beispiel weil er eine Prüfung nicht bestanden hat oder ihm die Berufsausübungserlaubnis, z. B. die Approbation oder Fluglizenz etc. entzogen wurde,
- bei Kraftfahrern oder anderen Mitarbeitern, die auf Mobilität angewiesen sind: weil der Führerschein entzogen wurde oder
- bei studentischen Hilfskräften aufgrund der Exmatrikulation,
- aufgrund eines (längeren) Gefängnisaufenthalts.

Krankheit

Die sogenannte „krankheitsbedingte Kündigung“ ist in der Praxis immer noch der wichtigste Fall von personenbedingten

Kündigungen. Eine solche ist allerdings nur möglich, wenn die folgenden drei Voraussetzungen vorliegen:

1. Zum Zeitpunkt der Kündigung muss eine negative Gesundheitsprognose bestehen, d.h., Sie müssen auch in Zukunft mit weiteren Erkrankungen rechnen. Bitte beachten Sie: Die bisherigen Fehltage des Mitarbeiters liefern für die Zukunftsprognose nur ein Indiz; eine krankheitsbedingte Kündigung muss sich jedoch grundsätzlich auf objektive Aspekte stützen. Zunächst muss eine Krankheit vorliegen, also ein regelwidriger körperlicher oder geistiger Zustand, der eine notwendige Heilbehandlung zur Folge hat. Generell fallen damit unter den Krankheitsbegriff nicht nur körperliche, sondern auch psychosomatische, seelische und neurologische Krankheiten.

   Achtung

   Auch Suchtkrankheiten wie Alkoholismus fallen unter die Kategorie Krankheit. Bedenken Sie jedoch: Es macht einen Unterschied, ob ein Mitarbeiter während der Arbeit trinkt und ihm dadurch ein Fehler unterläuft oder er eine Schlechtleistung abliefert oder ob er alkoholabhängig ist. Während ersteres eher ein Fall für die verhaltensbedingte Kündigung ist, ist Alkoholsucht als Krankheit zu werten.

   Generell werden drei Gruppen von Erkrankungen unterschieden:

   - lang andauernde Krankheit: Eine Genesung des Mitarbeiters ist nicht zu erwarten oder der Krankheitsverlauf ist auf lange Sicht ungewiss.
   - häufige Kurzerkrankungen: Es besteht die Gefahr, dass der Mitarbeiter aufgrund seiner Krankheit auch in Zukunft häufig kurzfristig ausfallen wird. Allerdings muss hier eine konkrete Wiederholungsgefahr bestehen, wie sie beispielsweise bei Asthma oder Epilepsie gegeben sein dürfte.
   - krankheitsbedingte Minderleistungen: Hiervon spricht man, wenn der Mitarbeiter aufgrund seines Gesundheitszustands die vertraglich vereinbarte Arbeitsleistung nicht mehr erbringen kann. Dieser Zustand muss dauerhaft gegeben und darf nicht aufgrund eines Betriebsunfalls entstanden sein.

2. Die zu erwartenden Fehlzeiten des Arbeitnehmers müssen zu einer erheblichen Beeinträchtigung der betrieblichen oder wirtschaftlichen Interessen des Arbeitgebers führen. Sie müssen insofern beispielsweise darlegen können, dass der Betriebsablauf durch die Fehlzeiten des Mitarbeiters

gestört ist bzw. dass Sie bei häufigen Kurzerkrankungen aufgrund der Entgeltfortzahlung mit erheblichen finanziellen Belastungen zu rechnen haben.

Abschließend ist noch eine Interessenabwägung durchzuführen. Hierbei müssen Sie für den Mitarbeiter die Dauer des bestehenden Arbeitsverhältnisses, die Ursachen für die Krankheit, bestehende Unterhaltspflichten, das Alter des Mitarbeiters, seine Chancen auf dem Arbeitsmarkt, gegebenenfalls auch die Fehlzeiten vergleichbarer Arbeitnehmer in die Waagschale werfen. Kommen Sie dennoch zu dem Ergebnis, dass die Beeinträchtigung für das Unternehmen nicht zumutbar ist, können Sie eine krankheitsbedingte Kündigung aussprechen. Bedenken Sie jedoch, je mehr Punkte für den Mitarbeiter sprechen, desto ausführlicher müssen Sie die Kündigung vorbereiten. Wichtig ist dabei vor allem, dass Sie eine genaue Übersicht über die Fehltage des Mitarbeiters und die damit verbundenen (finanziellen) Auswirkungen auf das Unternehmen haben.

Achtung

Sind nicht alle drei Voraussetzungen erfüllt, ist die Kündigung unwirksam. Eine Abmahnung ist nicht erforderlich. Sie müssen dennoch immer überprüfen, ob Sie den betroffenen Mitarbeiter nicht an einem anderen Arbeitsplatz einsetzen können, den er trotz seiner Krankheit ausfüllen kann. Gegebenenfalls muss hier auch eine zumutbare Umschulung oder eine Änderungskündigung in Betracht gezogen werden.

BEM

Es gibt allerdings noch eine weitere Pflicht, auf die wir in diesem Zusammenhang hinweisen möchten. Nach § 167 Abs. 2 SGB IX sind Sie als Arbeitgeber verpflichtet, für Mitarbeiter, die innerhalb eines Jahres länger als sechs Wochen ununterbrochen oder wiederholt arbeitsunfähig sind, ein betriebliches Eingliederungsmanagement (BEM) durchzuführen. Der Zweck der gesetzlichen Regelung ist es, die Arbeitsunfähigkeit des betroffenen Mitarbeiters zu überwinden, aber auch, wenn möglich, eine erneute Arbeitsunfähigkeit zu vermeiden und schließlich den Arbeitsplatz des Arbeitnehmers zu sichern.

Das ist doch nur was für große Unternehmen, werden Sie jetzt vielleicht denken. Weit gefehlt, die gesetzliche Pflicht trifft jeden Arbeitgeber, auch wenn Sie bei einem Verstoß keine direkten Sanktionen befürchten müssen. Allerdings hat die Norm zu verschärften Anforderungen an die krankheitsbedingte Kündigung geführt. Das bedeutet: Haben Sie entsprechende Maßnahmen unterlassen, müssen Sie in einem möglichen

Kündigungsprozess verstärkt darlegen und beweisen, dass es in Ihrem Unternehmen keinen Arbeitsplatz gibt, an dem der Mitarbeiter trotz seiner krankheitsbedingten Beeinträchtigung arbeiten kann.

Um den BEM-Maßnahmen gerecht zu werden, wird in erster Linie ein persönliches Rückkehrgespräch zu führen sein. Das allein wird die Anforderungen an ein BEM jedoch nicht erfüllen. Sie sollten mit dem betroffenen Mitarbeiter die Situation ausführlich besprechen, unter Umständen können der Betriebsrat oder auch der Betriebsarzt hinzugezogen werden. Infolgedessen sollte besprochen werden, wie man eine schnelle Rückkehr an den Arbeitsplatz gewährleisten kann, beispielsweise durch eine vorübergehende Verminderung der regulären Arbeitszeit (eventuell Teilzeit) oder durch eine Versetzung an einen anderen Arbeitsplatz bzw. durch eine Umorganisation des Arbeitsumfelds.

Die Kündigung aus verhaltensbedingten Gründen

Einem Mitarbeiter aus betriebsbedingten Gründen zu kündigen ist für alle Beteiligten – sowohl für Arbeitgeber als auch für Arbeitnehmer – keine angenehme Situation. Dennoch haben hierbei die Mitarbeiter oftmals – sofern die wirtschaftliche Lage offen kommuniziert wurde – einen gewissen Zeitraum, um sich auf kommende Eventualitäten, wie beispielsweise eine Kündigung, einzustellen. Ähnlich verhält es sich bei einer personenbedingte Kündigung. Bei der verhaltensbedingten Kündigung, die im folgenden Kapitel näher beleuchtet werden soll, sieht das meist anders aus. Diese Art der Kündigung ist in der Regel noch um einiges konfliktbeladener, schließlich fallen hier Worte wie Vertrauensverlust, Schlechtleistung oder Vertragsverstoß.

Laut § 1 Abs. 1 KSchG ist eine Kündigung aus Gründen, die im Verhalten des Arbeitnehmers liegen, sozial gerechtfertigt. Dennoch hat der Gesetzgeber darauf verzichtet klarzustellen, welches Verhalten eine entsprechende Kündigung rechtfertigen kann. Es obliegt daher im Regelfall den Arbeitsgerichten zu entscheiden, wann eine Kündigung zulässig ist.

Verschulden Als verhaltensbedingte Kündigungsgründe kommen hauptsächlich rechts- oder vertragswidrige Pflichtverletzungen aus dem Arbeitsverhältnis in Betracht. Hierbei muss dem Mitarbeiter sein Verhalten vorwerfbar sein – Juristen sprechen von „Verschulden". Dabei ist nicht erforderlich, dass der Mitarbeiter vorsätzlich handelt, Fahrlässigkeit genügt.

Pflichtverletzungen

In den folgenden Bereichen sind Pflichtverletzungen möglich, die eine Kündigung rechtfertigen können:

- im Leistungsbereich: zum Beispiel Schlechtleistung, überdurchschnittliche Fehlerquote, ständiges Zuspätkommen, Arbeitsverweigerung
- im Vertrauensbereich: zum Beispiel strafbare Handlungen wie Diebstahl (auch geringwertiger Sachen) oder Unterschlagung, Betrug bei der Zeiterfassung, unerlaubte private Telefon- oder Internetnutzung in erheblichem Umfang, Drohung mit Erkrankung, Verrat von Betriebs- und Geschäftsgeheimnissen, unentschuldigtes Fehlen oder Verlassen des Arbeitsplatzes, Nebentätigkeit trotz Vorlage einer ärztlichen Arbeitsunfähigkeitsbescheinigung
- Verletzung von Nebenpflichten: Verletzung der Anzeige- oder Nachweispflicht im Krankheitsfall
- Störung der betrieblichen Ordnung: zum Beispiel Mobbing, Beleidigungen und Tätlichkeiten gegenüber Arbeitskollegen und Vorgesetzten, sexuelle Belästigung, Alkoholmissbrauch während der Arbeitszeit oder Rauchen trotz Rauchverbots, ausländerfeindliche, rechtsradikale oder rassistische Meinungsäußerungen

> **Achtung**
> Außerbetriebliches Verhalten ist nur im Ausnahmefall geeignet, eine verhaltensbedingte Kündigung zu rechtfertigen. Hierbei ist es jedoch erforderlich, dass dadurch eine Beeinträchtigung des Arbeitsverhältnisses vorliegt, dies kann beispielweise bei Alkohol im Straßenverkehr und Verlust des Führerscheins der Fall sein.

Die festgestellte Pflichtverletzung eines Mitarbeiters reicht nicht aus, um eine verhaltensbedingte Kündigung zu rechtfertigen. Weiterhin sind eine negative Zukunftsprognose sowie eine umfassende Interessenabwägung erforderlich.

Negativprognose

Auch wenn es für den Mitarbeiter oftmals so wirkt und vielleicht auch mit Ihrem Rechtsempfinden einhergeht – eine verhaltensbedingte Kündigung ist nicht als Bestrafung des Mitarbeiters gedacht. Vielmehr geht es darum, dass es Ihnen nicht mehr zugemutet werden kann, den Mitarbeiter weiter in Ihrem Unternehmen zu beschäftigen. Deshalb ist eine negative Zukunftsprognose erforderlich. Eine verhaltensbedingte Kündigung ist nur dann wirksam, wenn aufgrund des Verhaltens des Arbeitnehmers auch in Zukunft mit weiteren Vertragsverletzungen zu rechnen ist (Stichwort „Wiederholungsgefahr").

Achtung

Eine verhaltensbedingte Kündigung ist grundsätzlich nur dann gerechtfertigt, wenn Sie dem Arbeitnehmer zuvor eine Abmahnung erteilt haben, in welcher Sie das entsprechende Verhalten beanstandet und für den Fall einer Wiederholung eine Kündigung angedroht haben. Zumindest dann, wenn der Mitarbeiter zuvor wegen eines vergleichbaren Verhaltens eine Abmahnung kassiert hat, sollte eine negative Zukunftsprognose bejaht werden können. Die Gründe für die Kündigung müssen Sie im Kündigungsschreiben nicht angeben, es sei denn es ist im Tarifvertrag vorgesehen.

Muster: Verhaltensbedingte Kündigung

Sehr geehrter Herr …,

hiermit kündigen wir das mit Ihnen bestehende Arbeitsverhältnis fristgemäß zum ….

Sollten Sie zurzeit noch über Resturlaubsansprüche verfügen, wird Ihnen hiermit vorsorglich dieser Resturlaub gewährt.

Bitte reichen Sie bis zum … die in Ihrem Besitz befindlichen Firmengegenstände und Arbeitsunterlagen zurück.

(Der Betriebsrat hat der Kündigung zugestimmt/Bedenken geäußert/widersprochen.)

Wir weisen Sie darauf hin, dass Sie nach § 38 Abs. 1 SGB III verpflichtet sind, sich spätestens drei Monate vor Beendigung des Arbeitsverhältnisses persönlich bei der Agentur für Arbeit als arbeitsuchend zu melden. Eine Verletzung dieser Pflicht kann zum Eintritt einer Sperrzeit führen. Liegen zwischen der Kenntnis des Beendigungszeitpunkts und der Beendigung des Arbeitsverhältnisses weniger als drei Monate, hat die Meldung innerhalb von drei Tagen nach Kenntnis des Beendigungszeitpunkts zu erfolgen.

Freundliche Grüße Unterschrift Arbeitgeber

Bestätigung: Ich bestätige hiermit, die Kündigung am … erhalten zu haben.

____

Unterschrift Arbeitnehmer

Interessenabwägung

Eine weitere Voraussetzung für die verhaltensbedingte Kündigung ist eine sorgfältige und umfassende Interessenabwägung. Generell muss auch hier das Interesse des Arbeitgebers an der Kündigung das Interesse des Arbeitnehmers an der Weiterbeschäftigung überwiegen. Die Arbeitsgerichte überprüfen bei jeder Kündigung verschiedene der Situation zugrunde liegende Aspekte.

Zugunsten des Arbeitgebers:

- Art, Auswirkung und Häufigkeit der Pflichtverletzung

- Art und Umfang der betrieblichen Nachteile, unter anderem Eintritt eines Vermögensschadens, Höhe des Schadens, Störungen im Betriebsablauf
- Wiederholungsgefahr
- Imageverlust des Unternehmens
- Beeinträchtigung anderer Mitarbeiter

Zugunsten des Mitarbeiters:

- Grad des Verschuldens
- bislang unauffälliges, störungsfreies Verhalten
- Dauer der Betriebszugehörigkeit
- Lebensalter und Arbeitsmarktchancen
- besondere soziale Schutzbedürftigkeit (z. B. Krankheit)
- bestehende Unterhaltspflichten

Praxistipp

Auch wenn der Gesetzgeber keine Anhörung des Mitarbeiters im Gesetz verankert, so ist es doch ratsam, die konkrete Situation – also auch die möglichen Entschuldigungsgründe des Mitarbeiters – in einem persönlichen Gespräch zu analysieren.

Sonderfall: die fristlose Kündigung

Nach § 626 Abs. 1 BGB ist ein Arbeitsverhältnis aus wichtigem Grund fristlos kündbar, das bedeutet, aufgrund der Schwere des Vorwurfs ist eine Einhaltung der Kündigungsfrist nicht notwendig. Juristen sprechen auch von einer „außerordentlichen Kündigung".

Wichtiger Grund

Um eine außerordentliche Kündigung aussprechen zu können, muss ein wichtiger Grund vorliegen. Per Definition: Tatsachen, die unter Berücksichtigung aller Umstände und unter Abwägung der Interessen beider Vertragsteile dem Kündigenden die Fortsetzung des Vertragsverhältnisses unzumutbar machen.

Auch hier macht der Gesetzgeber keine genauen Vorgaben, welche Verfehlungen als wichtiger Grund angesehen werden und welche nicht. Die Grenzen zur verhaltensbedingten Kündigung sind in aller Regel fließend. Die Hauptarbeit haben damit wieder die Arbeitsgerichte. Sie müssen im Rahmen eines Kündigungsschutzprozesses entscheiden, welche fristlose Kündigung gerechtfertigt ist und welche nicht.

Hier einige Fälle aus der Rechtsprechung:

- beharrliche Arbeitsverweigerung,

- eigenmächtiger Urlaubsantritt,
- Straftaten während des Arbeitsverhältnisses (Betrug, Diebstahl, Unterschlagung, u. U. auch Sachbeschädigung),
- grobe Beleidigungen des Arbeitgebers (nicht im Privatgespräch),
- Ausländerfeindliche und diskriminierende Äußerungen,
- sittliche Verfehlungen und sexuelle Belästigung,
- Trunkenheit am Steuer bei Berufskraftfahrern,
- Nutzung des Internets, um pornografisches Bildmaterial herunterzuladen,
- Verstoß gegen ein ausdrückliches Verbot privater Internetnutzung,
- Vortäuschen von Arbeitsunfähigkeit, um einer Nebenbeschäftigung nachzugehen,
- Verstoß gegen das Wettbewerbsverbot.

Achtung

Auch hier ist die Angabe des Kündigungsgrunds im Kündigungsschreiben gesetzlich nicht zwingend notwendig, dennoch kann es sinnvoll sein, den Kündigungsgrund aufzuführen. Auf diese Weise kann der Arbeitnehmer nachvollziehen, warum die Kündigung aus wichtigem Grund erfolgte. Die Arbeitsgerichte stellen hohe Anforderungen an einen „wichtigen Grund". Spätestens auf Verlangen des Arbeitnehmers muss der Kündigungsgrund angegeben werden.

Zwei Wochen Frist

Sie haben nach §626 Abs. 2 BGB nur zwei Wochen nach sicherer Kenntnis der Gründe Zeit, um die außerordentliche Kündigung zu erklären. Das Kündigungsschreiben muss dem Mitarbeiter vor Ablauf der Frist zugestellt worden sein. Als Arbeitgeber müssen Sie für das Vorliegen des wichtigen Grundes stichhaltige Beweise haben.

Mildere Mittel?

Neben dem wichtigem Grund muss wiederum ein Verschulden des Arbeitnehmers gegeben sein, Sie müssen ihm also Vorsatz oder Fahrlässigkeit vorwerfen können. Darüber hinaus sind Sie als Arbeitgeber verpflichtet zu prüfen, ob mildere Mittel vorhanden oder angemessener wären (Stichworte „Abmahnung", „ordentliche verhaltensbedingte Kündigung", aber auch „Versetzung" oder „Suspendierung"). Schließlich muss auch hier wieder eine Interessenabwägung vorgenommen werden (siehe Seite 194 f.).

Umdeutung

Es ist möglich, dass die fristlose Kündigung unwirksam ist, weil ein wichtiger Grund nicht vorliegt. In diesen Fällen kommt eine Umdeutung in eine fristgemäße Kündigung in Betracht. Eine solche ist nach Ansicht des Bundesarbeitsgerichts immer dann möglich, wenn die ordentliche Kündigung den Umständen nach dem mutmaßlichen Willen des Arbeitgebers entspricht und dieser Wille dem Arbeitnehmer erkennbar geworden ist.

Praxistipp

Ist auf das Arbeitsverhältnis das Kündigungsschutzgesetz nicht anwendbar, so ist regelmäßig davon auszugehen, dass der Arbeitgeber bei Unwirksamkeit der außerordentlichen Kündigung eine Beendigung zum nächstzulässigen Termin gewollt hat.

Die Umdeutung können Sie im laufenden Kündigungsschutzprozess bis zum Urteil in der Tatsacheninstanz geltend machen. Sie können aber auch bereits im Kündigungsschreiben vorbeugen.

Muster: Außerordentliche fristlose Kündigung

Sehr geehrte Frau …,

hiermit kündigen wir Ihr Arbeitsverhältnis außerordentlich mit sofortiger Wirkung. Die Kündigung erfolgt aus folgendem Grund:

Sie haben am … nachweislich Ihren Urlaub angetreten, obwohl wir Ihren Urlaubsantrag vom … abgelehnt haben. Sie haben auf die Ablehnung Ihres Urlaubsantrags gegenüber Ihrer Vorgesetzten, Frau …, mit folgenden Worten reagiert: „Wenn ihr mir keinen Urlaub gebt, lasse ich mich eben krankschreiben." Dies geschah im Beisein von Herrn … und Frau …

Sowohl die angekündigte Krankheit als auch den Urlaubsantritt trotz Ablehnung des Antrags werten wir als Fehlverhalten, welches wir weder dulden können noch wollen. Aufgrund Ihres Verhaltens sehen wir keine Grundlage mehr für eine weitere Zusammenarbeit.

Sollte die außerordentliche Kündigung unwirksam sein, sprechen wir hiermit vorsorglich eine ordentliche Kündigung aus. Die vorsorgliche ordentliche Kündigung beendet das Arbeitsverhältnis zum …

Wenn Sie zurzeit noch über Resturlaubsansprüche verfügen, wird Ihnen hiermit vorsorglich dieser Resturlaub gewährt.

Bitte reichen Sie unverzüglich die in Ihrem Besitz befindlichen Firmengegenstände und Arbeitsunterlagen zurück.

(Der Betriebsrat ist sowohl zur außerordentlichen als auch zur vorsorglichen ordentlichen Kündigung gehört worden und hat beiden Kündigungen zugestimmt.)

Wir weisen Sie darauf hin, dass Sie nach § 38 Abs. 1 SGB III verpflichtet sind, sich spätestens drei Monate vor Beendigung des Arbeitsverhältnisses persönlich bei der Agentur für Arbeit als Arbeit suchend zu melden. Eine Verletzung dieser Pflicht kann zum Eintritt einer Sperrzeit führen.

Liegen zwischen der Kenntnis des Beendigungszeitpunkts und der Beendigung des Arbeitsverhältnisses weniger als drei Monate, hat die Meldung innerhalb von drei Tagen nach Kenntnis des Beendigungszeitpunkts zu erfolgen.

Freundliche Grüße

____

Unterschrift Arbeitgeber

____

Bestätigung: Ich bestätige hiermit, die Kündigung am … erhalten zu haben.

____

Unterschrift Arbeitnehmer

Die Alternative: der Aufhebungsvertrag

Aufhebungsvertrtag

Sie haben nun die verschiedenen Kündigungsmöglichkeiten und die entsprechenden Voraussetzungen kennengelernt. Es gibt jedoch noch eine weitere Möglichkeit, sich von einem Mitarbeiter zu trennen: den Aufhebungsvertrag. Er bietet sowohl für Arbeitnehmer als auch für Arbeitgeber einige Vorteile, sofern beide Seiten einverstanden sind. Der Mitarbeiter kann ohne Einhaltung der Kündigungsfrist das Unternehmen verlassen, der Arbeitgeber umgeht Kündigungsfristen, eine eventuell notwendige Sozialauswahl oder die Betriebsratsanhörung, auch der besondere Kündigungsschutz wie zum Beispiel bei Schwangeren oder Betriebsratsmitgliedern kann außen vor gelassen werden. Außerdem müssen Sie im Gegensatz zu einer Kündigung keinen Grund für die Trennung vom Mitarbeiter angeben.

Praxistipp

Fast jede arbeitgeberseitige Kündigung ist mit Schwierigkeiten verbunden, ganz besonders wenn es sich um Kündigungsgründe in der Person des Mitarbeiters handelt. Nicht selten führt der anschließende Weg vor das Arbeitsgericht. Mit einem Aufhebungsvertrag können Sie entsprechende Konflikte vermeiden – allerdings muss es Ihnen gelingen, dem Mitarbeiter eine solche Vereinbarung schmackhaft zu machen.

Achtung

Ein Aufhebungsvertrag muss unbedingt in Schriftform abgefasst werden, sonst ist er nicht wirksam. Beide Parteien müssen das Dokument unterzeichnen.

Welche Klauseln sind erforderlich?

Grundsätzlich gilt: Sie können den Inhalt eines Aufhebungsvertrags mit Ihrem Arbeitnehmer frei gestalten. Dennoch ist es ratsam, bestimmte Mindestregelungen aufzunehmen: **Inhalte**

Beendigungszeitpunkt

Wann soll das Arbeitsverhältnis als beendet gelten? Legen Sie das genaue Datum im Aufhebungsvertrag fest. Für beide Vertragsparteien besteht damit Rechtssicherheit. Darüber hinaus kann der ausscheidende Mitarbeiter dadurch gegenüber der Agentur für Arbeit nachweisen, dass die vereinbarte Kündigungsfrist eingehalten wurde.

Achtung: Sperrzeit

Grundsätzlich führt der Abschluss eines Aufhebungsvertrags für den ausscheidenden Mitarbeiter zu einer Sperrzeit beim Arbeitslosengeld. Allerdings kann die Bundesagentur für Arbeit eine Ausnahme hiervon zulassen, wenn der Mitarbeiter belegen kann, dass bei einer Ablehnung des Aufhebungsvertrags eine betriebsbedingte Kündigung ausgesprochen worden wäre. Darüber hinaus muss auch die reguläre Kündigungsfrist eingehalten werden, sonst kann die Agentur für Arbeit eine sogenannte Ruhenszeit bis zum Ende der Frist verfügen. In dieser Zeit wird ebenfalls kein Arbeitslosengeld ausgezahlt. Mit der folgenden Formulierung können Sie diese Folgen von Ihrem Mitarbeiter abwenden.

Musterformulierung: Verhinderung der Sperrzeit

Die Vertragsparteien sind sich einig, dass das Arbeitsverhältnis aus dringenden betrieblichen Gründen zur Vermeidung einer ansonsten unvermeidlichen Kündigung unter Berücksichtigung der Kündigungsfrist zum … endet.

Alternative: Die Vertragsparteien sind sich einig, dass das Arbeitsverhältnis aus dringenden betrieblichen Gründen zur Vermeidung einer ansonsten unvermeidlichen Kündigung mit Unterzeichnung dieses Aufhebungsvertrags zum … endet.

Abfindung

Ja oder nein? Fest steht: Kein Arbeitnehmer hat einen gesetzlichen Anspruch auf Zahlung einer Abfindung. Daran kann auch die Unterzeichnung eines Aufhebungsvertrags nichts ändern. Dennoch kann sich eine in Aussicht gestellte Abfindung positiv auf die Bereitschaft des Mitarbeiters auswirken, die Vereinbarung zu unterzeichnen.

Die Höhe einer Abfindung ist reine Verhandlungssache; dabei ist zugunsten des Mitarbeiters seine Betriebszugehörigkeit sowie die Vergütung in die Waagschale zu werfen.

Praxistipp

Bevor es ans Verhandeln geht: Überlegen Sie genau, welche Erfolgsaussichten Sie in einem Kündigungsschutzprozess hätten, wenn Sie statt des Aufhebungsvertrags eine Kündigung erklären würden. In der Praxis wird für die Abfindung häufig folgende Formel angewendet: ein halbes Brutto-Monatsgehalt je volles Beschäftigungsjahr.

Muster: Abfindungsregelung

Für den Verlust des Arbeitsplatzes erhält der Arbeitnehmer eine Abfindung in Höhe von .... Der Anspruch ist entstanden und vererblich. Er wird mit rechtlicher Beendigung des Arbeitsverhältnisses zahlungsfällig.

Anfallende Steuern trägt der Arbeitnehmer. Im Fall der vorzeitigen, anderweitigen Beendigung des Arbeitsverhältnisses entfällt der Abfindungsanspruch.

Achtung

Seit 2006 sind Abfindungszahlungen komplett zu versteuern. Um steuerliche Vorteile zu erlangen, kann der Arbeitnehmer die sogenannte „Fünftelregelung" in Betracht ziehen, bei der die steuerliche Anrechnung auf fünf Jahre verteilt wird. Nach wie vor müssen aber keine Sozialversicherungsbeiträge für Abfindungen gezahlt werden. Für Sie als Arbeitgeber heißt das, dass eine Abfindungszahlung brutto = netto erfolgt.

Freistellung

Generell hat ein Mitarbeiter – auch trotz Aufhebungsvertrag – einen Anspruch auf Beschäftigung gegen Sie als Arbeitgeber, und zwar bis zum letzten Tag des Arbeitsverhältnisses. In einigen Situationen könnte es Ihnen jedoch lieber sein, wenn der Mitarbeiter nicht mehr zur Arbeit erscheint, beispielsweise weil Sie befürchten, dass es böses Blut unter den Beschäftigten hervorrufen könnte oder dass ein Mitarbeiter weiteren Schaden anrichtet (zum Beispiel Löschen oder Diebstahl von Daten oder Dokumenten). In diesen Fällen müssen Sie im Aufhebungsvertrag ausdrücklich eine sofortige Freistellung des Mitarbeiters vereinbaren.

Unwiderruflich oder widerruflich?

Hier haben Sie zwei Möglichkeiten:

- Sie stellen Ihren Mitarbeiter widerruflich von der Arbeit frei. In diesem Fall können Sie jederzeit die Wiederaufnahme der Arbeit verlangen.

- Bei der unwiderruflichen Freistellung kann der Arbeitnehmer während der Freistellungsphase nicht mehr zur Arbeit zurückgerufen werden.

Stellen Sie den Arbeitgeber aus Ihrem Interesse heraus frei, erfolgt dies in der Regel unter Fortzahlung der Bezüge. Der Arbeitnehmer behält also seinen Lohnanspruch, muss aber keine Arbeitsleistung erbringen. Auch die Beitragspflicht für die Sozialversicherung bleibt bestehen. Erwirbt der Mitarbeiter jedoch in der Zeit der Freistellung anderweitig Einkommen, muss er sich dieses anrechnen lassen.

Achtung

Bei einer unwiderruflichen Freistellung beginnt mit der Freistellung auch die Beschäftigungslosigkeit im Sinne der Arbeitslosenversicherung. Das bedeutet, dass der Arbeitnehmer ab diesem Zeitpunkt die Vermittlungsangebote der Agentur für Arbeit in Anspruch nehmen kann. Er erhält jedoch noch kein Arbeitslosengeld, da das sozialversicherungspflichtige Arbeitsverhältnis fortbesteht.

Urlaub

Die Frage, ob widerrufliche oder unwiderrufliche Freistellung, hat vor allem Einfluss auf den Urlaubsanspruch. Bei einer widerruflichen Freistellung ist eine Anrechnung des Resturlaubs in der Regel nicht möglich, da Sie von dem Arbeitnehmer jederzeit die Wiederaufnahme der Arbeit verlangen können. Handelt es sich hingegen um eine unwiderrufliche Freistellung, können Sie vereinbaren, dass der eventuell noch bestehende Resturlaub angerechnet werden kann. Erfolgt keine Anrechnung auf den Urlaub, erwirbt der Arbeitnehmer auch während der Freistellung seinen Urlaubsanspruch.

Achtung

Eine automatische Urlaubsanrechnung bei Freistellung gibt es nicht. Sie müssen also dem Mitarbeiter ausdrücklich im Rahmen der Freistellungserklärung mitteilen, dass die offenen Urlaubstage angerechnet werden. Fehlt eine solche Vereinbarung, wird der Urlaubsanspruch nicht erfüllt und der ausgeschiedene Mitarbeiter kann nach Beendigung der Freistellungszeit (und mithin nach Beendigung des Arbeitsverhältnisses) verlangen, dass die restlichen Urlaubstage abzugelten sind.

Muster: Widerrufliche Freistellung

Es besteht Einigkeit, dass noch Urlaubsansprüche im Umfang von … Tagen und Überstunden/Gleitzeitguthaben im Umfang von … offen sind. Der Urlaub/Die Überstunden/Das Gleitzeitguthaben wird/werden von … bis … unwiderruflich gewährt und genommen. Im Anschluss daran wird der Arbeitnehmer bis zum Vertragsende unter Fortzahlung der vertraglich vereinbarten Vergütung widerruflich von seinen vertraglichen Verpflichtungen freigestellt.

Arbeitszeugnis

Wie Sie im nächsten Unterkapitel sehen werden, sind Sie als Arbeitgeber verpflichtet, Ihrem Mitarbeiter bei Beendigung des Arbeitsverhältnisses ein Zeugnis auszuhändigen.

Das Zeugnis soll zwar wohlwollend, aber auch wahrheitsgemäß sein. Im Aufhebungsvertrag können Sie schriftlich festhalten, was Sie mit dem Mitarbeiter in Sachen Zeugnis vereinbart haben.

> Der Mitarbeiter erhält bei Beendigung des Arbeitsverhältnisses am … ein wohlwollendes qualifiziertes Arbeitszeugnis mit der Notenstufe gut.

Rückgabevereinbarung

Alle Unterlagen, Arbeitsmittel usw., die dem Mitarbeiter übergeben wurden, hat dieser spätestens bei Beendigung des Arbeitsverhältnisses herauszugeben, da es sich dabei um das Eigentum des Unternehmens handelt. Achten Sie darauf, im Aufhebungsvertrag diese Rückgabepflicht hinsichtlich Umfang, Rückgabezeitpunkt, Rückgabeort und empfangsberechtigter Person zu präzisieren. Dies gilt vor allem auch für ein zur Verfügung gestelltes Dienstfahrzeug.

> Der Arbeitnehmer verpflichtet sich, bis spätestens … folgende Unterlagen zu Händen von Frau/Herrn … zurückzugeben: …
>
> Das überlassene Dienstfahrzeug wird spätestens am … am Sitz des Unternehmens zurückgegeben.

Praxistipp

Darf der Mitarbeiter den Dienstwagen ausschließlich zu dienstlichen Zwecken nutzen, so kann das Fahrzeug bereits mit Beginn der Freistellung zurückverlangt werden. Ist hingegen auch eine private Nutzung vereinbart, so kann der ausscheidende Mitarbeiter das Fahrzeug bis zur Beendigung des Arbeitsverhältnisses fahren. Wollen Sie eine entsprechende Handhabung vermeiden, muss bereits im Arbeitsvertrag eine Rückgabe im Fall einer Freistellung vereinbart werden.

Wettbewerbsverbot

Haben Sie im Arbeitsvertrag ein nachvertragliches Wettbewerbsverbot vereinbart? Dann ist es dem Mitarbeiter untersagt, nach Ende des Arbeitsverhältnisses bei einem Konkurrenzunternehmen zu arbeiten. Eine solche Vereinbarung ist allerdings nur wirksam, wenn der Mitarbeiter eine Entschädigung erhält. Üblich ist eine sogenannte „Karenzentschädigung" in Höhe von mindestens einem halben Monatsgehalt. Sie wird so lange geschuldet, wie auch das Wettbewerbsverbot gilt, höchstens jedoch für einen Zeitraum von zwei Jahren. Im Gegenzug muss der ehemalige Mitarbeiter genau angeben, ob und in welchem Umfang er Einkünfte hat, damit Sie als Arbeitgeber prüfen können, ob er das Wettbewerbsverbot einhält und welchen Verdienst sich der Arbeitnehmer anrechnen lassen muss.

Auch wenn eine Wettbewerbsklausel in verschiedenen Fällen durchaus sinnvoll ist, kann es dennoch sein, dass Sie – zum Beispiel aus Geldgründen – mit der Unterzeichnung des Aufhebungsvertrags davon Abstand nehmen wollen. Dies sollte in der Vereinbarung unbedingt Erwähnung finden; Gleiches gilt im Übrigen auch, wenn Sie an dem Wettbewerbsverbot festhalten wollen.

Muster: Wettbewerbsklausel

Von diesem Vertrag bleibt das Wettbewerbsverbot, welches mit dem Vertrag vom … zwischen den Parteien vereinbart wurde, unberührt.

Oder: Das zwischen den Parteien vereinbarte Wettbewerbsverbot ist mit sofortiger Wirkung aufgehoben.

Meldepflicht

Wie Sie im folgenden Kapitel über die Hinweispflicht nach §2 Abs. 2 S. 2 Nr. 3 SBG III erfahren werden (siehe Seite 205), sind Sie als Arbeitgeber verpflichtet, Ihre Arbeitnehmer vor der Beendigung des Arbeitsverhältnisses frühzeitig über die Notwendigkeit eigener Aktivitäten bei der Suche nach einer anderen Beschäftigung sowie über die Verpflichtung zur Meldung nach §38 Abs. 1 SGB III bei der Agentur für Arbeit zu informieren. Dies gilt auch im Fall eines Aufhebungsvertrags. Es empfiehlt sich folgende Formulierung:

Muster: Meldepflicht

Sie sind gemäß § 38 Abs. 1 SGB III verpflichtet, sich spätestens drei Monate vor Beendigung des Arbeitsverhältnisses persönlich bei der Agentur für Arbeit arbeitsuchend zu melden. Eine Verletzung dieser Pflicht kann zum Eintritt einer Sperrzeit führen. Liegen zwischen der Kenntnis des Beendigungszeitpunkts und der Beendigung des Arbeitsverhältnisses weniger als drei Monate, hat die Meldung innerhalb von drei Tagen nach Kenntnis des Beendigungszeitpunkts zu erfolgen.

Ausgleichsklausel

Mit einer sogenannten Ausgleichsklausel im Aufhebungsvertrag können Sie pauschal weitere Ansprüche des Arbeitnehmers, zum Beispiel weitere Lohnzahlungen oder Gratifikationen, ausschließen. Dadurch soll für beide Seiten eine Rechtssicherheit hergestellt werden. Das bedeutet: Nach Unterzeichnung des Vertrags können von beiden Vertragsparteien keine weiteren Ansprüche mehr geltend gemacht werden. Nachträgliche böse Überraschungen werden damit ausgeschlossen.

Muster: Ausgleichsklausel

Arbeitgeber und Arbeitnehmer sind sich einig, dass mit Erfüllung dieses Aufhebungsvertrags alle wechselseitigen Ansprüche, gleich aus welchem Rechtsgrund, ob bekannt oder unbekannt, erledigt sind.

Eine Aufrechnung mit etwaigen Ansprüchen des Mitarbeiters aus dem Arbeitsverhältnis gegen diese Aufhebungsvereinbarung ist ausgeschlossen.

Achtung

Trotz Ausgleichsklausel ist es nicht möglich, dem Mitarbeiter Rechte zu kürzen, die ihm laut Gesetz zustehen. Ein Anspruch auf Urlaubsabgeltung oder auf ein Arbeitszeugnis kann folglich nicht ausgeschlossen werden.

Anhand der folgenden Checkliste, die Sie auch auf unserer Downloadseite finden, können Sie überprüfen, ob der Aufhebungsvertrag die wichtigsten Klauseln enthält. Darüber hinaus finden Sie hier einen Mustervertrag, den Sie nur noch an Ihre Bedürfnisse anpassen und ausdrucken müssen.

Checkliste: Die wichtigsten Klauseln im Aufhebungsvertrag	
Beendigungszeitpunkt (Kündigungsfrist ja/nein? Zur Vermeidung einer betriebsbedingten Kündigung?)	
Freistellung: Soll der Mitarbeiter bis zum Ende des Beschäftigungsverhältnisses freigestellt werden (widerruflich/unwiderruflich)?	
Abfindung: Soll eine Abfindung vereinbart werden, wenn ja, in welcher Höhe?	
Was soll für die variable Vergütung (zum Beispiel Gratifikationen, Zielvereinbarungen etc.) gelten?	
Welche Unterlagen oder Arbeitsmittel (zum Beispiel Laptop, Handy) müssen herausgegeben werden?	

Checkliste: Die wichtigsten Klauseln im Aufhebungsvertrag	
Was ist mit dem Firmenwagen (private/nur dienstliche Nutzung)?	
Wie viele Urlaubstage hat der Mitarbeiter noch (Gleitzeit/Überstunden)? Sollen diese auf die Freistellung angerechnet oder abgegolten werden?	
Besteht ein Wettbewerbsverbot? Soll es aufrechterhalten werden oder wollen Sie nicht mehr daran festhalten?	
Soll ein einfaches oder auf Verlangen ein qualifiziertes Arbeitszeugnis ausgestellt werden? Wurde bereits ein Entwurf vorbereitet und mit dem Mitarbeiter besprochen und vereinbart (Anlage zum Aufhebungsvertrag)?	
Enthält der Vertrag eine Ausgleichsklausel? Sollen alle wechselseitigen Ansprüche damit erledigt sein?	

Die Hinweispflicht nach §2 Abs. 2 S. 2 Nr. 3 SBG III

Arbeitnehmer, deren Arbeitsoder Ausbildungsverhältnis endet, sind gemäß §38 Abs. 1 SGB III verpflichtet, sich spätestens drei Monate zuvor persönlich bei der Agentur für Arbeit als arbeitsuchend zu melden. Liegen zwischen der Kenntnis des Beendigungszeitpunkts und der Beendigung des Arbeitsoder Ausbildungsverhältnisses weniger als drei Monate, hat die Meldung innerhalb von drei Tagen nach Kenntnis des Beendigungszeitpunkts zu erfolgen. Diese Regel gilt nicht für Auszubildende in einer betrieblichen Ausbildung.

Sperrzeit

Meldet sich der Arbeitnehmer nicht rechtzeitig arbeitsuchend, tritt eine Sperrzeit gemäß §159 Abs. 1 Nr. 7 SGB III ein, d.h. der Anspruch auf Arbeitslosengeld ruht für die Dauer der Sperrzeit.

In diesem Zusammenhang trifft Sie als Arbeitgeber eine weitere Pflicht: Sie „sollen" Ihre Arbeitnehmer vor der Beendigung des Arbeitsverhältnisses frühzeitig über die Notwendigkeit eigener Aktivitäten bei der Suche nach einer anderen Beschäftigung sowie über die Verpflichtung zur Meldung nach §38 Abs. 1 bei der Agentur für Arbeit informieren, sie hierzu freistellen und die Teilnahme an erforderlichen Qualifizierungsmaßnahmen ermöglichen.

Bei befristeten Arbeitsverhältnissen muss die Meldung zur Arbeitssuche ebenfalls drei Monate vor dem vereinbarten Vertragsende erfolgen.

Praxistipp

Wird das Vertragsverhältnis nicht verlängert bzw. in ein unbefristetes umgewandelt, sollten Sie Ihren Mitarbeiter spätestens vier Monate vor dem vereinbarten Vertragsende auf seine Pflicht, sich arbeitsuchend zu melden, hinweisen. Bei zweckbefristeten Arbeitsverträgen können Sie den Hinweis mit der schriftlichen Unterrichtung des Arbeitnehmers über den Zeitpunkt der Zweckerreichung verknüpfen.

Die Regelung des §2 Abs.2 S.2 Nr.3 SGB III ist ganz klar eine Sollvorschrift, das bedeutet, Sie haben bei Missachtung keine rechtlichen Konsequenzen zu befürchten. Das Bundesarbeitsgericht hat sogar eine Schadensersatzpflicht verneint (BAG, Urteil v.29.9.2005, 8 AZR 571/04). Dennoch sollten Sie besser Ihrer Fürsorgepflicht als Arbeitgeber nachkommen und auf die frühzeitige Meldung bei der Agentur für Arbeit hinweisen. Dies können Sie beispielsweise mit der Kündigung oder einem Aufhebungsvertrag verbinden bzw. bei befristeten Verträgen in einem formlosen Schreiben mitteilen.

Musterformulierung: Hinweis auf Meldepflicht

Hiermit informieren wir Sie, dass Sie gemäß § 38 Abs. 1 SGB III verpflichtet sind, sich spätestens drei Monate vor Beendigung des Arbeitsverhältnisses persönlich bei der Agentur für Arbeit als arbeitsuchend zu melden. Eine Verletzung dieser Pflicht kann zum Eintritt einer Sperrzeit führen. Liegen zwischen der Kenntnis des Beendigungszeitpunkts und der Beendigung des Arbeitsverhältnisses weniger als drei Monate, hat die Meldung innerhalb von drei Tagen nach Kenntnis des Beendigungszeitpunkts zu erfolgen.

Und jetzt will der auch noch ein Arbeitszeugnis!

Trotz Wandel auf dem Arbeitsmarkt (Fachkräftemangel), achten viele Arbeitnehmer darauf, dass sie ihre Arbeitsleistungen mit einem guten Arbeitszeugnis dokumentieren können. Für die meisten Arbeitgeber bedeutet die Erstellung eines Arbeitszeugnisses jedoch einen Riesenaufwand – da wollen die richtigen Formulierungen bedacht sein, die Inhalte müssen stimmen und Fehler dürfen auch keine drin sein. Gerade für Unternehmer, die sonst kaum im sprachlichen Bereich tätig sind, ist dies eine umfangreiche Angelegenheit, die nicht nur Zeit, sondern auch Nerven kosten kann.

Achtung

Dass für viele Arbeitnehmer das Thema „Arbeitszeugnisse" sehr wichtig ist, zeigt die enorme Anzahl von arbeitsgerichtlichen Streitfällen in diesem Bereich. Die Arbeitnehmer verlangen zum einen die Erstellung eines Arbeitszeugnisses, andere wiederum klagen auf Berichtigung, weil sie mit den Formulierungen bzw. der Beurteilung ihres Arbeitgebers nicht einverstanden sind.

Wann darf der Mitarbeiter sein Zeugnis verlangen? Wer muss es unterschreiben? Und welche Kriterien müssen unbedingt beurteilt werden bzw. was darf nicht im Zeugnis stehen? Die Liste der immer wieder gestellten Fragen ist lang. Das folgende Kapitel soll Ihnen daher einen guten Überblick über das Thema „Arbeitszeugnisse" geben, damit Sie diese Aufgabe in Zukunft sicher und ohne großen Zeitaufwand bewältigen können und nicht Gefahr laufen, in einen gerichtlichen Zeugnisstreit verwickelt zu werden.

Achtung

Es gibt für Arbeitgeber aber noch einen weiteren Grund, auf eine ordnungsgemäße Ausstellung von Arbeitszeugnissen zu achten. Ein Arbeitszeugnis ist immer auch ein Zeugnis Ihrer Arbeit. Eine gewisse Sorgfalt bei der Erstellung sollte daher nicht außer Acht gelassen werden – dies gilt besonders, wenn Ihr Unternehmen regional agiert (Image und Arbeitgebermarketing).

Hat jeder Mitarbeiter ein Recht auf ein Arbeitszeugnis?

Wie bereits gesagt: Die Erstellung eines Arbeitszeugnisses, das allen formalen und inhaltlichen Anforderungen gerecht wird, kann durchaus einige Stunden in Anspruch nehmen – neben dem alltäglichen Kerngeschäft wohl für viele Arbeitgeber oftmals eine unangenehme Angelegenheit, die dennoch erledigt werden muss. Schließlich gibt § 109 Gewerbeordnung (GewO) Arbeitnehmern einen gesetzlichen Anspruch auf ein schriftliches Zeugnis, das zumindest Angaben zu Art und Dauer der Tätigkeit enthalten muss. Die Juristen sprechen hier von einem sogenannten „einfachen" Zeugnis.

Einfaches Zeugnis

Das einfache Arbeitszeugnis dient in erster Linie der Dokumentation eines lückenlosen Werdegangs des Arbeitnehmers. Regelmäßig wird es nur bei weniger qualifizierten oder kurzfristig ausgeübten Tätigkeiten ausgestellt. Der Hauptunterschied zum „qualifizierten Arbeitszeugnis" besteht darin, dass hier keine Bewertung der Arbeitsleistung oder des Verhaltens vorgenommen wird.

Das einfache Zeugnis sollte folgende Angaben enthalten:

- Angaben zur Person
- Art (konkreter Tätigkeitsbereich) und Dauer (Beginn und Ende, Voll-/Teilzeit) des Beschäftigungsverhältnisses

- ggf. Grund für die Beendigung (auf Wunsch)

Achtung

Der Arbeitnehmer hat grundsätzlich die Wahl, welche Art von Zeugnis – ob einfach oder qualifiziert – er ausgestellt haben möchte. Im Regelfall wird er sich stets für ein qualifiziertes Zeugnis entscheiden, da die Vorlage eines einfachen Zeugnisses im Bewerbungsverfahren oftmals negativ gedeutet wird. Der Grund: Bei einem einfachen Zeugnis entsteht leicht der Eindruck, der Arbeitnehmer habe auf eine ausführliche Beurteilung verzichtet, da er eine schlechte Bewertung befürchtete. Der Arbeitnehmer kann auch dann noch ein qualifiziertes Zeugnis beanspruchen, wenn er bereits ein einfaches Zeugnis erhalten hat. Das einfache muss er in diesem Fall nicht zurückgeben.

Ein einfaches Zeugnis kommt insbesondere in den Fällen in Betracht, in denen die Erstellung eines qualifizierten Zeugnisses nicht mehr möglich ist, zum Beispiel weil das Arbeitsverhältnis so lange zurückliegt, dass Ihnen keine ernst zu nehmende Beurteilung der Leistung oder des Verhaltens Ihres ehemaligen Mitarbeiters mehr zuzumuten ist. Aber auch bei kurzfristigen Tätigkeiten, zum Beispiel bei Aushilfen, oder bei weniger qualifizierten Tätigkeiten ist ein einfaches Zeugnis durchaus legitim.

Muster: Einfaches Zeugnis

Zeugnis

Herr Ralf Schencke, geboren am 25. November 1965, war in der Zeit vom 1. März 2019 bis zum 30. November 2019 als Hausmeister in unserem Unternehmen tätig. Er erledigte alle anfallenden Wartungs- und Reparaturarbeiten in unseren Geschäftsräumen. Herr Schencke verlässt uns auf eigenen Wunsch.

München, den 30. November 2019

Peter Weise

Geschäftsführer

Qualifiziertes Zeugnis

Wie bereits kurz erwähnt, sollte das qualifizierte Zeugnis neben den Angaben über die Art und Dauer der Tätigkeit auch eine Beurteilung der Leistung und Führung des Arbeitnehmers für die gesamte Dauer des Arbeitsverhältnisses enthalten.

Praxistipp

Als Arbeitgeber müssen Sie nur dann ein qualifiziertes Zeugnis ausstellen, wenn der ausscheidende Mitarbeiter es ausdrücklich verlangt.

Das qualifizierte Arbeitszeugnis sollte ein konkretes und anschauliches Bild des Mitarbeiters zeichnen und dabei seine Gesamtpersönlichkeit würdigen. Auch wenn Sie als Arbeitgeber dabei insgesamt einen gewissen Beurteilungsspielraum haben, müssen Sie denn grundsätzlich eine wohlwollende und wahrheitsgetreue Beurteilung abgeben.

Ein qualifiziertes Arbeitszeugnis sollte die folgenden Angaben enthalten:

- Angaben zur Person
- Beginn und Beendigung des Arbeitsverhältnisses
- detaillierte Tätigkeitsbeschreibung
- Beurteilung der Arbeitsleistung
- Beurteilung des Sozialverhaltens/der Soft Skills
- Beendigungs-/Ausstellungsgrund und die sogenannte Schlussformel (Dank, Bedauern und Zukunftswünsche)

Grundsätzlich hat jeder Arbeitnehmer bei Beendigung des Arbeitsverhältnisses, unabhängig von dessen Art, Umfang und Dauer, einen Anspruch auf ein schriftliches Arbeitszeugnis. Als Arbeitgeber müssen Sie also ein Zeugnis ausstellen, auch wenn der Mitarbeiter „nur" teilzeitbeschäftigt oder nebenberuflich tätig ist oder eine geringfügige Beschäftigung (Minijob) ausübt.

Achtung

Leiharbeitnehmer

Einen Sonderfall bildet sicherlich die Gruppe der Leiharbeitnehmer. Sie sind in der Regel im Betrieb des Entleihers eingegliedert, ein Zeugnis können sie aber nur von der Verleihfirma verlangen, bei welcher sie angestellt sind. Normalerweise müssen Sie als Entleiher hier jedoch einer Mitwirkungspflicht nachkommen und dem Zeugnisaussteller die notwendigen Informationen zur Verfügung stellen.

Auszubildende

Auch Auszubildende haben laut Gesetz einen Anspruch auf ein Zeugnis: Sofern Sie junge Menschen in Ihrem Unternehmen ausbilden, sind Sie gemäß §16 Berufsbildungsgesetz (BBiG) verpflichtet, ein schriftliches Zeugnis auszustellen, welches mindestens über die Art, Dauer und das Ziel der Berufsausbildung sowie über die erworbenen beruflichen Fertigkeiten, Kenntnisse und Fähigkeiten des Auszubildenden Aufschluss gibt. Zusätzlich sollten die verschiedenen „Stationen" der Ausbildung, also die Unternehmensbereiche, die der Auszubildende durchlaufen hat, sowie die dort erlangten Kenntnisse und Fähigkeiten beschrieben werden.

Muster: Ausbildungszeugnis (Tätigkeiten und Stationen)

Frau Lisa Fendt, geboren am ..., wurde in der Zeit vom ... bis zum ... entsprechend der Ausbildungsordnung zur Immobilienkauffrau ausgebildet.

Frau Fendt hat während ihrer Ausbildung mehrere Abteilungen unseres Unternehmens durchlaufen. Hierbei hat sie vielfältige Aufgaben erledigt:

Abteilung Immobilienwirtschaft

- Vermietung und Verpachtung privater und gewerblicher Objekte
- Prüfung und Ausfertigung von Verträgen

Abteilung Rechnungswesen und Controlling

- Überprüfung von Mietschuldnern
- Forderungseinzug inklusive Zusammenarbeit mit Rechtsanwälten und Inkassobüros

Abteilung Technik

- Koordination verschiedener Sanierungsabläufe
- Information und Betreuung der Mieter

Je nach Größe des Unternehmens und nach Art der Ausbildung sollten hier nur die wichtigsten Stationen und Tätigkeiten aufgeführt werden.

Qualifiziertes Ausbildungszeugnis

Das qualifizierte Ausbildungszeugnis enthält zusätzliche Angaben über die Führung, Leistung sowie über besondere fachliche Fähigkeiten des jungen Mitarbeiters. Es ist nur auf Verlangen des Auszubildenden auszustellen.

Schließlich sollte das Ausbildungszeugnis noch Angaben zur Abschlussprüfung enthalten, zum Beispiel mit folgender Formulierung: „Frau Schmidt beendete ihre Ausbildung durch Ablegen der Abschlussprüfung vor der Industrie- und Handelskammer München mit der Note ‚sehr gut'."

Praxistipp

Viele junge Leute haben es nach ihrer Ausbildung heutzutage besonders schwer, einen neuen Job zu finden. Sollten Sie mit einem Azubi besonders zufrieden sein, können ihn jedoch aus wirtschaftlichen Gründen nicht fest anstellen, so ist es als besondere, wohlwollende Geste zu werten, wenn Sie die Gründe für die Nichtübernahme in ein festes Arbeitsverhältnis im Ausbildungszeugnis nennen:

- Leider war es uns aus wirtschaftlichen Gründen nicht möglich, Herrn Müller nach dem Ende seiner Ausbildung als Mitarbeiter zu übernehmen.
- Frau Weise verlässt uns mit Abschluss ihrer Ausbildung. Wir können sie leider nicht in ein Arbeitsverhältnis übernehmen, da wir über Bedarf ausgebildet haben.

Gleichermaßen haben auch Volontäre, Praktikanten und Werkstudenten ein Recht auf ein schriftliches Zeugnis. Sie werden eingestellt, um berufliche Erfahrungen zu sammeln, ohne dass dadurch ein festes, unbefristetes Arbeitsverhältnis begründet wird.

Freie Mitarbeiter

Viele Unternehmen beschäftigen heute freie Mitarbeiter, um saisonale Schwankungen oder Änderungen der Auftragslage flexibel auffangen zu können. Diese Mitarbeiter sind in aller Regel weder wirtschaftlich abhängig noch weisungsgebunden, ein Arbeitsverhältnis liegt damit streng genommen nicht vor. Und somit auch kein Recht auf ein Arbeitszeugnis. In diesen Fällen empfiehlt sich eher ein Empfehlungsoder Referenzschreiben, das nicht an inhaltliche oder formale Vorgaben gebunden ist.

Wer muss das Zeugnis ausstellen?

Generell sind Sie als Arbeitgeber verpflichtet, das Zeugnis auszustellen; Sie können diese Tätigkeit jedoch auch delegieren, zum Beispiel an den direkten Fachvorgesetzten des Mitarbeiters. Dieser sollte ohnehin am besten wissen, was die genauen Aufgaben des Mitarbeiters waren oder wie er seine Arbeit erfüllt hat.

Wer auch immer das Zeugnis ausstellt, es sollte sich stets um einen ranghöheren Angestellten handeln. Denkbar wären hier zum Beispiel der Geschäftsführer, der Prokurist, der Personalleiter, in kleineren Betrieben auch der Betriebsleiter oder der Meister.

> **Achtung**
>
> Das Zeugnis sollte immer handschriftlich unterzeichnet sein; andernfalls entsteht der Eindruck, man distanziere sich von dem Zeugnistext. Einen Anspruch darauf, dass der Geschäftsführer das Zeugnis unterschreibt, gibt es allerdings nicht – es sei denn er ist der einzige Ranghöhere. Dies ist häufig nur in kleinen Unternehmen, zum Beispiel Familienbetrieben, der Fall.

Wann kann der Mitarbeiter sein Zeugnis verlangen?

Zeitpunkt für ein Zeugnis

Laut Gesetz entsteht das Recht auf das Arbeitszeugnis erst bei Beendigung des Arbeitsverhältnisses, also am letzten Arbeitstag. Viele Arbeitnehmer benötigen das Zeugnis jedoch eher, um sich bereits vor Ablauf der Kündigungsfrist neu zu bewerben. In der Praxis ist man daher dazu übergegangen, dass der Mitarbeiter die Ausstellung des Zeugnisses verlangen kann, sobald die Kündigung ausgesprochen wurde. Hierbei ist gleichgültig, ob er selbst gekündigt hat oder ob ihm gekündigt wurde. Als Arbeitgeber können Sie ihm in diesem Fall auch ein sogenanntes Zwischenzeugnis ausstellen.

> **Achtung**
>
> Bei befristeten Arbeitsverhältnissen kann ein Mitarbeiter bereits zwei bis drei Monate vor dem Ausscheiden um ein Zeugnis bitten. Gleiches gilt im Fall eines Aufhebungsvertrags.

Zwischenzeugnis

Eine Ausnahme von der gesetzlichen Regelung besteht in Fällen, in denen der Mitarbeiter im Verlauf des Arbeitsverhältnisses ein Zeugnis verlangt. Die Rede ist von einem sogenannten „Zwischenzeugnis". Einen gesetzlichen Anspruch auf ein Zwischenzeugnis gibt es nicht; allerdings hat es sich mittlerweile eingebürgert, dass ein Mitarbeiter ein Zwischenzeugnis verlangen kann, sofern er ein berechtigtes Interesse vorweisen kann. In der Praxis haben sich verschiedene Fälle herausgebildet, die den Wunsch nach einem Zwischenzeugnis rechtfertigen können:

- bevorstehende Kündigung,
- befristetes Arbeitsverhältnis endet in den nächsten drei Monaten.
- Vorgesetzenwechsel,
- Aufgabenwechsel, Abteilungswechsel, Beförderung,
- bevorstehende Umstrukturierungen oder drohende Insolvenz,
- Unterbrechungen des Arbeitsverhältnisses zum Beispiel wegen Elternzeit, Kur oder Übernahme eines politischen Mandats,
- geplante Fortbildung, zum Beispiel berufsbegleitendes Studium.

In Form und Inhalt unterscheidet sich das Zwischenzeugnis nicht wesentlich von einem endgültigen Arbeitszeugnis. Neben der Überschrift Zwischenzeugnis ist die zu verwendende Zeitform einer der wesentlichen Unterschiede zum Endzeugnis. Im Großen und Ganzen müssen die Zeugnisaussagen im Präsens, also in der Gegenwartsform, formuliert sein. Einen weiteren Unterschied finden Sie im Schlussabsatz: Anstelle eines Beendigungsgrunds sollte hier in der Regel aufgeführt werden, warum das Zwischenzeugnis ausgestellt wurde (zum Beispiel: „Wunschgemäß stellen wir Frau Sommer dieses Zwischenzeugnis aus, da sie in Kürze ihre Elternzeit antreten wird." Oder: „Dieses Zwischenzeugnis wird Frau Meier aufgrund eines Vorgesetztenwechsels ausgestellt.").

Bindungswirkung

Auch wenn sich hartnäckig das Gerücht hält, dass Sie als Arbeitgeber bei der Ausstellung des Endzeugnisses an die Aussagen im Zwischenzeugnis gebunden sind: Sie sind nicht verpflichtet, die gleichen Formulierungen wie im Zwischenzeugnis zu verwenden. Allerdings gehen die Arbeitsgerichte meist von einer starken Indizwirkung aus, insbesondere dann, wenn zwischen der Erteilung des Zwischen- und des Endzeugnisses nicht sehr viel Zeit vergangen ist.

Praxistipp

Besonders dann, wenn das Zwischenzeugnis nicht älter als ein oder zwei Jahre ist, wird häufig eine Bindungswirkung angenommen – es sei denn in der Zwischenzeit haben gravierende Vorfälle stattgefunden, die eine Abweichung vom Zwischenzeugnis rechtfertigen. Natürlich können Sie von den Formulierungen des Zwischenzeugnisses jedoch auch dann abweichen, wenn sich Leistungen und Verhalten des Mitarbeiters danach verbessert haben.

Verjährung

Hat der ausscheidende Mitarbeiter nicht an seinem letzten Arbeitstag oder zuvor nach einem Zeugnis gefragt, so sind viele Chefs nicht böse, wenn der Kelch der Zeugnisausstellung an ihnen vorüberzieht. Allerdings verjährt der Anspruch auf Zeugniserteilung erst nach drei Jahren, d.h. solange kann der Mitarbeiter von Ihnen das Zeugnis verlangen. Die Verjährung beginnt mit dem Ende des Jahres, in dem der Anspruch entstanden ist.

Verwirkung

Ein andere Einwendung könnte Ihnen hier jedoch entgegenkommen: die sogenannte Verwirkung. Danach kann der Zeugnisanspruch nämlich bereits nach wenigen Monaten verwirkt sein. In diesem Fall wird es dem Mitarbeiter nicht mehr möglich sein, sein Recht auf ein Zeugnis gerichtlich durchzusetzen.

Der Zeugnisanspruch gilt als verwirkt, wenn der ausgeschiedene Mitarbeiter sein Zeugnis über einen längeren Zeitraum nicht einfordert und so bei seinem Arbeitgeber den Eindruck erweckt hat, er sei nicht an einem Zeugnis interessiert. Hat sich dieser darauf eingestellt und ist ihm die Ausstellung des Zeugnisses „unzumutbar" geworden, zum Beispiel weil er sich nicht mehr an die Leistungen erinnern kann, dann muss der ehemalige Mitarbeiter wohl oder übel auf das Zeugnis verzichten. Bei einem qualifizierten Zeugnis sollte dieser Zeitpunkt früher erreicht sein als bei einem einfachen Zeugnis.

Die Angaben zu Art und Dauer der Tätigkeit sind noch so lange möglich, wie Personalunterlagen im Unternehmen aufbewahrt werden.

Praxistipp

Die Gerichte gehen regelmäßig von einem Zeitraum von zehn bis 15 Monaten aus, in denen der Arbeitnehmer tätig werden sollte. Das Bundesarbeitsgericht hat in einem Einzelfall jedoch auch bei einer fünfmonatigen Untätigkeit schon einmal den zeitlichen Aspekt der Verwirkung bejaht.

Wahrheit vs. Wohlwollen – ein Drahtseilakt

Dieser doch recht hochtrabend klingende Grundsatz geht auf eine Entscheidung des Bundesarbeitsgerichts (BAG) aus dem Jahr 1960 (Az. 5 AZR 560/58) zurück. Dieses Grundsatzurteil bestimmte mehrere entscheidende Regeln, die auch heute noch in der Zeugnispraxis oberste Priorität haben. Die wichtigste Aussage: Die Angaben im Zeugnis müssen der Wahrheit entsprechen.

Wahrheit Weitere Vorgaben, die Sie laut Grundsatzurteil beachten müssen:

- Das Zeugnis muss alle wesentlichen Tatsachen und Bewertungen enthalten, die für die Gesamtbeurteilung des Arbeitnehmers von Bedeutung und für den Dritten von Interesse sind.
- Einmalige Vorfälle oder Umstände, die für den Mitarbeiter, seine Führung und Leistung nicht charakteristisch sind – seien sie für ihn vorteilhaft oder nachteilig –, gehören nicht in das Zeugnis.
- Weder Wortwahl, Satzstellung noch Auslassungen dürfen dazu führen, dass bei Dritten falsche Vorstellungen entstehen.
- Der Arbeitgeber muss die Aussagen beweisen können, die der Zeugniserteilung und der darin enthaltenen Bewertung zugrunde liegen.

Wohlwollen Neben der Wahrheitspflicht stehen viele Arbeitgeber bei der Ausstellung eines Zeugnisses regelmäßig vor einer anderen Hürde: Das Zeugnis darf den weiteren Berufsweg des Mitarbeiters nicht erschweren. Daher muss der Arbeitgeber die Beurteilung mit „verständigem Wohlwollen“ ausstellen. Für den Arbeitgeber ist diese Forderung natürlich manchmal schwierig, soll er doch nach unzähligen Ärgernissen, Streitereien, vielleicht sogar nach einem nervenaufreibenden Arbeitsgerichtsprozess noch positive Worte für den Mitarbeiter finden.

Es liegt auf der Hand, dass Arbeitgeber zwischen Wahrheit und Wohlwollen oftmals eine regelrechte Gratwanderung vornehmen müssen. Der Wohlwollensgrundsatz bedeutet jedoch nicht, dass Sie die Leistungen und das Verhalten des ausscheidenden Mitarbeiters besser bewerten sollen, als sie in Wirklichkeit waren. Vielmehr sind negative Aussagen so zu „verpacken", dass sie einerseits immer noch gut klingen, auf der anderen Seite jedoch einem neuen potenziellen Arbeitgeber genügend Aufschluss über den Mitarbeiter geben.

Achtung

Hierin sind sich alle Arbeitsgerichte einig: Im Zweifel steht die Wahrheitspflicht immer über dem Grundsatz des Wohlwollens. Dies kann im Einzelfall aber auch dazu führen, dass Sie negative Aussagen im Zeugnis erwähnen müssen, die für den Mitarbeiter zwar nachteilig, aber für einen möglichen neuen Arbeitgeber von berechtigtem Interesse sind. Unterlassen Sie als Arbeitgeber derartige Aussagen, so können Sie sich unter Umständen schadensersatzpflichtig machen – zum Beispiel dann, wenn sich ein neuer Arbeitgeber durch den Zeugnisinhalt getäuscht gefühlt hat.

Zeugnissprache

Der Konflikt zwischen Wahrheit und Wohlwollen hat dazu geführt, dass sich in der heutigen Arbeitspraxis eine besondere Zeugnissprache entwickelt hat. Man ist dazu übergegangen, Zeugnisse in der Regel positiv zu formulieren, negative Faktoren wegzulassen und Probleme zu codieren. Viele Arbeitgeber sind dazu übergangen, negative Aussagen auf eine ganz bestimmte Art und Weise zu übermitteln. In erster Linie lassen sich derartige Verschlüsselungen durch das Weglassen von Superlativen oder die Verwendung bestimmter sprachlicher Zusätze (zum Beispiel im Wesentlichen, im Großen und Ganzen, durchaus) darstellen.

Verschlüsselungstechniken

Neben sprachlichen Feinheiten werden häufig auch sogenannte „Verschlüsselungstechniken" eingesetzt, die in besonderem Maße auf bestehende Probleme aufmerksam machen können. Insgesamt werden in der Zeugnisliteratur neun verschiedene Verschlüsselungsmethoden definiert.

Positivskalatechnik

- Die Positivskalatechnik: Im Wesentlichen wird hierbei das ganze Beurteilungsspektrum positiver und negativer Aussagen auf einen feiner unterteilten Positivbereich übertragen. Anstelle der bekannten Schulnoten „sehr gut" bis „mangelhaft" treten feiner differenzierte „gute" Zensuren: zum Beispiel „im Wesentlichen gut", „noch gut" und „teilweise gut". Es kommt also nicht darauf an, dass ein Mitarbeiter gelobt wird, sondern in welchem Maße er gelobt wird.

  Beispiel: „Die Qualität ihrer Arbeit war im Wesentlichen gut."

  Die wohl bekannteste Positivskala ist das Zufriedenheitsbarometer im Rahmen der zusammenfassenden Leistungsbeurteilung. Die Abstufung erfolgt hier in der Regel durch den Zufriedenheitsgrad von („vollstens zufrieden" bis „insgesamt zufrieden") sowie durch den Zeitfaktor („stets", „jederzeit").

Leerstellentechnik

- Die Leerstellentechnik: Hier wird anstelle einer negativen überhaupt keine Aussage gemacht. Meistens will der Schreiber damit einer deutlichen Kritik ausweichen. Trifft er zum Beispiel keine Aussage über das Sozialverhalten, so ist dies in der Regel ein Indiz für Probleme mit Vorgesetzten oder Kollegen. Man spricht hier im Übrigen auch von „beredtem Schweigen".

Reihenfolgetechnik

- Die Reihenfolgetechnik: Bei dieser Methode werden unwichtige oder weniger bedeutende Angaben vor die wirklich wichtigen Aussagen gesetzt. Besonders oft wird diese Methode bei der Tätigkeitsbeschreibung eingesetzt: Belanglose Nebentätigkeiten stehen an erster Stelle, noch vor den eigentlichen Hauptaufgaben. Die Reihenfolgetechnik kann auch in Bezug auf den Zeugnisaufbau angewendet werden, zum Beispiel wenn das Verhalten vor der Leistung beurteilt wird.

Knappheitstechnik

- Die Knappheitstechnik: Ein knappes Zeugnis (zum Beispiel eine halbe Seite) ist auch ein deutliches Zeichen für eine Abwertung – selbst wenn sämtliche vorgeschriebenen Elemente enthalten sind. Es zeigt: Hier hat sich der Arbeitgeber keine Mühe gegeben, ein individuelles Zeugnis zu erstellen. Alle Sätze sind kurz und allgemein formuliert.

Ausweichtechnik

- Die Ausweichtechnik: Eine Abwertung wird hier dadurch erreicht, dass Unwichtiges oder Selbstverständliches anstelle von Wichtigem hervorgehoben ist.

Andeutungstechnik

- Die Andeutungstechnik: Bei dieser Technik werden dem Leser durch die Verwendung doppeldeutiger Formulierungen negative Rückschlüsse nahegelegt, etwa: Er hatte Gelegenheit … (= hat diese aber nicht genutzt). Unter diese Vorgehensweise fallen außerdem die Passivkonstruktionen (wurde bei uns beschäftigt, ihm wurde übertragen) sowie die Negationsmethode, also die Verneinung des Gegenteils (nicht unbedeutende Erfolge) oder negativ besetzte Worte (Sein Verhalten war ohne Tadel.).

Widerspruchtechnik

- Die Widerspruchtechnik: Hiervon spricht man, wenn sich die Inhalte des Zeugnisses widersprechen, wenn beispielsweise trotz einer sehr guten Beurteilung der einzelnen Leistungen dem Mitarbeiter insgesamt nur ein „voll befriedigend" erteilt wird oder wenn trotz einer sehr guten Leistungs- und Verhaltensbeurteilung im Schlusssatz keine Dankes- und Bedauernsformel erfolgt.

Praxistipp

Neben den eben erläuterten Techniken gibt es einen Katalog von Formulierungen, die man tatsächlich bereits als eine Art Code bezeichnen kann. Auch wenn wir Ihnen diese die codierten Formulierungen hier und auf unserer Downloadseite zur Verfügung stellen, so ist doch nicht unbedingt zu empfehlen, die Phrasen zu verwenden, da sie mittlerweile zu bekannt sind und möglicherweise als Verstoß gegen den Wohlwollensgrundsatz verstanden werden könnten.

Formulierung	Das ist gemeint ...
Er erledigte alle Aufgaben pflichtbewusst und ordnungsgemäß.	keine eigene Initiative
Sie führte die ihr übertragenen Arbeiten mit großem Fleiß und Interesse durch.	Aber ohne Erfolg!
Er arbeitete sehr genau und erledigte seine Aufgaben ordnungsgemäß.	uneffektiv und bürokratisch
Wegen seiner Pünktlichkeit war er stets ein gutes Vorbild.	Aber nur deswegen!
Er hat sich im Rahmen seiner Fähigkeiten eingesetzt.	Und die waren beschränkt.
Er bemühte sich, unseren Anforderungen gerecht zu werden.	Versager
Er war sehr tüchtig und wusste sich gut zu verkaufen.	unangenehmer Typ
Ihre umfangreiche Bildung machte sie stets zu einer gesuchten Gesprächspartnerin.	Tratschtante
Er war sehr tüchtig und in der Lage, seine eigene Meinung zu vertreten.	nicht kritikfähig
Ihre Auffassungen wusste sie intensiv zu vertreten.	übersteigertes Selbstbewusstsein
Er verstand es, alle Aufgaben mit Erfolg zu delegieren.	Drückeberger
Sie hat alle Aufgaben in ihrem und im Firmeninteresse gelöst.	Langfinger!
Er ist ein anspruchsvoller und kritischer Mitarbeiter.	Er nörgelt.
Im Kollegenkreis galt er als toleranter Mitarbeiter.	Probleme mit dem Chef

Formulierung	Das ist gemeint ...
Vorgesetzten und Kollegen war er durch seine aufrichtige und anständige Gesinnung stets ein angenehmer Mitarbeiter.	Faulpelz
Wir lernten sie als umgängliche Kollegin kennen.	total unbeliebt
Mit seinen Vorgesetzten ist er gut zurechtgekommen.	Mitläufer
Bei unseren Kunden war er schnell beliebt.	keine Verhandlungsstärke
Für die Belange der Belegschaft bewies er stets Einfühlungsvermögen.	sexuelle Kontaktfreudigkeit
Sie trat engagiert für die Interessen der Kollegen ein.	Betriebsratsmitglied
Durch seine Geselligkeit trug er zur Verbesserung des Betriebsklimas bei.	Alkohol!
Sie stand stets voll hinter uns.	Noch mal Alkohol!

Diese Bestandteile sollte ein Zeugnis enthalten

Auch wenn die Formulierungen in einem Zeugnis im Wesentlichen Sache des Arbeitgebers sind, so hat sich doch in der Praxis ein bestimmter Aufbau durchgesetzt. Die Zeugnisbestandteile von oben nach unten:

Überschrift

1. Überschrift: Üblicherweise werden hier die Formulierungen „Zeugnis" oder „Arbeitszeugnis" (meist bei gewerblichen Arbeitnehmern) bzw. „Zwischenzeugnis" verwendet. In entsprechenden Fällen sind auch die Überschriften „Ausbildungszeugnis", „Praktikums-", „Volontariats-" oder „Traineezeugnis" möglich.

Einleitung

2. Einleitungssatz: Auch dieser darf keine versteckten Wertungen enthalten. Neben dem Zunamen muss hier stets auch der Vorname genannt werden, auch die Anrede „Frau" bzw. „Herr" ist anzuraten. Geburtsdatum und -ort sind zur Identifikation zwar nicht unbedingt erforderlich, können aber bei Namensgleichheit mögliche Verwechslungen ausschließen. Ob diese Informationen im Arbeitszeugnis aufgenommen werden müssen, ist umstritten (Stichwort Diskriminierung). In der Praxis geht man den Mittelweg: Geburtsdatum und -ort dürfen im Zeugnis Erwähnung finden, wenn der Mitarbeiter einverstanden ist.

Schließlich sollte auch die korrekte Stellenbezeichnung im Einleitungssatz genannt werden. Hat sich die berufliche Tätigkeit im Verlauf des Beschäftigungsverhältnisses verändert, sollte auch das in der Einleitung Erwähnung finden.

Oftmals lässt sich hierdurch bereits eine stringente Weiterentwicklung des Mitarbeiters darstellen.

Darüber hinaus muss zumindest der Beginn des Arbeitsverhältnisses im Einleitungssatz aufgeführt sein; in diesem Fall sollte das Austrittsdatum jedoch in der Schlussformulierung genannt werden („Das Arbeitsverhältnis endet zum 31. Dezember 2019."). Diese Möglichkeit der Darstellung ist vorteilhaft für den Mitarbeiter, wenn das Arbeitsverhältnis nur von kurzer Dauer war. Häufig werden jedoch beide Daten im Einleitungssatz kombiniert.

Achtung

Kurze Unterbrechungen des Arbeitsverhältnisses, zum Beispiel durch Krankheit, Urlaub, Arbeitskampfmaßnahmen (Streik) oder Ähnliches dürfen auf keinen Fall im Zeugnis erwähnt werden. Hingegen sind längere Unterbrechungen, zum Beispiel durch Elternzeit, aufzunehmen, wenn sie über die Hälfte des Beschäftigungszeitraums ausmachen.

Unternehmensbeschreibung

3. Unternehmensbeschreibung: Ob eine Beschreibung des Unternehmens Bestandteil eines Zeugnisses sein muss, wird in der Praxis unterschiedlich gehandhabt. Besonders bei kleinen und mittelständischen Unternehmen, die oftmals nur regional agieren, ist es jedoch durchaus sinnvoll, ein paar Worte über das Unternehmen einzubauen. Schließlich soll das Arbeitszeugnis doch vor allem Auskunft über die bisherigen Erfahrungen und Kenntnisse des Mitarbeiters geben. Dazu gehört auch, in welcher Art Unternehmen, ob Familienunternehmen, ob Großkonzern, er bislang gearbeitet hat. Ein zukünftiger Arbeitgeber erhält so vor allem einen Eindruck von der Art, der Organisation und der Größe der Firma.

Praxistipp

Neben Mitarbeiterzahl, Unternehmensgröße und ähnlichen Daten können auch Informationen über Produkte, Dienstleistungen, Jahresumsatz, Marktstellung und Konzernzugehörigkeit zur Firmenbeschreibung gehören. Auch wenn die Unternehmensbeschreibung eine gute Möglichkeit bietet, Ihre Firma und Ihre Produkte in einem guten Licht darzustellen, sollten gar zu werbliche Phrasen besser vermieden werden.

Unternehmensbeschreibung

Herr König verfasst folgenden Text für seine Unternehmensbeschreibung.

„Die König GmbH ist eine 2001 gegründete Full-Service-Werbeagentur mit Sitz in München. Mit insgesamt zwölf Mitarbeitern entwickeln wir erfolgreiche Marketingstrategien und kreative Designlösungen für große und mittelständische Unternehmen in Deutschland, betreuen Marken und Kampagnen im Online- und Offlinebereich und begleiten unsere Kunden produkt- und branchenübergreifend von der Idee bis zur Realisierung."

Tätigkeitsbeschreibung

4. Tätigkeitsbeschreibung: Die Tätigkeitsbeschreibung ist eines der wichtigsten Bestandteile des Arbeitszeugnisses. Hier erfährt der zukünftige Arbeitgeber, welche Tätigkeiten der Bewerber zuvor verrichtet hat. Dem Zeugnisaussteller sind bei der Beschreibung des Aufgabenbereichs jedoch enge Grenzen gesetzt. Alle Tätigkeiten, die der Mitarbeiter im Laufe seiner Unternehmenszugehörigkeit ausgeübt hat, sind vollständig und verständlich darzustellen.

Generell heißt die Regel: „im Verhältnis zur Stelle". Also je höher qualifiziert die Stelle, desto ausführlicher und detaillierter sollte der Aufgabenbereich erläutert sein. Die Tätigkeitsbeschreibung muss immer in einem ausgewogenen Verhältnis zum restlichen Zeugnistext stehen. Andernfalls entsteht leicht der Eindruck, der Mitarbeiter sei zwar mit einer Vielzahl von Aufgaben betraut gewesen, habe diese aber im Ergebnis nicht erfüllen können.

Praxistipp

Ob die Tätigkeitsbeschreibung in Form von Aufzählungspunkten oder fortlaufend erfolgt, ist reine Geschmackssache. Vor allem bei einem umfangreichen Tätigkeitsprofil bieten Listen bzw. Aufzählungen eine größere Übersichtlichkeit.

Leistungsbeurteilung

5. Leistungsbeurteilung: Jetzt kommt das Kernstück jedes qualifizierten Arbeitszeugnisses. Für die Frage, welche Kriterien im Rahmen der Leistungsbeurteilung bewertet werden müssen, kommt es in erster Linie auf den ausgeübten Beruf, auf die jeweilige Tätigkeit an. So sind zum Beispiel bei einem Produktmanager andere Kriterien zu bewerten als bei einem Hausmeister.

Leistungskriterien

In den vergangenen Jahren haben sich in der Praxis und durch die Rechtsprechung gewisse Standards herausgebildet, welche Kriterien beurteilt werden müssen. Eine große Bedeutung kommt hierbei dem Landesarbeitsgericht Hamm zu. In einem Grundsatzurteil zum Zeugnisrecht (LAG Hamm, Urteil v. 1.12.1994, Az. 4 Sa 1631/94) bestimmten die Richter unter anderem, dass die Aussagen zu folgenden Kategorien enthalten sollte:

- Arbeitsbefähigung (das Können und Wissen): Hier geht es um Sachverstand und fachliche Kompetenz. Hierzu zählen nicht nur die Fachkenntnisse, je nach Berufsbild können auch Aussagen über die praktischen Fähigkeiten und die gesammelte Berufserfahrung getroffen werden. Weiterhin gilt es, die Auffassungsgabe sowie das Denk- und Urteilsvermögen zu bewerten. Bei gewerblichen Arbeitnehmern sind neben dem Fachwissen auch die praktischen Fähigkeiten entscheidend. Die berufliche Weiterbildung kann ebenfalls Erwähnung finden.
- Arbeitsweise (Einsatz): Verschiedene Aufgaben und Funktionen bedingen unterschiedliche Arbeitsweisen. Achten Sie bei der Beurteilung darauf, welche Anforderungen an die jeweilige Tätigkeit gestellt werden: Sorgfalt und Gewissenhaftigkeit? Präzision? Oder Selbstständigkeit, Ergebnisorientierung? Nicht zuletzt Verantwortungsbewusstsein und Zuverlässigkeit? Oder legt man in dem Job eher Wert auf Kreativität oder Innovationsfreude?
- Arbeitsbereitschaft (das Wollen): Neben dem „Können" gebührt auch dem „Wollen" – der Leistungsbereitschaft des Mitarbeiters, der Motivation – ein entscheidender Teil im Zeugnis. Hier geht es um Einsatzwillen, um Eigeninitiative: War der Mitarbeiter engagiert? Motiviert? Bereit, auch zusätzliche Aufgaben zu übernehmen?
- Arbeitsergebnis (Erfolg): Auch der berufliche Erfolg sollte im Rahmen der Leistungsbeurteilung zum Ausdruck kommen. Bewertet werden hierbei die Arbeitsqualität und das Arbeitstempo. Im Übrigen können auch besondere Arbeitserfolge dem Zeugnis eine individuelle Note geben. Denkbar wären hier zum Beispiel projekt- oder umsatzbezogene Erfolge, außergewöhnliche Verkaufsabschlüsse, bestimmte Produktentwicklungen oder Prozessoptimierungen sowie die Betreuung besonders wichtiger Kunden.
- Arbeitsvermögen (Ausdauer und Belastbarkeit): Bei zunehmenden Leistungsdruck kommt es häufig auch auf die Belastbarkeit an – und das meist über einen längeren Zeitraum. Beurteilen Sie daher, wie ausdauernd und belastbar der Mitarbeiter war. Wie arbeitete er unter Zeitdruck? Konnte er auch über lange Strecken Hochleistungen erbringen? Wie reagierte er in extremen Stresssituationen?

Führungskräfte

Auch Führungskräfte und leitende Angestellte haben einen Anspruch auf ein Arbeitszeugnis. Aufgrund ihrer Funktion und ihrer Verantwortung sind jedoch andere Schwerpunkte als bei Tarifangestellten zu betonen. Hier sollte bereits die Tätigkeitsbeschreibung deutlich machen, wie umfangreich der Aufgabenbereich und wie hoch der Grad der Entscheidungsfreiheit waren. Auch die erteilten Vollmachten (Prokura, Generalvollmacht) sowie die Anzahl und Qualifikation der unterstellten Mitarbeiter sind an dieser Stelle zu nennen.

Neben den herkömmlichen Beurteilungskriterien sollte auch die Führungsqualität bewertet werden, hier geht es vor allem um den Führungsstil und das Führungsergebnis. Fehlt eine der beiden Komponenten, könnte man dahinter eine versteckte Kritik an der Leistung vermuten. Die folgenden Fragen sollten Ihnen bei der Beurteilung helfen.

- Mit welchem Führungsstil – kooperativ/direktiv – hat der zu Beurteilende die Mitarbeiter geführt?
- Konnte er seine Mitarbeiter zu sehr guten Leistungen motivieren?
- Hat er seine Mitarbeiter stets mit den notwendigen Informationen versorgt?
- Konnte er gut Aufgaben delegieren?
- Hat er das Arbeitsklima positiv beeinflusst?

Zusammenfassende Beurteilung

Den Abschluss der Leistungsbewertung bildet regelmäßig die zusammenfassende Leistungsbeurteilung. Sie erfüllt die Funktion einer Gesamtnote und sollte in etwa der Durchschnittsnote aller zuvor abgehandelten Zeugnisschritte entsprechen.

Note	Musterformulierung
sehr gut	Frau … erfüllte ihre Aufgaben stets zu unserer vollsten Zufriedenheit.
	Herr … hat das in ihn gesetzte Vertrauen stets zu unserer vollsten Zufriedenheit erfüllt.
	Die Leistungen von Frau … verdienen in jeder Hinsicht unsere vollste Anerkennung.
gut	Frau … erfüllte ihre Aufgaben stets zu unserer vollen Zufriedenheit.
	Herr … hat das in ihn gesetzte Vertrauen stets zu unserer vollen Zufriedenheit erfüllt.
	Die Leistungen von Frau … verdienen in jeder Hinsicht unsere ganze Anerkennung.
befriedigend	Frau … hat die ihr übertragenen Aufgaben jederzeit zu unserer Zufriedenheit bewältigt.
	Herr … hat das in ihn gesetzte Vertrauen zu unserer vollen Zufriedenheit erfüllt.

Note	Musterformulierung
ausreichend	Frau ... hat die ihr übertragenen Aufgaben zu unserer Zufriedenheit erledigt.
	Herr ... hat das in ihn gesetzte Vertrauen zu unserer Zufriedenheit erfüllt.
mangelhaft	Frau ... hat sich bemüht, die ihr übertragenen Arbeiten zu unserer Zufriedenheit zu erledigen.
	Herr ... war stets bemüht, unseren Anforderungen gerecht zu werden.

Praxistipp

Es gibt keine vorgegebene Reihefolge, nach welcher der Arbeitgeber die Beurteilung vornehmen muss. In einigen Zeugnissen beginnt die Leistungsbewertung zum Beispiel mit der zusammenfassenden Beurteilung. Man nimmt also die Gesamtnote vorweg und schlüsselt darunter die Einzelleistungen auf.

Sozialverhalten

6. Sozialverhalten: Jetzt wird das Sozialverhalten des Mitarbeiters auf den Prüfstand gestellt. Konnte er sich in das Unternehmen, in die dort herrschende Hierarchie, in das Team einfügen? Wie war sein Verhalten gegenüber Vorgesetzten? Wie ist das Verhältnis zu den Kollegen?

- Ihr persönliches Verhalten gegenüber Vorgesetzten und Kollegen war zu jeder Zeit und in jeder Hinsicht vorbildlich. (sehr gut)
- Ihr persönliches Verhalten gegenüber Vorgesetzten und Kollegen war jederzeit einwandfrei. (gut)
- Ihr persönliches Verhalten gegenüber Kollegen und Vorgesetzten war einwandfrei. (befriedigend)

Achtung

Sowohl das Verhalten gegenüber Vorgesetzten als auch dasjenige gegenüber Kollegen sollten beurteilt werden, andernfalls erwecken Sie den Eindruck, dass es hier Schwierigkeiten gegeben hat. Ähnlich verhält es sich, wenn Sie die Kollegen in der Reihenfolge vor die Vorgesetzten stellen.

Externes Sozialverhalten

In vielen Berufsgruppen kommt es auch auf das sogenannte „externe Sozialverhalten" an: Wie war das Verhalten des Mitarbeiters im Umgang mit Kunden, mit Geschäftspartnern oder mit Dienstleistern? Hier zählen u.a. Verhandlungsgeschick und Kommunikationsstärke, aber auch Kontaktfreudigkeit, Höflichkeit und Hilfsbereitschaft.

Um den Mitarbeiter genauer zu charakterisieren, können Sie die Standard-Verhaltensfloskeln auch noch durch zusätzliche Formulierungen aufwerten, zum Beispiel:

- Sein persönliches Verhalten war jederzeit sehr vorbildlich. In seinem Umgang mit Vorgesetzten, Kollegen und Mitarbeitern verstand er es stets, eine vertrauensvolle und offene Atmosphäre zu schaffen.
- Insbesondere im Rahmen der Projektarbeit überzeugte sie uns durch ihre hohe soziale Kompetenz. Stets wusste sie alle am Projekt Beteiligten mit Respekt, Teamgeist und Begeisterungsfähigkeit zu vollem Einsatz zu motivieren.

Beendigungsgrund

7. Beendigungsgrund und Schlussformel: Den Abschluss eines Zeugnisses bilden zwei wesentliche Aspekte: der Grund für das Ausscheiden aus dem Unternehmen sowie die sogenannte „Dankes-Bedauern-Zukunfts-Formel".

Besonders kritisch wird von Personalern immer der Grund für das Ausscheiden aus dem Unternehmen geprüft. Auch hier haben sich in der Zeugnispraxis bestimmte Standards entwickelt, die deutlich machen, ob der Mitarbeiter selbst gekündigt hat, ob ihm gekündigt wurde oder ob das Arbeitsverhältnis nur befristet war.

Für den Mitarbeiter ist der Idealfall im Arbeitszeugnis sicherlich immer die Kündigung von seiner Seite aus. Dabei kann die Formulierung: „Er verlässt unser Unternehmen auf eigenen Wunsch" mit einer Begründung versehen werden, wie etwa „..., um ein Architekturstudium aufzunehmen" oder „..., um sich neuen beruflichen Aufgaben zu stellen".

Kritischer wird es für den Arbeitnehmer jedoch, wenn die Kündigung seitens des Arbeitgebers ausgesprochen oder ein Aufhebungsvertrag geschlossen wurde. Gleiches gilt für eine Beendigung des Arbeitsverhältnisses durch einen Vergleich im Kündigungsschutzprozess. Die folgenden Formulierungen können darauf hindeuten:

- Das Arbeitsverhältnis endet zum ... durch einvernehmliche Trennung.
- Das Arbeitsverhältnis wurde zum ... einvernehmlich beendet.
- Das Ausscheiden von Frau Müller erfolgte in gegenseitigem Einvernehmen.

Es soll jedoch auch Fälle geben, in denen sich die Vertragsparteien tatsächlich einvernehmlich trennen. In einem solchen Fall empfiehlt sich die Formulierung: „Das Arbeitsverhältnis endet in beiderseitigem besten Einvernehmen."

Endet ein befristetes Arbeitsverhältnis zum vorbestimmten Zeitpunkt oder wurde dem Mitarbeiter aus betriebsbedingten Gründen gekündigt, können folgende Formulierungen verwendet werden:

- Das Arbeitsverhältnis endet zum heutigen Tag aus betriebsbedingten Gründen.
- Zu unserem größten Bedauern können wir Herrn Müller aufgrund der schlechten Konjunktur nicht länger bei uns beschäftigen. Das Arbeitsverhältnis endet aus betriebsbedingten Gründen zum …
- Aufgrund größerer Umstrukturierungen können wir Frau Schmidt leider keine Perspektive mehr in unserem Unternehmen bieten und sehen uns gezwungen, das Arbeitsverhältnis betriebsbedingt zu beenden.
- Das Arbeitsverhältnis endet mit Ablauf der vereinbarten Frist.

Haben hingegen Gründe, die in der Person oder im Verhalten des Mitarbeiters lagen, zu der Kündigung geführt, kann eine neutrale Formulierung verwendet werden („Das Arbeitsverhältnis endet zum …).

Schlussformel

Die Dankes-Bedauern-Zukunfts-Formel ist die Krönung eines jeden Zeugnisses – nicht zuletzt, weil der Zeugnisaussteller hier noch einige persönliche und emotionale Akzente setzen kann, um das im Zeugnis gezeichnete Bild abzurunden. Aber auch hier gilt: Die verwendete Formulierung muss zum Rest des Zeugnisses passen.

Praxistipp

Es besteht kein einklagbares Recht auf Dank und Zukunftswünsche. Nach Ansicht des BAG handelt es sich hierbei um „persönliche Empfindungen des Arbeitgebers". Er mache damit seine Wertschätzung gegenüber dem Mitarbeiter und dessen Leistungen deutlich und zeige Teilnahme an dessen weiterem Lebensweg. Ohne gesetzliche Grundlage könne der Arbeitgeber nicht verurteilt werden, das Bestehen solcher Gefühle dem Arbeitnehmer gegenüber schriftlich zu bescheinigen (BAG, Urteil vom 11.12.2012, Az.: 9 AZR 227/11).

Die folgenden Formulierungen sind Beispiele für eine Schlussformel.

- Wir danken Herrn Salzmann für die stets sehr gute Zusammenarbeit und bedauern, mit ihm einen ausgezeichneten Mitarbeiter zu verlieren. Auf seinem weiteren Berufs- und Lebensweg wünschen wir ihm alles Gute und weiterhin viel Erfolg. (sehr gut)

- Wir danken Herrn Salzmann für die stets gute Zusammenarbeit und bedauern, mit ihm einen wertvollen Mitarbeiter zu verlieren. Auf seinem weiteren Berufs- und Lebensweg wünschen wir ihm alles Gute und weiterhin viel Erfolg. (gut)
- Wir danken Herrn Salzmann für die langjährige Zusammenarbeit und bedauern, mit ihm einen guten Mitarbeiter zu verlieren. Auf seinem weiteren Berufs- und Lebensweg wünschen wir ihm alles Gute und weiterhin Erfolg. (befriedigend)
- Wir danken ihm für seine Mitarbeit und wünschen ihm für die Zukunft alles Gute. (ausreichend)
- Wir wünschen ihm für seine Zukunft viel Erfolg. (mangelhaft)

Wir haben Ihnen auf den vergangenen Seiten bereits einige Formulierungshilfen für die Erstellung von Arbeitszeugnissen vorgestellt. Auf unserer Downloadseite finden Sie für jeden Zeugnisbestandteil noch viele weitere Textbausteine sowie die folgende Checkliste „Mitarbeiterbeurteilung für das Arbeitszeugnis", die Sie oder die entsprechenden Fachvorgesetzten bei der Erstellung von Mitarbeiterzeugnissen unterstützen soll. Außerdem finden Sie hier Musterzeugnisse in verschiedenen Notenstufen.

Mitarbeiterbeurteilung für das Arbeitszeugnis	
Mitarbeiter (Vor- und Zuname)	
Geburtsort und -datum	
Stellenbezeichnung/Abteilung	
Eintrittsdatum in das Unternehmen	
Austrittsdatum aus dem Unternehmen	
Wesentliche Tätigkeiten	
Führungskraft (ja/nein) Verantwortung für … Mitarbeiter	
Besondere Erfolge/Kenntnisse	

Leistungskriterien					
	sehr gut	gut	befriedigend	ausreichend	mangelhaft
Fachkenntnisse/ Berufserfahrung (evtl. besondere Kenntnisse)					
Weiterbildung					

Auffassungsgabe/ Denkvermögen					
Belastbarkeit/ Ausdauer					
Leistungsbereitschaft					
Arbeitsweise (mögliche Eigenschaften: Sorgfalt, Effizienz, Verantwortungsbewusstsein usw.)					
Arbeitserfolg (evtl. besondere Erfolge)					
Bei Führungskräften: Führungsstil und Führungserfolg					
Zusammenfassende Leistungsbeurteilung					
Beurteilung Sozialverhalten					
gegenüber Internen					
gegenüber Externen					
Beendigungsgrund (bei Zwischenzeugnissen Ausstellungsgrund):					
Schlussformel (Dank, Bedauern, Zukunftswünsche, evtl. persönliche Empfehlung, Wiedereinstellungsversprechen)					

Und noch ein paar Worte zur Form

Wie so oft im Leben ist es auch bei einem Zeugnis der erste Eindruck, der zählt. Hier sollte vor allem die äußere Form stimmen. Sie ist das Erste, was der Leser wahrnimmt. Bedenken Sie, dass ein zukünftiger Arbeitgeber auch ein Geschäftspartner von Ihnen sein kann – ein Zeugnis, was nach Form und optischer Gestaltung nachlässig wirkt, kann also auch auf Sie und Ihre Arbeitsweise zurückfallen.

Form

Zunächst: Das Zeugnis muss auf Ihrem offiziellen Firmenpapier – mit Firmenlogo, Geschäftsadresse und Vertretungsverhältnissen – ausgedruckt sein. Ein weißer Briefbogen mit Firmenstempel und Unterschrift genügt nicht. Das Zeugnis sollte maschinengeschrieben sein. Ausbesserungen, zum Beispiel Streichungen oder die Verwendung von Tipp-Ex®, entsprechen nicht der erforderlichen Sorgfalt.

Achtung

Ein häufiger Fehler: Das Adressfeld muss frei bleiben. Das Zeugnis darf also nicht an den Mitarbeiter adressiert sein. Andernfalls entsteht der Eindruck, das Zeugnis sei dem Mitarbeiter nachgeschickt worden, beispielsweise weil er es bei Gericht eingeklagt hat. Solche Hinweise sind jedoch im Zeugnis nicht erlaubt.

Knicke im Zeugnis

Obwohl viele Gerichte die Auffassung vertreten, das Zeugnis müsse in ungefalteter Form übergeben werden, hält dies das Bundesarbeitsgericht nicht unbedingt für notwendig. Seiner Meinung nach kann der Arbeitgeber das Zeugnis auch zweimal falten, um es in einem Geschäftsumschlag üblicher Größe unterzubringen. Das Originalzeugnis muss lediglich kopierfähig bleiben und die Knicke im Zeugnisbogen dürfen sich nicht durch Schwärzungen oder Ähnliches auf den Kopien abzeichnen (BAG, Urteil vom 21.9.1999 – Az. 9 AZR 893/98). Auch das Zusammentackern der Seiten ist zulässig (LAG Rheinland-Pfalz, Urteil vom 09.11.2017, Az: 5 Sa 314/17).

Ausstellungsdatum

Das Zeugnis muss darüber hinaus die Unterschrift des Zeugnisausstellers sowie das Ausstellungsdatum enthalten.

Achtung

Das Ausstellungsdatum sollte nicht mehr als zwei Wochen von der Beendigung des Arbeitsverhältnisses abweichen, andernfalls könnte das für einen möglichen Streit um das Zeugnis sprechen – und das wäre wieder ein unzulässiger Hinweis. In der Praxis wird das Zeugnis daher oftmals auf den tatsächlichen Tag des Austritts zurückdatiert – das ist zulässig und vor allem auch fair dem Mitarbeiter gegenüber, vor allem wenn der Chef selbst die Ausstellung verzögert hat. Hat sich jedoch der Arbeitnehmer längere Zeit nicht gekümmert, kann er auch keine Rückdatierung erwarten (LAG Rheinland-Pfalz, Urteil vom 11.01.2018, Az.: 2 Sa 332/17).

Diese Dokumente müssen Sie bei Beendigung bereithalten

Das Arbeitszeugnis ist nur eines der Dokumente, die Sie dem ausscheidenden Mitarbeiter an seinem letzten Arbeitstag übergeben müssen. Darüber hinaus sind die folgenden Arbeitspapiere bereitzuhalten:

- Ausdruck der elektronischen Lohnsteuerbescheinigung (amtliches Muster)
- Urlaubsbescheinigung: Aus dieser muss hervorgehen, wie viel Urlaubstage der Mitarbeiter im laufenden Kalenderjahr genommen hat bzw. welche abgegolten wurden (siehe

§6 Abs. 2 BUrlG). Dadurch sollen Doppelansprüche des Mitarbeiters ausgeschlossen werden

- Arbeitsbescheinigung nach §312 SGB III (amtlicher Vordruck der Bundesagentur für Arbeit): Hier müssen sämtliche Angaben erklärt werden, die für einen Anspruch auf Arbeitslosengeld entscheidend sind.
- Schließlich: Sozialversicherungsausweis, die Meldungen an den Sozialversicherungsträger, die Arbeitserlaubnis oder sonstige Unterlagen

Achtung

Die Dokumente sind dem Mitarbeiter – unabhängig von einem möglicherweise anhängigen Rechtsstreit – an seinem letzten Arbeitstag auszuhändigen. Dabei besteht – wie bereits beim Arbeitszeugnis erläutert – eine sogenannte Holpflicht des Arbeitnehmers, das heißt, er muss sich die Arbeitspapiere bei Ihnen in den Geschäftsräumen abholen. Nur im Ausnahmefall, wenn der Mitarbeiter beispielsweise erkrankt ist oder die Abholung einen unzumutbaren Aufwand für ihn bedeuten würde, müssen Sie die Dokumente nachsenden. Ein Zurückbehaltungsrecht, etwa wegen noch offenen Forderungen gegenüber dem Mitarbeiter (zum Beispiel auf Schadensersatz) haben Sie nicht.

Alles Wichtige auf einen Blick

- Sich von Mitarbeitern zu trennen – sei es aus wirtschaftlichen Gründen oder aus Gründen, die in der Person des Arbeitnehmers liegen – ist für viele Arbeitgeber keine angenehme Aufgabe.
- Generell unterscheidet man drei Arten von Kündigungsgründen: betriebsbedingte, verhaltensbedingte und personenbedingte. Alle drei Kündigungsarten sind an verschiedene Voraussetzungen, wie beispielsweise das Vorliegen einer Abmahnung bei der verhaltensbedingten Kündigung, geknüpft. Damit die Kündigung auch vor Gericht Bestand hat, sollten alle Voraussetzungen zuvor umfassend geprüft werden.
- Das Gleiche gilt für die formalen Voraussetzungen: Eine Kündigung muss unbedingt schriftlich erfolgen, die Gründe für die Kündigung müssen jedoch nicht im Dokument selbst genannt werden. Wichtig ist, dass Sie vorab genau prüfen, ob der Mitarbeiter dem Schutz des Kündigungsschutzgesetzes unterliegt und welche Kündigungsfristen gelten. Besteht im Unternehmen ein Betriebsrat, ist dieser vor jeder Kündigung zu hören.

- Wer aus betriebsbedingten Gründen einen oder mehrere Mitarbeiter entlassen muss, sollte darüber hinaus überdenken, ob nicht irgendwelche milderen Mittel, beispielsweise eine Versetzung oder eine Änderungskündigung, infrage kommen. Alternativ besteht unter bestimmten Voraussetzungen auch die Möglichkeit, vorübergehend Kurzarbeit anzumelden.
- Eine Alternative zur Kündigung ist der Aufhebungsvertrag. Ist ein Mitarbeiter hiermit einverstanden, ersparen Sie sich unter anderem die Einhaltung der Kündigungsfrist, die Anhörung des Betriebsrats sowie einen möglichen Kündigungsschutzprozess vor dem Arbeitsgericht.
- Mit der offiziellen Beendigung des Arbeitsverhältnisses durch Kündigung oder Aufhebungsvertrag ist es aber noch nicht getan. Als Arbeitgeber sind Sie verpflichtet, den Mitarbeiter rechtzeitig über die Notwendigkeit eigener Aktivitäten bei der Suche nach einer anderen Beschäftigung sowie über die Verpflichtung zur Meldung bei der Agentur für Arbeit zu informieren, ihn hierzu freizustellen und die Teilnahme an erforderlichen Qualifizierungsmaßnahmen zu ermöglichen. Darüber hinaus müssen Sie am letzten Tag eine ganze Reihe von Dokumenten für den ausscheidenden Mitarbeiter bereithalten. Unter anderem gilt es, ein (auf Wunsch qualifiziertes) Arbeitszeugnis auszustellen, das allen rechtlichen Anforderungen standhält.

Stichwortverzeichnis

D

E

F

G

I

K

L

M

N

P

R

S

T

U

V

W

Z